《广州大典》普及书系
主编 陈建华

因不忍而求大同

康有为作品选读

徐晋如◎编著

广州新华出版发行集团
广州出版社

图书在版编目（CIP）数据

因不忍而求大同：康有为作品选读 / 徐晋如编著. —广州：广州出版社，2021.10（2023.2重印）

（《广州大典》普及书系 / 陈建华主编）

ISBN 978-7-5462-3204-1

Ⅰ. ①因…　Ⅱ. ①徐…　Ⅲ. ①文学—作品综合集—中国—清代　Ⅳ. ①I216.26

中国版本图书馆CIP数据核字（2021）第278570号

书　　名　因不忍而求大同：康有为作品选读
Yin Buren Er Qiu Datong: Kang Youwei Zuopin Xuandu

出版发行　广州出版社
（地址：广州市天河区天润路87号9、10楼　邮政编码：510635
网址：www.gzcbs.com.cn）

出 品 人　柳宗慧

责任编辑　潘孟良　周　秦

责任校对　李少芳　王俊婕

装帧设计　肖晓文

印刷单位　佛山市浩文彩色印刷有限公司
（地址：佛山市南海区狮山科技工业园A区　电话：0757-86631906
邮政编码：528225）

规　　格　787 mm × 1092 mm　1/16

印　　张　22

字　　数　368千

版　　次　2021年10月第1版

印　　次　2023年2月第2次

书　　号　ISBN 978-7-5462-3204-1

定　　价　64.00元

关于“广府名人读本”系列编选出版的几点说明

一、本书属于《广州大典》普及书系“广府名人读本”系列。

二、“广府名人读本”系列作为《广州大典》普及书系的开篇，将分为若干辑出版，成熟一辑，出版一辑。

三、因书系以《广州大典》所收文献为编选基础，故个人著述不存世或存世稀少者不纳入“广府名人读本”系列。

四、考虑到《广州大典》（民国篇）正在编纂和不少近代广府名人著述活动时段跨越清末民初的实际情况，“广府名人读本”系列会适当拓宽选录范围。

《广州大典》普及书系
编辑出版缘起

广州自古以来就是岭南地区的政治、经济、文化中心，是首批国家历史文化名城。自秦始皇三十三年（前214年）广州建城，至今已有2200余年，大量珍贵的地方文献翔实地反映了广州文化不断发展、不断繁荣的悠久历程。

《广州大典》（一期）是由中共广州市委宣传部、广东省文化厅策划并组织研究编纂，旨在系统搜集整理和抢救保护广州文献典籍、传播广州历史文化的大型地方文献丛书，是千年羊城的“根”和“魂”。《广州大典》（一期）收录文献的时间范围截至1911年（个别门类延至民国），地域范围包括清代中期广州府所辖各县，内容范围包括广州人士（含寓贤）著述、有关广州历史文化的著述及广州版丛书，依经、史、子、集、丛五部分类，共计收录文献4064种，编成520册，于2015年影印出版。

2015年4月，广州大典研究中心成立，继续推进《广州大典》（一期）的推广与研究，并启动《广州大典》（二期）民国篇的编纂出版。2019年11月，《广州大典》（一期）集部曲类文献专辑以《广州大典·曲类》之名单行出版，共计收录文献1589种，编成43册。此外，近年来中心陆续推出《广州大典总目》、《广州大典概要》、《广州大典研究》集刊（1~8辑）、《广州大典·民国广东公报丛编》（初编）100册等。

习近平总书记指出，要讲清楚中华优秀传统文化的历史渊源、发展脉络、基本走向，讲清楚中华文化的独特创造、价值理念、鲜明特色，增强文化自信和价值观自信。要做到这两个“讲清楚”，既要在学术上做到深入，也要在普及上做到浅出。《广州大典》（一期）所收录的文献不仅卷帙浩繁，而且都是繁体字、文言文，没有经过点校整理，这在客观上造成当今读者与之有隔阂，阻碍了广州这一历史文化宝库在更广大的层面上发挥社会影响力。为此，广州大典研究中心、广州出版社决定联合编纂出版《广州大典》普及书系，努力将书系打造成为集学术性、知识性和可读性于一体的优秀出版物。

书系以《广州大典》为文献基础（可根据实际情况，适当拓宽选录范围），组织一批专家学者从《广州大典》中精选最具代表性、最具可读性的文献，进行普及性的内容整理、发掘，形成《广州大典》普及书系。书系初步计划分为广府名人读本系列、地方风物读本系列、地方游记读本系列、西学东渐读本系列、小说读本系列、戏曲曲艺读本系列等。书系每种读本均包括导读、代表性作品选编（含注释、翻译、评析或解题、延伸阅读等）和相关资料附录，作者均为学有专长、研究有素的专家学者。每种读本均将尽量吸收、反映学界最新研究成果，并力求做到图文并茂、雅俗共赏。因此，《广州大典》普及书系可视作《广州大典》的延伸，且与已有的《岭南文库》的延伸《岭南文化知识书系》《广东历史文化名人丛书》等普及性读物既桴鼓相应，又各具匠心，可谓和而不同、美美与共。

知所从来，方明所往。《广州大典》普及书系既是一项重要的文化惠民工程，也是推动城市文化综合实力出新出彩，特别是“读懂广州”的切实举措。

志合者，不以山海为远。我们诚挚邀请更多的相关专家学者积极支持和参与书系各辑相关工作，推动书系各辑逐年面世。

食髓知味，小书不小。我们相信，书系的陆续出版，将充分展示广州历史文化底蕴，擦亮广州历史文化品牌，并有助于中华优秀文化的传承和发展。

《广州大典》普及书系编辑委员会

目录

政教第二 / 127

杂文第三 / 265

附录 / 331

导读

2019年初夏，耶鲁大学苏炜教授回国，在万木草堂邀集同志雅集。当日我敬陪末座，奉题作诗一首，云：

谒康南海故居

诸天无量得斯人，入世疏观众苦因。
虑及独知学成绝，血流中土谶还真。
公于不忍思反袂，我亦多情伤获麟。
一卷大同怜尚在，莫将成坏说维新。

首联用康有为《诸天讲》及《大同书》的语典。《诸天讲》是康有为早年介绍西方天文学的讲义，但实际上蕴含着深刻的天人观。他先是振聋发聩地提出，“自金、水、火、木、土诸星中夜望吾地，其光华烂烂，运行于天上，亦一星也。夫星必在天上者也，吾人既生于星中，即生于天上。然则吾地上人皆天上人也，吾人真天上人也”，再悲悯于人世间种种苦难，以为唯有人类自知为天人，才得去苦而得乐。他自承其讲天文之学的用意，在于“欲为吾同胞天人发聋振聩，俾人人自知为天上人，知诸天之无量，人可乘为以太而天游，则天人之电道，与天上之极乐，自有在矣”。在《大同书》中，他更是以《入世界观众苦》为书的甲部，在绪言中沉痛申言，“全世界皆忧患之世而已，普天下人皆忧患之人而已，普天下众生皆戕杀之众生而已；苍苍者天，抟抟者地，不过一大杀场、大牢狱而已”。因众生之苦，而思以学术政事拯民救世，更进而创教自立，这是康有为一生不变的志向。他的学谊政事，皆可作如是观。

次联是说康有为于1898年出亡海外，至1913年重返故国，在此期间，足迹所至，遍及环球大地四洲，而终于形成成熟的独知之虑，他在20世纪初对中国未来的判断，堪称是至诚前知，精准得像一个预言家一样。可惜他的思想在当时知之者少，其学不得不中焉断绝。

第三联是说康有为创办《不忍》杂志，迹其心态，当与孔子闻获麟，“反袂拭面，涕沾袍”一致，我想到孔子与康子的悲悯情怀，也忍不住嗒然感伤。

第四联是说，尽管康有为参预的维新运动失败了，却留下了以《大同书》为代表的思想巨著，未来人们应该对作为思想家的康有为有着更深入的认识。

一

中国蜡像馆名人蜡像——康有为

康有为是中国近代重要的政治家，也是中国近代杰出的思想家。人们对他作为政治人物的一面讨论得较多，却对他作为思想家的一面讨论得甚少，且往往把他的思想仅仅看成是他政治活动的附庸，而统谓之政论文。其实，政治家是政治哲学家的奴仆，康有为的思想才是他在戊戌变法中及其后的政治活动的理论依据。他的思想和学术，自有其一以贯之之道，从思想观念出发去理解康有为，比从他的政治行为出发，可能要深刻得多。

康有为，原名祖诒，字广厦，号长素，戊戌政变后易号更生，张勋复辟，又号更甡，晚号天游化人，广东南海银塘乡（今佛山市南海区丹灶镇）人。他生于1858年3月19日，卒于1927年3月31日。他所处的时代，是中国历史上从未有过的大变局。当时的中国被腐朽没落的清朝统治着，尚处在前现代的社会阶段，而西方列强经过启蒙运动思潮的洗礼，工业革命更是促进其社会生产力的巨大提升，业已进入现代社会，这种发展的不均衡，导致清廷在对外战争中总是成为挨打的一方，中国人民也在这种被动进入现代社会的痛苦进程中，体会着强烈的失落感和心灵的煎熬。曾经的天朝上国，不止无法保有传统的属国，甚至连固有的领土也不断遭外敌侵夷蚕食；“老大帝国”之清朝，不止不堪西方列强之一击，甚至连一直是中国的学生的日本，也能在甲午战争中把清朝自洋务运动以来惨淡经营而成的北洋水师，打得溃不成军。自鸦片战争以后，清人几乎每战每败，丧地失权而外，还伴有巨额的赔偿。康有为一生耳闻目睹第二次鸦片战争、中法战争、甲午战争、义和团运动、庚子国变、辛亥革命、第一次世界大战等重大历史事件，并亲身参与了戊戌变法运动，他看到了中国人民的苦难，乃至全人类的苦难，故其思想能逐渐成熟，终在中国思想史上占有重要一席。

从魏源、龚自珍开始，晚清的思想者都希图通过自己的思想来影响社会，从而让中国走向健康发展的道路。他们的思想既是对时事的应对，也有对未来的深邃思考。本来，由于清廷苛严的文化专制政策，特别是大兴残酷的文字狱，读书人大都躲到书斋中，狂胪文献，在繁琐的考据当中耗尽一生，这是“我注六经”的学术方法。但从魏、龚开始，一部分先知先觉的儒生究心实学，改弦易辙为“六经注我”，拿儒家经典作为材料，以佐证自己的思想。传统上被认为“其中多非常异义可怪之论”（何休《春秋公羊传注疏》序）的《公羊传》，就成为不少矢志革新，以切于世用的儒家学者的共同思想资源。康有为深受《公羊传》的影响，他的“据乱、升平、太平”的历史观，即来自《公羊传》，而托古以改制，借孔子为变法的大纛，也是从《公羊传》获得的灵感。

康有为早年师从岭南大儒朱次琦，后因与翰林院编修张鼎华相盘桓，遂渐开眼界，特别是1879年他偶游香港，“览西人宫室之瑰丽，道路之整洁，巡捕之严密，乃始知西人治国有法度，不得以古旧之夷狄视之”。此前，他已得《西国近事汇编》、李圭《环游地球新录》及西书数种览之，至此“乃复阅《海国图志》《瀛寰志略》等书，购地球图，渐收西学之书，为讲西学之基矣”。三年后，二十五岁的康有为“道经上海之繁盛，益知西人治术之有本。舟车行路，大购西书以归讲求焉。十一月还家，自是大讲西学，始尽释故见”。次年，“购《万国公报》，大攻西学书，声、光、化、电、重学及各国史志、诸人游记皆涉焉。于时，欲辑《万国文献通考》，并及乐律、韵学、地图学，是时绝意试事，专精问学，新识深思，妙悟精理，俯读仰思，日新大进”。（以上所引均见《康南海自编年谱》）

生在相对开放、得新风气之先的广东，是康有为的幸运。在当时的中国知识人中，他能较早接触西学，确切地说是西方现代之学，这让他比一般仅了解中国古典之学的学者通儒更加容易成名。加之他性情上“受质甚热，得痴黠之半”，“且受质近厚，仁心太盛，自弱少已好任侠之举，虽失己为之不恤”，遂至“不忍人之心，凝聚弥满，融于血气，染于性情，不可复抑”（《与沈刑部子培书》），这就使得他的讲学、交际，自然散发出了强大的感染力。无论他的思想，还是他的性格，都极容易给人留下深刻的印象。他后来在戊戌变法前和变法中所拥有的巨大影响力，多半基于其性情的热与厚。

清朝自鸦片战争以后，不是没有痛定思痛的反思，我们更加不用怀疑清室贵族和朝中汉臣图强的意愿与决心。洋务运动的推行，也的确让当时的中国展现出一些恍如治世的气象，史称“同治中兴”。但是，甲午战争清朝败于日本，让朝野上下都震惊了。以康有为为代表的青年知识人，认为甲午战争的失败，警醒了中国人。以前无论是体制内的官员，还是未入仕途的士子，普遍认为中国政事学术自有其优长，只是不如“西夷”船坚炮利，而几十年来洋务运动的目的，就是要“师夷长技以制夷”，学习军工技术，发展强大的海军，自然可以恢复往昔的荣光。但甲午之败让清朝臣民产生莫大的挫败感和屈辱感，激进的青年如康有为者，因较早拥有对西方世界的认知——尽管这种认知是相当肤浅的——与其偏于托古改制的今文经学结合在一起，就不能不产生对传统政治体制的强烈怀疑，甚至他对传统政治体制的怀疑在中法战争后就已见端倪。1888年12月10日，康有为利用在京参加进士考试的机会，向刚开始亲政的光绪帝上书，提出“变成法”“通下情”“慎左右”的三条纲领。尽管这封议论捭阖、辞气纵横的上书没能递到光绪帝的“龙案”上，康有为的名字却逐渐为朝中各派势力所知。也是在这一次上书的运作过程中，康有为学到了利用舆论增加自己的影响力的方法。

1895年春，康有为偕同弟子梁启超一道来到北京，准备参加进士试。因甲午战争失败而起的阴云，笼罩着在京师生活的每个官员，康有为在1888年所建立起的名气，使得他提前获悉本为绝密的《马关条约》的内容，得知清廷欲割台湾，康有为悲愤莫名，于是令梁启超首先联络了广东举人八十余名，联名上书，请求拒绝和议，湖南举人全员响应。又与梁启超分托朝士鼓动，各省举人，莫不发愤，连日并递章于都察院。台湾举人垂泪请命，更激起

北京康有为故居。清末的南海会馆旧址，康有为曾在此居住过很长时间

舆论的普遍同情。康有为看到群众的力量，乃合十八省举人一千二百余名，在明代烈士杨继盛的故居松筠庵举行会议。会议地点是经过精心选择的。嘉靖三十二年（1553），杨继盛上疏力劾严嵩“五奸十大罪”，遭诬陷下狱，在狱中备经拷打，于两年后遇害，年四十。康有为选择松筠庵为会议场地，是要借杨继盛的忠烈激发与会者，也表明他心忧国事，早已把生死置之度外。会后，康有为以一昼二夜不眠不休的惊人精力，完成了“一万八千言”的请愿书，请各省举人签名后，缮写多份，遍传都下，以至士气愤涌，在都察院门前排了一里多地的长队。1895年5月2日，这封后来被康有为命名为《上清帝第二书》的联名信，被递交到都察院，力陈“弃台民即散天下”，建议清廷“下诏鼓天下之气”“迁都定天下之本”“练兵强天下之势”“变法成天下之治”，史称“公车上书”。只是当时《马关条约》已被朝廷批准，无法挽回，都察院拒绝接受，当然光绪皇帝也没有看到这封请愿书。然而，《上清帝第二书》毕竟是甲午之后，最早鼓吹变法的舆论先声，自公车上书之后，朝野上下在要不要变法的问题上基本达成共识，剩下的只是怎么变的问题。

这一年会试，正考官徐桐是朝廷中顽固的守旧派，他极恶康有为，预先告诫两位副主考李文田、唐景崇，如遇广东省卷中才气纵横者，一定不可取中，因为那必然是康有为的试卷。考官阅到梁启超的卷子，以为是康有为的，故抑而不录，批语曰：“还君明珠双泪垂，惜哉惜哉。”发榜时的规矩是先从第六名往后填写，填写至最后一名，都没有康有为卷，徐桐大喜，以为终于让康有为不能中举，谁知五魁中正有康有为的名字。

康有为在公车上书之后，成为当时中国最有影响力的议政者之一，也引起了光绪帝师翁同龢的注意。康有为在1895年5月29日再上《上清帝第三书》，并终于由翁同龢将这封建议书递呈给了光绪帝。

据说光绪帝览书甚喜，康有为又贾其余勇，于6月30日再次上书，逐渐引起了光绪帝的注意。

二

1898年的戊戌变法，康有为是深度参与者。但维新党人的激进主张与光绪帝的热情冲动结合到一处，触动了本来支持变法的慈禧太后的底线，从而导致变法的最终失败。作为权力边缘人的康有为并不了解清廷最高层面的政治运作，误以为朝廷中存在着水火不容的帝、后二党，出于朴素的爱国热情，他居然想出请袁世凯出兵围住颐和园，禁锢慈禧太后，还政光绪帝的主意来。由于戊戌变法步子迈得太大，对旧有体制的改革太过峻急，在没有做好充分准备的情况下，就仓促裁撤被认为是无当时用的旧衙门，对既有官僚队伍产生了极大的冲击，引起京师极大的震荡。正如马勇先生在《维新：戊戌变法的尝试与失败》中所指出的："以光绪帝为主导的以裁减冗署及冗员为主要内容的行政体制改革如脱缰的野马继续奔腾，稳定的政治局面实际上已不复存在，已下岗的官员和即将下岗的官员都成为政治体制改革的牺牲品，无论他们有多么高的政治觉悟，都无法继续与光绪帝、康有为等维新领袖保持一致，分化已属必然，只是在等待时机而已。从这个意义上说，光绪帝主导的行政体制改革即便不是戊戌政变的直接原因，也在很大程度上影响了后来政治局面的发展，至少为光绪帝退居二线，慈禧太后重新出山垂帘听政提供了契机。"不可否认，康有为"受质甚热"的性情和急切躁进的性格，使其与急于让国家富强、急于表现自己的光绪帝一拍即合，在很大程度上影响了光绪帝的变法进程。任何成功的变法，都是要让多数人从中获益的。如果变法只是以国家的、抽象的所有人的名义，先要牺牲掉体制中多数人的利益，这种变法注定不会成功。

1898年6月16日，康有为在颐和园东宫门内的朝房等候光绪帝的召见，据曹孟其《说林》记载，他在回答直隶总督荣禄“如何能一旦遽变一二百年之成法”的问题时，毫不犹豫地说：“杀二品以上阻挠新法大臣，则新法行矣。”如果这个记载是真实的，说明没有多少在体制内历练经验的康有为，不知道高明的政治是和，是平衡，是能让各种主张、各种利益诉求都能求得最大公约数，而不是简单地以杀戮树立起威权。但无可置疑的是，在戊戌变法中康有为及其维新党人，保有变革的理想热情，又确实过分激进了。他们天真地以为，只要皇帝拥有无上权威，就可以支持他们进行彻底的、迅捷的变革。一个流传很广的故事，见于梁启超所著《谭嗣同传》，说是在变法失败后，日本有同情变法的人劝谭嗣同逃往日本，谭嗣同说：“各国变法，无不从流血而成。今中国未闻有因变法而流血者，此国之所以不昌也。有之，请自嗣同始！”其实成功的变法并不都需要从流血而成，相反，总是需要团结各种力量，凝结共识，渐进而非急遽地推进。作为维新党人骨干的谭嗣同，在他的名著《仁学》的自叙中，激情洋溢地呼吁：“网罗重重，与虚空而无极。初当冲决利禄之网罗，次冲决俗学若考据、若词章之网罗，次冲决全球群学之网罗，次冲决君主之网罗，次冲决伦常之网罗，次冲决天之网罗，次冲决全球群教之网罗，终将冲决佛法之网罗。”也就意味着举凡人类赖以生存发展的政治、文化、伦理、宗教，皆在他的否定之列。这样激烈地否定一切传统文明，到底是要通向什么样的理想社会呢？

张之洞和他的幕僚研究了康有为在1898年所提出的一系列变法方法，认为要是按照康有为的方案去进行政治体制改革，只会给中国带来巨大的灾难。他很快出版了堪称名著的《劝学篇》。该书开宗明义，指出天下之事，其表在政，其里在学，故为政必先劝学。正像早年与康有为论学相辩难的朱一新所说的那样，“世之才士，莫不喜新奇而厌平澹，导之者复不以平澹而以新奇，学术一差，杀人如草，古来治日少而乱日多，率由于此”。（《康子内外篇·朱侍御答长孺第三书》）张之洞本来是维新运动的同情者，但他完全不认同康有为疑古文经而称孔子为改制之素王的学术观点，这与朱一新指斥康有为“不范诸准绳规矩之中，以储斯世之用，而徒导以浮夸，窃恐诋讦古人之不已，进而疑经，疑经之不已，进而疑圣。至于疑圣，则其效可睹矣”（出处同上），其理一致。

康有为及维新党人抱持政治幻想和热情，当时的他们相信，只要尽仿西方制度，中国富强，可立等而待。这种思想发展到了民国，并没有随着时间消逝，反而在很长的时期内，成为社会智识阶层的主流思想。钱穆曾精辟地指出：“今日者，清社虽屋，厉阶未去，言政则一以西国为准绳，不问其与我国情政俗相洽否也。扞格而难通，则激而主全盘西化，以尽变故常为快。至于风俗之流失，人心之陷溺，官方士习之日污日下，则以为自古而固然，不以厝怀。言学则仍守故纸丛碎为博实。苟有唱风教，崇师化，辨心术，核人才，不忘我故以求通之人伦政事，持论稍稍近宋明，则侧目却步，指为非类，其不诋诃而揶揄之，为贤矣！”把西方的政治制度看得崇高无比，以为国家只要全盘西化，就能臻于郅治，这是近代以来许多知识人的通病，说到底这样的知识人既不懂得西方富强之故，更不明白中国的传统文化在世界文明中的地位。他们不明白任何政治制度都必须根源于本民族的历史文化，任何脱离了本民族历史文化传统的制度设计，最终都会失败。这就是张之洞说的“其表在政，其里在学”的含义。张之洞针锋相对提出“中学为体，西学为用”的主张。在《劝学篇·同心第一》中，张之洞以为“政教相维者，古今之常经，中西之通义”，他认为儒教“行于中土，数千年而无改者”，故特设《宗经第五》章，在本章中他不点名地批评康有为的《新学伪经考》《孔子改制考》，说道："群经简古，其中每多奥旨异说，或以篇简摩灭，或出后师误解。汉兴之初，曲学阿世，以冀立学。哀、平之际，造谶益纬，以媚巨奸，于是非常可怪之论益多。如文王受命、孔子称王之类，此非七十子之说，乃秦、汉经生之说也，而说《公羊春秋》者为尤甚。乾嘉诸儒嗜古好难，力为阐扬，其风日肆，演其余波，实有不宜于今之世道者，如禁方奇药，往往有大毒可以杀人。假如近儒《公羊》之说是，孔子作《春秋》而乱臣贼子喜也。"于"而说《公羊春秋》者为尤甚"下，他特加小注"新周，王鲁，以《春秋》当新王"，等于直接批判了康有为托古改制的学术主张。

从1888年第一次向光绪帝上书，康有为就尝到了鼓动群众，发动民粹政治的甜头。在九年后的《上清帝第五书》中，时任工部主事的康有为提出了定宪法、开议会的激进主张，工部主管胆怯不敢上呈，康有为却通过大量传抄及发表报章的方法，绕开了正常的渠道，得到舆情的关注，并由此获得翁同龢的举荐，终于得以被光绪帝接见。西方议会制民主本是基于西方的政治文化传统，对植根于东方土壤的封建帝国来说，骤然施行西式民主，必然会产生更大的问题。张之洞说："方今中华诚非雄强，然百姓尚能自安其业者，由朝廷之法维系之也。使民权之说一倡，愚民必喜，乱民必作，纪纲不行，大乱四起，倡此议者，岂得独安独活？且必将劫掠市镇，焚毁教堂，吾恐外洋各国必借保护为名，兵船、陆军深入占踞，全局拱手而属之他人，是民权之说，固敌人所愿闻者矣。……昔法国承暴君虐政之后，举国怨愤，上下相攻，始改为民主之国。我朝深仁厚泽，朝无苛政，何苦倡此乱阶，以祸其身而并祸天下哉？此所谓有百害者也。"（《劝学篇·内篇·正权第六》）张之洞这番话本来是说给光绪帝听，希望他不要片面听信康有为的激进主张，但令人想不到的是，两年后起于义和团运动，八国联军打入北京，慈禧太后、光绪帝仓皇西狩的庚子国变，皆没有偏离张之洞的预测。可见，任何人依靠民粹，都不会有好下场。

但是张之洞绝非因循守旧之辈，他并不是完全否定议院制度，而是认为以当时中国的历史条件，没有实行议院制度的可能。他一针见血地指出："中国士民，至今安于固陋者尚多，环球之大势不知，国家之经制不晓，外国兴学立政、练兵制器之要不闻，即聚胶胶扰扰之人于一室，明者一，暗者百，游谈呓语，将焉用之？且外国筹款等事重在下议院，立法等事重在上议院，故必家有中资者乃得举议员。今华商素鲜巨资，华民又无远志，议及大举筹饷，必皆推诿默息，议与不议等耳。"（出处同上）并提出了让民情上达的替代方案："民权不可僭，公议不可无。凡遇有大政事，诏旨交廷臣会议，外吏令绅局公议，中国旧章所有也。即或咨询所不及，一省有大事，绅民得以公呈达于院、司、道、府，甚至联名公呈于都察院；国家有大事，京朝官可陈奏，可呈请代奏。方今朝政清明，果有忠爱之心、治安之策，何患其不能上达？如其事可见施行，固朝廷所乐闻者。但建议在下，裁择在上，庶乎收群策之益而无沸羹之弊，何必袭议院之名哉？此时纵欲开议院，其如无议员何？此必俟学堂大兴，人才日盛，然后议之，今非其时也。"（出处同上）足见张之洞从来也不否认公议的必要性，只是他认为当时中国新式人才不足，必须要等学校兴起，经多年作育，才可与论议院。

其实，对于尽变旧有的政治架构，改设议院的主张，康有为不是没有反思。在《上清帝第六书》中，康有为暂时放弃了开国会、定宪法的激进主张，而以设立制度局取而代之。可能有维新党中更加激进的同仁，质询康有为何以放弃《上清帝第五书》中开国会、设议院的主张，康有为于1898年7月9日回信作答，说："天下国势、民情、地利不通，不能以西人而例中国。泰西自罗马教亡后，诸国并立，上以教皇为共主，其君不过如春秋之诸侯而已。其地大者，如吾中国两省，小者如丹、荷、瑞、比，乃如吾一府。其臣可仕他国，其民可游外邦，故君不尊而民皆智，其与我二千年一统之大，盖相反矣。”（《答人论议院书》）认为从国势、民情、地利诸方面，议院制民主皆不适于中国。他又说朝中九卿、翰（林）詹（事）、科道会议，即是西方的上议院；公车诸士，即各地举人的集会，就是西方的下议院。而其时民智未开，以家喻之，中国之民，皆如童幼婴孩；以学喻之，中国之民，皆如蒙馆学生，一旦自主，家不成家，学不成学。应该说康有为在这封答信中对民主的见解十分深刻。今日有一个号称“山巅之城”“灯塔之国”的国家，执政党人大搞民粹政治，打开国门任由非法移民侵入，导致人口结构发生不可逆之变化，其大选更是在全世界的注目下公然作弊，其国运很快会衰弱是可以预见的。

末代皇帝溥仪大婚时，康有为送的“拿破仑加冕皇后彩盘”。北京，故宫博物院藏品

末代皇帝溥仪大婚时，康有为送的“拿破仑大婚彩盘”。北京，故宫博物院藏品

康有为在这封信中还对另外的一些指责做了辩解。有人指责他给皇帝上书，不请废科举而全盘改用新式学校，他说各省童生数百万，诸生数十万，举人以万数，其中多年长者，学堂又安能尽收？其中岂乏聪明异才，就看国家如何利用了。又有人说老旧之臣不能行新政，康有为引《论语·泰伯》“故旧不遗，则民不偷”，说变法维新尤应以人心风俗为尚。他举历史上著名的成功之例，说商之盘庚先后迁都

于亳、殷，北魏孝文帝迁都洛阳，改行汉制，都是“与其元臣大家再三诰诫，更以优礼厚禄待彼耆旧”，这才取得成功；而王安石即因不明此意，遂致新法失败。康有为的这一番见解是清醒人之语，只是历史的发展从来都是各种力量聚合起来的结果，当时的戊戌变法像是一列脱了轨的快车，康有为亦已成为“守旧派”眼中的罪魁祸首，他这时候再辩白心迹已是迟了。遭逢未有之大变局，戊戌变法没有成为北魏孝文帝那样成功的变法，而踵王安石之后尘，成为失败的变法，其实，从光绪帝起用康有为进行变法，就已经是一个定数了。

1898年的康有为，在思想深度和见事明彻方面，皆不如张之洞，这与他们的阅历、地位有莫大关系。但是在《答人论议院书》中，康有为已开始了他后半生的思考，但直到戊戌政变后游历了四洲三十一国，真正深入了解了东西方的民情、政治，才最终形成成熟的思想。康有为慨叹说：“仆今日则为守旧者所大攻，在他日又必为开新者所痛诋，今日已萌芽矣。仆惟俯首两面受过而已。但忧国事之危急，哀民生之多艰，不能自已。”（《答人论议院书》）我们决不能简单地认为康有为在戊戌后的思想转变是对他此前思想的全面否定，更不宜粗暴地说他是“开倒车的”历史叛徒。尽管他介入现实政治甚深，其本色却是思想家、政治哲学家。对国运民生的哀矜悲悯，是康有为思考的出发点，儒家思想则是融入其血脉的思想基因，他不惜两面受过，正体现了一位思想家的孤独与骄傲。趋时者纵得烜赫于一时，保正守粹者纵然被大众群起嘲笑，思想的光芒仍将穿透历史的迷雾，照亮将来。

三

1898年9月19日晚，康有为从翰林院侍读黄绍箕处得到消息，说权贵荣禄会对康有为下手，建议他尽早离京。次日清晨，康有为携仆人李唐凄凉离京。当清廷终于开始通缉康有为时，他得到了英国人的帮助，于9月29日抵达香港，再由香港转往日本，开始了他的流亡生涯，直至1913年才回到故国。

在流亡的途中，康有为很快受到来自更激进的阵营的攻讦。他早就预想到，“仆今日则为守旧者所大攻，在他日又必为开新者所痛诋”，他可能没有想到的是，开新者与大众形成了历史的合力，而自己却被历史巨轮狠狠地抛在了轨道之外。

康有为在流亡途中，仍心系政治，他在巴拿马、新加坡、加拿大、日本等地组设保皇会，坚持改良路线，而在1902年，康有为却收到保皇会会员的来信，对立宪的理想深致失望，要求通过革命的手段推翻清朝，实现自立。他的学生梁启超、欧榘甲也开始动摇了。在这种情况之下，康有为发出《与同学诸子梁启超等论印度亡国由于各省自立书》《答南北美洲诸华商论中国只可行立宪不可行革命书》两封公开信，予以驳斥。康有为以其深刻的洞见、缜密的逻辑论证了当时中国“只能改良决不能革命”的观点，他指出：

> 夫革命非一国之吉祥善事也。就使革命而获成矣，为李自成之入燕京矣，为黄巢之破长安矣，且为刘、项之入关中矣。然以中国土地之大，人民之众，各省各府，语言不相通，各省各府，私会不相通，各怀私心，各私乡土，其未大成也，必州县各起，省府各立，莫肯相下，互相攻击，各自统领，各相并吞，各相屠灭，血流成河，死人如麻，秦、隋、唐、元之末季，必复见于今日。

又谓：

> 中国枭雄积于心脑者，人人有汉高、明太之心，吾见亦多矣。古

今天下，安得遇尧、舜、华盛顿？法国累更革命，积化百年，定章极严，而拿破仑第三犹如此，况中国向来本无议论，更无立宪定章。彼枭雄能指挥十八省者，其拥兵权何止五十万，如此则何为不可！夫华盛顿之时，美国人仅四百万，中国乃百倍之，其人之才能控制十八省四万万人，破万里之全国者，非有秦政、刘邦、曹操、刘裕、朱元璋之枭雄术略，好杀自私，必不能也。

今天重读康有为的文章，对照辛亥革命以后社会动荡，纷争不已的局势，不能不惊叹于他对历史的深刻洞见。康有为未必知道经典自由主义的一个有名的观念："通过暴力建立起来的政权必然要继之以暴力的统治。"但他却完全依靠经验推论出这一点。然而，康有为的这些思想讲给那些没有游历欧美经验的中国智识阶层听，实在是对牛弹琴。这个时候，一个高举道德主义大纛的"热血青年"跳了出来，以一种狂热而极具煽动性的方式，对康有为的观点进行了全面驳斥。这个鼓吹"革命"的人便是章太炎。康有为没有读过勒庞的名著《乌合之众》，否则他一定会后悔自己在早年借助舆论的力量，放大了自己当时的那些偏激的观点。对于大众来说，真理很多时候并不都是最重要的，谁要是能满足他们的幻想，谁就可能成功地影响他们。康有为应该想到，他游历万国、覃思熟虑而形成的思想，必然不如浅易而偏激的观点更容易获得大众的拥护。然而此时的他不惮被斥为守旧、开历史倒车，仍然坚持自己的思想。这样的不合时宜，正是他内心悲悯情怀的体现。

章太炎反对康有为保皇立宪，而为"革命"之鼓吹，这是因为他认为满人是夷狄，是异种。狭隘的民族观念使得他根本不可能站在客观的立场上看待问题。他引旧作《正仇满论》中的话说："吾以为今人虽不尽以逐满为职志，或有其志而不敢讼言于畴人，然其轻视鞑靼以为异种贱族者，此其种性根于二百年之遗传，是固至今未去者也。”以为“然则满洲弗逐，而欲士之争自濯磨，民之敌忾效死，以期至乎独立不羁之域，此必不可得之数也。浸微浸衰，亦终为欧、美之奴隶而已矣。非种不锄，良种不滋，败群不除，善群不殖，自非躬执大彗以扫除其故家污俗，而望禹域之自完也，岂可得乎？”他讽刺康有为论革命书“援引今古，洋洋万言”，丝毫没有把康文的论据放在眼里。康有为曾说过：“吾自游墨而不敢言民主共和，自游印度而不敢言革命自立焉。”（《不幸而言中不听则国亡序》）他在西方世界及其他被压迫民族世界的亲历见闻，敦使他思考，法国大革命所带来的持久的民族灾难尤其令他警醒。在不可行革命书中，康有为写道：

> 今欧美各国所以致强，人民所以得自主，穷其治法，不过行立宪法、定君民之权而止，为治法之极则矣。……统计欧洲十六国，除法国一国为大革命，实与俄之一国为专制者同，皆欧洲特别之情。其余十余国，无非定宪法者，无有行革命者。然法倡革命，大乱八十年，流血数百万，而所言革命、民权之人，旋即借以自为君主而行其压制，如拿破仑者，凡两世矣。然使法国之制独善，法国之力独强，法民之乐更甚，由之可也。今各国之宪法，以法为最不善，国既民主亦不能强，能革其君而不能革其世爵之官，其官之贪酷压民甚至，民之乐利反不能如欧洲各国。此则近百年来，欧洲言革命不革命之明效大验矣。

除了民族观，章太炎再也摆不出其他的论据，他指责康有为“以一时之富贵，冒万亿不韪而不辞，舞词弄札，眩惑天下”，说康有为反对“革命”，坚持立宪是因为“荣禄既死，那拉亦耄，载湉春秋方壮，他日复辟，必有其期，而满洲之新起柄政者，其势力权借或不如荣禄诸奸，则工部主事可以起复，虽内阁军机之位，亦可以觊觎矣。”章太炎讽刺康有为“变易”太频，谓“始孙文倡义于广州，长素尝遣陈千秋、林奎往，密与通情。及建设保国会，亦言保中国、不保大清，斯固志在革命者。”又说康有为在1900年策动唐才常起义，其革命之志“未尽澌灭”，乃现下写反对革命的公开信，是“瞑瞒于富贵利禄”。

在康有为撰于流亡途中的《列国游记》里，《法兰西游记》最集中地体现了作者反对暴力革命、倡行渐进改良的思想。他发现法国贵族拉飞咽在法国施行普遍民主，实行人权平等是法国大乱之渐：

> 以普通选举故，当时法二十五岁男子仅五百万，而选举人已四百二十九余万。凡乡市之吏，任参议、参政之职者，多不能读法令。以此愚氓任官，安得不乱？昔者地方各有自治权，与巴黎不相属，乃大改州县，分全国为八十三州，三百七十四县，而市乡官衙置四万七千余，虽百千人小乡，亦设理事官五人治之。故全国之民，三十人必得一官吏，而官多不识字；岂独不知治，犷悍横行，无所不至，议员与官吏如此，故酿成大乱也。
>
> 夫立法之学，至深且远。以今日美国之久安长治，而法吏、判官皆举于民，多议其不能称职，不若英国；况于法国初变之时，人才尤乏乎？以其举于民党，故悍鸷之人，若罗伯卑尔、马喇、段敦、埃卑尔、易伯尔诸人，皆以屠伯之性充法吏，故妄行杀戮，惨无天日。始以除王党，继以锄异己。不择善类，不论民党，互相争权，流血遍地，断头台上，无能免者。首创变法、倡始革命诸功人，莫不戮屠无遗种，以是酿成恐怖之世也。
>
> 夫议院之有上下，以互相制也。田间少年勇悍之人，与贵位老成谨重之识，相剂而调之，乃底中和，而得中适宜。今以主权在民，只

有众议院而无上议院；民权既盛，慓悍持权，动辄屠诛，人皆不保。故贤士大夫，不逃则戮；即在民献之夫，良善皆诛；而惟悍敢狡骜之人，可以在位。故挟其犷悍之党，日以流血为事，无复义理之可言，其凶横甚于无道之秦政、隋炀万万倍者。

消灭了贵族，取消了等级制的民主必然是没有自由的民主，只能是多数人的暴政。这种始于乱倡民权的民粹主义思想，一旦通向实践，其能造成的灾难就是法国大革命大乱八十年，流血数百万。梁启超于1913年所作的《革命相续之原理及其恶果》在归纳出十条革命的恶果后指出，“革命只能产出革命，决不能产出改良政治”。胡适和李大钊也在各自的文章中各自表述了相似的立场。（见刘军宁编《自由主义的先声：北大传统与近代中国》）然而，他们同1903年的康有为一样，从来没有得到过当时社会舆论的支持。

康有为曾对中国数十年变法之成败做出深刻的反思，他认为自由、革命之说误人至深，欧洲人之言自由，不过是因欧洲封建之世压抑农奴，天主教对人更是压制之极，才有志士大倡此说以耸动人心，他引英国博士斋路士的话说：“不知中国者，以为专制之国。乃入其境，则其民最自由。卖买自由，营业自由，筑室自由，婚嫁自由，学业自由，言论自由，信教自由，一切皆官不干涉，无律限禁，绝无压制之事。”变法者、革命者为中国诊病既误，开出的药方当然也就“是非以药止病，乃以药生病也；是非以病致死，乃以药致死也”。可惜在举国病狂之世，他的吁天泣血之音，应者寥寥。

四

大约四十年前，业师陈沚斋先生曾撰有《康有为诗文选》一书，诗文各占其半，颇足为理解康有为心灵、思想之导引。此番选注康有为作品，则仅选其文而遗落其诗，侧重于他作为思想家、政治哲学家的一面，更希望读者通过阅读康有为的这些文字，能对近代中国所发生的历史多一层体会。我本人是相信张之洞的天下之事“其表在政，其里在学”的观点的，故本书初选时，仅分作学术、政教两编，后改为学术、政教、杂文三编，每编篇幅大致相当。杂文部分，全选自康有为的《列国游记》，这部书其实既不乏学理，也有非常明确的政教意义，但从行文来说，较其学术论著、政论文章大有不同，故将之单列。

康有为游历异邦，从不作走马观花之泛览，而是事先做足功课，了解该国之历史，再对照该国的民情、文化、政体，形成思考，记入其游记中。特别值得注意的是，康有为时时不忘以他国之历史文化、政事民情与中国做比较，他在多方比较后，坚定了其儒家信仰，更清晰地认识到儒家文明的卓越，也更明白文化先于政体的道理，相对于至今仍大有市场的制度决定论，康有为的眼光更深邃，更具历史穿透性，不止在当时戛戛独造，即使在21世纪的今日，也仍有其不可磨灭之真价。

本书选文，大多出自《广州大典》所收康有为诸著作，并以国家清史编纂委员会编《康有为全集》（中国人民大学出版社，2007年版）参校、补充，由我选目赏析，深圳大学人文学院研究生黄锟炼、罗红、林诗滔、黄怡然、宁一然、林瑶、邓瑶、杨航、纪盈、张璇、毕诚、莫艺艺及本科生廖紫晴同学做了初步注释工作，再由我审订。康质定仁棣三度通校全文，匡我实多。并此致谢。虽已尽心竭力，而鲁鱼亥豕，情在难免，尚望海内外方家不吝赐教是荷。

学术第一

康子内外篇·阖辟[1]篇

天下移人[2]最巨者何哉？莫大于言议觉识[3]矣。父子之亲，天性也，而佛氏能夺之而立师徒；身命之私，至切也，而圣人能夺之而徇[4]君父。夫以其自有之身，及其生身之亲，说一法立一义而能夺之，则天下无有不能夺者矣。故明此术者，何移而不得！故善为君师者，明于阖辟之术，塞其途，墐[5]其户，令之梯而登天、穴而入地，诱于其前，鞭于其后，若驱群羊。然积之既久，则习非成是，而后道义明焉。颛颛[6]由之，不能自舍，虽反其道以易之，非百数十年不可矣。然欲驱之，不能不依于势，无其势不能为也。明于时势，通于人心，顺而导之，曲而致之[7]，而才智足以操驭焉，则若决江河之堰，放湖堤之波，积巨石大木于高山之上，惟其意所欲为，无不如志矣。

注释

［1］阖辟：闭合与开启，文中亦称塞开。严刑峻法为阖、塞，教化流行为辟、开。　［2］移人：改变人。　［3］言议觉识：言论思想。　［4］徇：顺从。　［5］墐（jìn）：用泥涂塞。　［6］颛（zhuān）颛：愚昧无知貌。　［7］曲而致之：委婉地达到目的。

天伦之大，身命之重，犹可以虚言易之，况以政事束民，而礼乐润色之，焉求而不可？匹夫倡论，犹能易风俗，况以天子之尊，独任之权，一嚬[1]笑若日月之照临焉，一喜怒若雷雨之震动焉，卷舒开合，抚天下于股掌之上！但精神能运之，气魄能镇之，则意指所属，顾盼自定。故居今日地球各国之中，惟中国之势独能之。非以其地大也，非以其民众也，非以其物产之丰也，以其君权独尊也。其权之尊，又非势劫之，利诱之，积于二帝[2]三王[3]之仁，汉、唐、宋、明之义，先圣群贤百千万人、百千万年讲求崇奖激励而成之。故民怀旧俗，而无外思；臣慕忠义，而无异论；故惟所使也。故挟独尊之权，诚如阖辟之术，则人材之乏不足患，风俗之失不足患，兵力之弱不足患，一二人谋之，天下率从之，以中国治强，犹反掌也，惟此时之势为然。

注释

[1] 嚬（pín）：同“颦”，皱眉。 [2] 二帝：唐尧、虞舜。[3] 三王：夏禹、商汤、周文王及周武王的合称。

或曰：子之学得无近于管、商[1]乎？答之曰：不然。子之所谓管、商者，其迹也。夫管子之治民，曰：衣食足而知礼节，仓廪实而知荣辱。是即圣人厚生正德[2]之经，富教之策也。天下为治，未有能外之者也。王、霸[3]之辨，辨于其心而已。其心肫肫[4]于为民，而导之以富强者，王道也；其心规规[5]于为私，而导之以富强者，霸术也。吾惟哀生民之多艰[6]，故破常操，坏方隅[7]，孜孜焉起而言治，以不忍人之心[8]，行不忍人之政，虽尧、禹之心，不过是也。所以不能不假权术者，以习俗甚深，言议甚多，不能无轻重开塞以倾耸而利导之。若人心既服，风俗既成，则当熙熙皞皞[9]，以久导化之。为之君、相，只以为吾民无所利焉，此非迂儒所能识也。昔武侯[10]治蜀，有取于管子、韩非，岂非以治国所当有事耶？且圣人岂能无开塞之术哉！殛四凶[11]，塞之术也；举十六相[12]，开之术也。式商容闾，表比干墓[13]，开之术也；诛飞廉，杀华士[14]，塞之术也。圣人妙于开塞之术，塞淫邪之径，杜枉奸之门，而为礼以束之，为乐以乐之，开人于为善之途，使天下之民，鼓舞轩甕[15]而不自知，故曰“民可使由之，不可使知之”[16]也。

注释

[1] 管、商：管仲与商鞅，为法家之祖。二人分别为齐、秦之相，使两国称霸诸侯。皆为孔门所不屑道者。 [2] 厚生正德：厚待生民，匡正道德。语出《书·大禹谟》。 [3] 王、霸：王业与霸业。王者以德，霸者以力。 [4] 肫（zhūn）肫：诚恳。 [5] 规规：浅陋拘泥的样子。 [6] 哀生民之多艰：为百姓多灾难而哀伤。语出《离骚》，原文“生民”为“民生”。 [7] 破常操，坏方隅：打破不变的操守，破坏部分区域。指应事而做部分变化。 [8] 不忍人之心：因见人之苦难而悲悯之心。语出《孟子·公孙丑章句上》：“人皆有不忍人之心。” [9] 熙熙皞（hào）皞：形容和乐舒畅，恬然自得。 [10] 武

侯：三国时诸葛亮死谥忠武侯，故称武侯。［11］殛（jí）四凶：语见《左传·文公十八年》：“舜臣尧，宾于四门，流四凶族浑敦、穷奇、梼杌、饕餮，投诸四裔，以御魑魅。是以尧崩而天下如一，同心戴舜以为天子，以其举十六相，去四凶也。”殛，杀死。［12］举十六相：出处同上注。十六相指舜时贤臣八元、八恺。元，善。八元，指伯奋、仲堪等八人。恺，和。八恺，指苍舒、大临等八人。［13］式商容闾，表比干墓：《史记》记载，周武王伐纣，商纣王登鹿台自焚以后，周武王“释箕子之囚，封比干之墓，表商容之闾”。在死者墓前刻石，以彰其善，谓之表墓。比干为商朝宗室忠臣。商容，商代的贤人。式闾，谓周武王过商容之闾，俯身按着车式表示敬意。式，同“轼”，车上的伏手板。［14］诛飞廉，杀华士：飞廉是商纣的谀臣，为周公所杀。华士是齐国的隐士，和哥哥狂矞立议说：我们不臣天子，不友诸侯，耕作而食，掘井而饮，无求于人，不追求功名利禄。结果姜尚封到齐国，认为他们会成为百姓反抗君主的榜样，于是就把他们杀掉了。事见《韩非子·外储说右上》。［15］鼓舞轩鼚（chāng）：鼓声，“鼚乎鼓之，轩乎舞之”，出自传为虞舜所作的《卿云歌》。［16］民可使由之，不可使知之：语出《论语·泰伯》。意思是只能让老百姓照着做，但不能让他们明白为政者、教化者的苦心。康有为的理解是不能让老百姓了解政治的出发点。

民不可使知，故圣人之为治，常有苦心不能语天下之隐焉。其施于治也，意在彼，而迹在此，不能无畸轻畸重之迹焉。其始为也，可以犯积世之清议[1]，拂一时之人心，蒙谤忍垢[2]而不忍白焉。及其端绪成，规模范[3]，然后从容反之于中和之域。其操纵启闭，当时不能知，后世亦或不能知，惟达识之君子知之。

注释

［1］积世之清议：世代的舆论。 ［2］蒙谤忍垢：遭受诽谤，忍受辱羞。 ［3］规模范：具有规模。范，本指做陶器的模子，此指完成。

光武以汉末士之无节，颂符命[1]者十余万人，知国之必有与立也，故奖崇节行之士，礼严陵，傅卓茂，相伏湛[2]，故卒获节义之报。党锢之士，断脰伏节[3]，以抗奸佞，蔚宗[4]以为汉百余年之不亡，实诸公之力。光武明于开之术也。魏武既取跅弛[5]之人，弃节行之士，以苟立大业，及其得国，又不知塞之之故，不旋踵而国亡，昧于塞也。

注释

［1］符命：文体名称。内容为述说瑞应以颂帝王功德。［2］礼严陵，傅卓茂，相伏湛：皆东汉光武帝事。严光字子陵，省称严陵。少曾与汉光武帝刘秀同游学。秀即帝位后，光变姓名隐遁。秀遣人觅访，征召到京，授谏议大夫，不受，退隐于富春山。卓茂以儒术举为侍郎，给事黄门。伏湛是名儒旧臣，光武帝征拜他为尚书，使典定旧制。 ［3］党锢之士，断脰伏节：东汉末宦官当政，遭禁锢的士人宁愿身首异处以殉节。脰，脖子。 ［4］蔚宗：《后汉书》的作者范晔字。 ［5］跅（tuò）弛：放荡不循规矩。

康熙十七年，吴三桂叛逆半天下，而圣祖[1]开鸿博之科[2]，明之耆宿，既尽网之，则天下之民归心矣。雍正中，世宗[3]诏举技勇之士，开二十石弓、举力千斤者得数千人，号“勇健军”，于时盗贼无警。是故人主挟富贵之权，临亿兆之众，苟或好之，必有以应之，况用意深远，有折冲[4]于庙堂者哉！视其开塞之道何如耳。

注释

[1] 圣祖：康熙帝庙号。 [2] 鸿博之科：即博学鸿词科，原名博学宏词科，因避乾隆嫌名而改。为科举之特科，针对学问渊博，文词卓越者。 [3] 世宗：雍正帝庙号。 [4] 折冲：使敌人的战车后撤，即制敌取胜。冲，冲车。战车的一种。

魏文帝[1]将迁洛阳而云伐宋[2]，以开塞之术行之也；勾践将灭吴而俯首事之，以开塞之术行之也；日本明治皇[3]之变西法也，并其无关政事之衣冠、正朔，而亦变之，所以示民有所重也，所以示泰西[4]有所亲也，以开塞之术行之也。

注释

[1] 魏文帝：北魏孝文帝拓跋宏，以讨伐南朝宋为名，迁都洛阳，改易汉俗。 [2] 宋：指南朝刘宋。 [3] 明治皇：明治天皇。在位

期间推翻德川幕府，建立君主立宪制，推行明治维新，使日本成为亚洲第一个资本主义国家。 [4] 泰西：泛指西方国家。

魏之奋击，齐之铁骑，秦之武士[1]，能负六钧之甲、百石之重以趋，其君尚武开之也。梁之时举国事佛，晋之时举国谈玄，其君尚谈开之也。故楚灵王好细腰，宫人多饿死[2]；齐桓好紫，一国之人皆紫[3]。汉武开功名之路，而司马相如、主父偃、严助、吾丘寿王、卫青、霍去病[4]之徒进，傅介子、陈汤、班超[5]犹其余风也。唐太宗好谏说之徒，而魏徵、刘洎、马周、伏伽[6]之类出，褚遂良、魏元忠、宋璟、张九龄[7]犹其余风也。故《传》有风草之喻[8]，马皇后有高髻、广袖之譬[9]也。今功令[10]以制艺[11]取士，其为科第也微矣，而天下士人千亿，穷力敝命，白首赴之，此未有祈向标的[12]而轻重之也，然犹缚人而顿掣之[13]如是，况有所祈向而树之标、立之的者乎？

注释

[1] 奋击、铁骑、武士：皆谓精兵。 [2] 楚灵王好细腰，宫人多饿死：出自《韩非子·二柄》："楚灵王好细腰，而国中多饿人。" [3] 齐桓好紫，一国之人皆紫：出自《韩非子·外储说》："齐桓公好服紫，一国尽服紫。" [4] 司马相如、主父偃、严助、吾丘寿王、卫青、霍去病：皆汉武帝时人才。 [5] 傅介子、陈汤、班超：傅介子汉昭帝时人，陈汤汉元帝时人，班超东汉人，皆建功于

西域。［6］魏徵、刘洎（jì）、马周、伏伽：皆唐太宗时之诤臣。伏伽为孙伏伽。［7］褚遂良、魏元忠、宋璟、张九龄：皆唐代名臣，多人出任过盛唐时期的宰相。［8］《传》有风草之喻：《论语》上说，君子之德如风，小人之德如草，风行草上，草必偃伏。［9］高髻、广袖之譬：语见《后汉书·马廖传》。马廖引长安语曰："城中好高髻，四方高一尺；城中好广眉，四方且半额；城中好大袖，四方全匹帛。"康有为误记为其妹马皇后之语。［10］功令：国家对学者考核和录用的法规。［11］制艺：八股文。［12］标的：标与的，都指箭靶。引申为目标。［13］顿掣之：困顿之、掣肘之。

凡言治者，非徒法先王、法后王[1]可以为治也，当酌古今之宜，会通其沿革，损益其得失，而后能治也。损益其沿革得失，确然可以施之为治矣。不知施之之术，不足为治也。施之之术，有先有后，有轻有重，有宜先而后，有宜轻而重，有忽先忽后，忽轻忽重，在审时势，通民心，掣而抑之[2]，顿而制之[3]，举之九天之上，沉之九渊之下，震之以雷霆，润之以雨泽。妙其控纵，而天下之治，惟我所欲求，盖开塞之道得也。

注释

［1］法先王、法后王：先秦时以部分儒家为代表的"法古"的政治观，主张效法古代圣明君王的言行、制度，言必称尧、舜、文、武，曰法先王；以荀子、韩非为代表的"法今"的政治观，主张效法

当代圣明君王的言行、制度，因时制宜，曰法后王。 [2] 挈而抑之：一面提挈，一面压抑。 [3] 顿而制之：使之困顿，便于控制。

有大不忍人之政，施之又不可以不忍人之心也，必有大忍人之心而后可也。明太祖之爱民也，则剥赃吏之皮；诸葛武侯之爱其师，则杀败军之将[1]。要于为治，则朝超进而暮戮之。洪武三十年，戮六卿之长部[2]数十人，而天下蒸蒸[3]，百事修举矣。故今将为治，刑乱国，用重典[4]，非大加生杀黜戮[5]，其尤者自亲贵始，无以耸耳目而整洿风[6]，励精神而贞百度[7]也。及吾政制已行，化令已成，然后以宽大养之。

注释

[1] “明太祖”以下：明太祖朱元璋曾规定，官吏贪污要剥下人皮，塞入干草，警示各级官吏。诸葛亮错用马谡，挥泪斩之。 [2] 六卿之长（zhǎng）部：六部之长。 [3] 蒸蒸：兴盛貌。 [4] 刑乱国，用重典：谓治乱国将用重刑重典。典，法典。 [5] 黜戮：贬黜与杀戮。 [6] 洿（wū）风：污秽之风尚。 [7] 百度：各种制度。

天下之能立功立事者，惟其热气为之也。凡挟才智艺能之人，其下者，利禄富贵之欲必深，其高者，功名之心必厚，寡有淡泊者，盖其热盛也。淡于爵禄，淡于功名之士，虽有德行志节，其于趋事赴功也必迟且钝。吾方欲有为也，德行志节之士，苟非遁世无闷者，亦将俯首从我，而吾视其德器之大小而礼貌[1]之。自余才智艺能之人，则惟我操纵所欲为，其树之标也高，其求之途也广，登而进之也骤，弃而罚之也重，导以不测之恩，临以不测之威。不肖[2]颓懦无才之人，畏惧而不敢来；聪明峻特[3]之人，屡踬[4]而仍思进。毋冷其热，毋散其气，广开功名之路，吾因招而抚之，一二年而风化成，事功立矣。

注释

［1］礼貌：以庄肃和顺之仪容表示敬意。 ［2］不肖：本指不似其父，喻指品行不好。 ［3］峻特：高超卓异。 ［4］踬（zhì）：受挫。

知此道，而天下之才不可胜用也。天下虽无才，而吾可激而厉之，养而成之。是故以之顾问[1]，而聪明辩智，足以拓吾之见闻；以之使令，而干局[2]才敏，足以应吾之指扮[3]。百务百司，翘首企足，洗涤濯祓[4]以赴事。人主欲垦地，则地无不垦矣；欲兴水利，则水利无不开矣；欲富农，则农足矣；欲阜商，则商兴矣；欲精百工、利器械，则百工、器械无不精矣；欲开一切之学校、明一切之礼乐，则学校、礼乐无不修明矣；欲练水陆之兵师，则无不练矣。运百里于指掌，抚小民如子孙，使天下愿为吾民者，靡有饥寒乞丐僵仆愚蒙者。民富矣，而后风俗可厚；内治修矣，而后外交可恃；此欧洲大国之所畏也。三年而规模成，十年而本末举，二十年而为政于地球，三十年而道化成矣。于以雪祖宗之愤耻，恢华夏之声教[5]，存圣伦[6]于将泯，维王教[7]于渐坠，威乎威乎，千载一时也。

注释

［1］顾问：为帝王提供咨询。［2］干局：谓办事的才干器局。［3］指挥（huī）：指挥。［4］濯祓（fú）：除垢使洁。［5］声教：声威教化。［6］圣伦：圣人所定的伦理。［7］王教：王者的教化。

评析

本文及以下《不忍篇》《人我篇》两文均出自《康子内外篇》，康有为一生议论，实肇基于此书。在本篇中，康有为首先指出言论、知觉意识之力量，直至不可思议，再引入论“阖辟之术”，指出惟有善为君师，懂得阖辟之术者，才能掌握言论，从而影响人的知觉意识。康子一生，力图以言论影响人心，而改变世势，这是他一生未变的“初心”。

康有为与当时深受程朱理学影响的心性之儒大不相同。后者徒言仁义而无道术以相济，康有为则坦白承认，阖辟之术是一般所认为的霸道而非王道，但“王、霸之辨，辨于其心而已”，只要“其心肫肫于为民，而导之以富强”，便是王道，“其心规规于为私”，即使“导之以富强”，也只是霸术。对于孔子的名言“民可使由之，不可使知之”，康有为没有如近世传教士入中国，称之为愚民，也没有像梁启超写《孔子讼冤》，用“民可，使由之，不可，使知之”的奇怪句读来作辩解，他清醒地认识到大众的蒙昧，列举历史上正反两方面的诸多事例，以说明阖辟之术，亦即开塞之道的行与不行，及其所造成的不同后果。康有为认为，天下决无可以永恒不变之制度，而必须酌古今之宜，会通其沿革，损益其得失，而后才能臻于郅治。这些都是极具历史穿透力的见解。

在本文中，康有为还提出了一个非常有趣的观点：“天下之能立功立事者，惟其热气为之也。”他通过观察发现，凡能建立功业者，极少有淡泊之人，而都是热盛之徒。热盛，可以理解为生命力旺盛，也可以理解为肾上腺激素分泌强盛，他在《与沈刑部子培书》中自称“仆受质甚热”，对沈曾植来书称他气质有偏，而启以中和的说法很不以为然，认为当养“直方刚大之气，毅然自任”，这些都是他的夫子自道，也的确惟有这样的人，才可能改变旧有的世界。

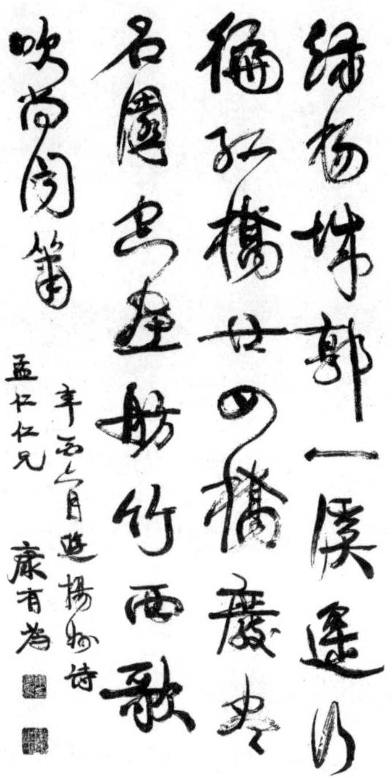

康有为书法水墨纸本。立轴。
释文：绿杨城郭一溪遥，行遍红桥廿四桥。废尽名园空画舫，竹西歌吹尚闻箫。
款识：辛酉六月游扬州诗，孟仁仁兄。康有为

康子内外篇·不忍篇

天地生于无极[1]之中，至渺小也；人生于天地之中，又渺小之至也。以为身则七尺，以为时则数十年，而又疾病困之，境遇限之，少嬉老衰，蚀之蠹之，中间有为之日亦几矣[2]。极其大者言之，我所以为千万年者，不有以为顷刻者乎？自其小者言之，我所以为顷刻者，不有以为千万年者乎？极其功业之大，不过数千里；极其名声之远，不过三千年，置于无极之中何如乎？然苦身焦思而为之，未易至也，则亦何取乎？故夫吾之为我，已将丧其我也[3]，而何名声之垂乎？既无名之可动，而何名之可好乎？吾忘吾矣，不知所为，而何功业之昭乎？吾以功业名声之及于万里千年者，犹不及分寸耳，顷刻之间耳也，而何足羡乎？诚如是，则吾何所学也？曰：尽予心之不忍，率吾性之不舍者[4]为之，非有所慕于外[5]也，亦非有所变于中[6]也。前乎我者数千年之治教[7]，吾辨考而求之，存其是非得失焉；后乎我者数千年之治教，吾揣测而量之，听其是非得失焉。夫非有所为己，心好之而已，亦气质[8]近之尔。若使余气质不近是，则或绝人事，入深山，吾何恋乎哉？吾故以人道归之气质也。

注释

[1] 无极：中国古代哲学中认为形成宇宙万物的本原。以其无形无象，无声无色，无始无终，无可指名，故曰无极。 [2] 几矣：犹几希。些许，少数。 [3] 吾之为我，已将丧其我也：语见《庄子·齐物论》："今者吾丧我，汝知之乎？" [4] 率吾性之不舍者：率，统率。吾性之不舍者，我天生的不愿割舍之心。 [5] 外：外物。 [6] 中：内心。 [7] 治教：政事与教化。 [8] 气质：宋儒以为秉性、素质，然与天命之性有别，气质有善有恶，性无不善。

凡为血气之伦[1]必有欲，有欲则莫不纵之，若无欲则惟死耳。最无欲者佛，纵其保守灵魂之欲；最无欲者圣人，纵其仁义之欲。我则何为哉？我有血气，于是有觉知，而有不忍人之心焉。以匹夫之力，旦夕之年[2]，其为不忍之心几何哉？余固知此哉！无如有不忍人之气，有不忍人之欲，只知所就[3]有限，姑亦纵之。小则一家，远则一国，大则地球，其为不忍人之效几何哉？余故知之。无如[4]不能制断不忍人之欲，亦姑纵之。竭吾力之所能为，顺吾性之所得为而已。若能如佛降伏其心，视欲如毒蛇猛虎、大火怨贼，能力挫之，则吾亦不参预人事矣。其如不能何？则姑纵之已耳。故夫制之者血气也，纵之者血气也。

注释

［1］血气之伦：指高等动物。 ［2］旦夕之年：指人生短暂。［3］所就：所成就。 ［4］无如：怎奈。

康子燕居[1]，目若营[2]，神若凝，心若思，眉间蹙蹙[3]，常若有忧者。或问之曰：人生不易，佳日难逢，行乐无荒，以逸厌生[4]，如何出囚以自戕贼[5]也？曰：予非不乐生也，予出而偶有见焉。父子而不相养[6]也，兄弟而不相恤也，穷民终岁勤动而无以为衣食也。僻乡之中，老翁无衣，孺子无裳，牛宫马磨[7]，蓬首垢面，服勤[8]至死，而曾不饱糠覈[9]也。彼岂非与我为天生之人哉？而观其生，曾牛马之不若，子哀其同为人而至斯极也。以为天之故厄斯人耶？非然，得无政事有未修，地利有未辟，教化有未至而使然耶？斯亦为民上者[10]之过也。使人人皆得乐其生，遂其欲，给其求[11]，则余之好乐，将荒于人[12]万万矣，虽日歌舞，岂所恶哉！坐视其兄弟颠连困苦，睊睊[13]侧目而已，方纵逸焉，亦何乐之有？或曰：子不好流连于风月之夜，徘徊于林泉之胜，怿愉[14]于声色之观乎？曰：然。乃咏曰："沉饮聊自遣，放歌始愁绝。"[15]或人悕然[16]而退。

注释

［1］燕居：退朝而处、闲居。 ［2］目若营：语出《庄子·外物》："老莱子之弟子出薪，遇仲尼，反以告，曰：'有人于彼，修上而趋下，末偻而后耳，视若营四海，不知谁氏之子。'" ［3］蹙（cù）蹙：皱缩貌。 ［4］以逸厌生：用安逸使生命满足。厌反训为满足。 ［5］出囚以自戕贼：出了牢笼而戕害自己。 ［6］父子而不相养：谓父不抚养子，子不供养父。 ［7］牛宫马磨：牛在栏中，马在磨上，形容人之困苦犹是。 ［8］服勤：谓服持职事勤劳。 ［9］糠覈（hé）：米麦舂余的粗屑。 ［10］为民上者：统治者。 ［11］给（jǐ）其求：满足其要求。 ［12］荒于人：此指比一般人要强烈得多。荒，大。 ［13］睊（juàn）睊：侧目相视的样子。 ［14］怿（yì）愉：欢喜。 ［15］沉饮聊自遣，放歌始愁绝：杜甫《自京赴奉先县咏怀五百字》句。始愁绝一作破愁绝。 ［16］悕（xī）然：悲伤的样子。

评析

康有为是一位深具悲悯之情的儒家学者。此文中"不忍"之旨，与其受质之热相表里。惟其质性禀热气之盛，始有强大的同理心，改革政事，推行教化之志，乃卓然有以树立。拥有此种"不忍心"者，无疑在人群中是孤独的。康有为入京应进士试，而发起公车上书，即出于此不忍之心，著《大同书》，提出心目中的理想社会模型，亦出于此不忍之心，而晚年以一人之力，创办《不忍》杂志，同出于此不忍之心。

康子内外篇·人我篇

学不外二端，为我、兼爱[1]而已。《易》曰："立人之道，曰仁与义。"董子[2]曰："仁者，人也。义者，我也。"是则兼爱者，仁之极也；为我者，义之极也。或曰："义者，事之宜，非有轻重于人、我也。"然理财正辞、禁民为非[3]，皆有敛制之意。如先王之制，尊君卑臣，重男轻女[4]，《春秋》书公为"薨"，而诸侯曰"卒"，尊中国而外四夷，凡此皆义也，然皆为我也。故仁主敷施[5]，就人而言；义主裁制[6]，为我而言。仁有放之意，义有敛之意。放者，阳也；敛者，阴也。仁者，热力也；义者，重力也；天下不能出此二者。总言之曰：立气之道，曰阴与阳，曰热与重；立人之道，曰仁与义。中国之圣人以义率仁，外国之圣人以仁率义。

注释

[1]为我、兼爱：为我即为己，兼爱则将爱推及他人。[2]董子：西汉大儒董仲舒。[3]理财正辞、禁民为非：出自《易·系辞下》："理财正辞，禁民为非。曰义。"[4]尊君卑臣，重男轻女：出自《易·系辞上》："天尊地卑，乾坤定矣。卑高以陈，贵贱位矣。"乾为男，坤为女。[5]敷施：布施。《书·皋陶谟》："翕受敷施，九德咸事，俊乂（yì）在官。"[6]裁制：本指

裁剪制作，引申为约束、制裁。

兼爱无弊，既爱我又爱人。老吾老以及人之老，幼吾幼以及人之幼，爱何弊焉？为我有四：一为我之质，众人是也[1]；一为我之名，贤人是也[2]；一为我之体，道人是也[3]；一为我之魂，佛学是也[4]。四者各随其性之所近，惟众人为形质则有欲，斯亦天之所予，无可禁也。故虽圣人不能无声色[5]之奉，宫室、衣服之设，穷华极丽，以文其体，以事其身，然而不得肆[6]者，则天有限焉，人有制焉。限于天者，瘖聋跛瞽[7]断懦三[8]，体残忧戚[9]之境也；制于人者，地域远近，势位强弱之际也。圣人知欲之本于天也，故为宫室、衣服、礼乐、妻妾、器物以事之；又虑其纵于人也，故为之制度品节、训诲砥砺以束之。故夫人也，为我之质者，为其所以为，无为其所不为，斯已矣。

注释

[1] 为我之质，众人是也：众人只追求个人物质的满足。 [2] 为我之名，贤人是也：贤人追求的是个人的声誉。 [3] 为我之体，道人是也：道家追求的是个人的本体。 [4] 为我之魂，佛学是也：佛学追求的是个人的灵魂。 [5] 声色：歌舞美女，泛指荒嬉娱乐之事。 [6] 肆：逞其志。 [7] 瘖（yīn）聋跛瞽（gǔ）：分指哑、聋、腿脚不便、目盲之残障人士。 [8] 断懦三：疑“懦”为“儒”字，“三”字疑为衍文。断儒指断者侏儒，《上清帝第二书》

有“断者侏儒，民之无告”之语可证。 [9] 忧成：人之既冠曰成。忧成即担心长不大。

虽然，人之欲无穷，纵之性无限，是故圣人裁为礼者以节之，使一入于礼之中，以制其肌肤而束其筋焉。其出于礼者，则为刑以检柙[1]之，俾有所畏而勿纵焉。为之师保[2]以导之，设之朋友以摩之[3]，立之官司以纠之，造作语言以诱之，广设名誉以动之，明其丑恶而禁之，普为风俗以一之，皆不知变，然后加之刑罚以惩之。圣人兼爱之心，于是极矣。故夫圣君在上，贤臣在下，自比闾、族党之士[4]至于公卿、大夫，莫非闻道守礼者。化及下民，蒸蒸乂[5]矣。然此皆治下者也。若夫君民者[6]，尤当变气质之偏[7]，绝嗜欲之原，胼手胝足[8]而不为劳，监虏之辱、隶圜之服[9]而不为苦，日思所以优民之形，逸民之生，与其臣相与讲求之。为之臣者，兼爱之心，可以少宽，而奉形之事少加焉，逮贱而逮加[10]焉。故凡得尊位者，举以为民者，非以为体也。人无乐于为君，惟无欲而有爱民之心者。身率之道至，而争乱之道泯矣。今天下所以乱者，岂非君上纵欲？以一人纵于万民之上者，民悁悁然[11]侧目视之，久则愤起而不可遏。将欲禁其乱，安可乎？故夫百姓侵其上，臣僚夺其君，匹夫可以揭竿而谋富贵，夫亦君上纵欲有以启其乱萌也。是故严刑不能惩，重律不能警，历圣之经不足法，诸儒之训不足承，成党纵欲[12]，得以自私。呜呼！故曰：兼爱者，宜于为君者也；为我者，宜于为民者也；为我之形质者，宜于为民者也；为我之名与魂者，宜乎为君师也。非有所偏也，为其有所重而弊也。

注释

［1］检柙（xiá）：矫正、约束。［2］师保：古时任辅弼帝王和教导王室子弟的官，有师有保，统称师保。［3］摩之：与之切磋。［4］比间、族党之士：乡里、同族亲属。古代曾有五家为比，五比为间的制度。［5］乂：治理、安定。［6］君民者：谓人君。［7］气质之偏：谓性情中不足或太过者。［8］胼（pián）手胝（zhī）足：手脚磨出老茧，指辛勤劳动。［9］监虏之辱、隶圜之服：为俘虏之耻辱，着奴隶、罪犯之衣。［10］逮贱而逮加：地位愈是卑下则愈可以增加自我的享受。［11］悁（yuān）悁然：忿怒的样子。［12］成党纵欲：结成朋党，放纵人欲。

中国之俗，尊君卑臣，重男轻女，崇良抑贱，所谓义也。然六朝忠臣无尽节者，而九变则不齿清议[1]；明末诸生、妇孺、乞丐有殉者，而居丧则大夫学士饮食处内[2]，无讥议焉。男子得有数十之姬妾，而妇人不得有二夫。及其久也，相与耻之。守寡不已，则有守清，守清不已，则有代清者[3]，余乡比比皆然。余周旋于乡党中，目几未见再嫁妇人者，虽三代之盛无此已，习俗既定以为义理。至于今日，臣下跪服畏威而不敢言，妇人卑抑不学而无所识，臣妇之道，抑之极矣，此恐非义理之至也，亦风气使然耳。物理[4]抑之甚者必伸，吾谓百年之后必变三者：君不专、臣不卑，男女轻重同，良贱齐一。呜呼！是佛氏平等之学矣！

注释

［1］“然六朝”二句：谓六朝时朝代更迭频繁，无人忠于一家一姓，但历仕多朝，仍为舆论不齿。 ［2］居丧则大夫学士饮食处内：大夫学士在居丧之时仍饮食如常，与妻妾欢好如昔。此在古代有悖伦常。 ［3］守清、代清：守清，谓订婚后未正式结婚，丈夫便死去，未婚妻仍要过门，披麻戴孝守寡。代清，指经济上能独立的未婚女子，不愿结婚，而又认了一男人为“丈夫”，出钱替丈夫娶个妾侍，自己名义上是正妻，从不与丈夫同房，生前不到夫家，死后才将神主牌安放到夫家。因为出钱请人代自己出嫁，自己守清寡，故称“代清”。兹俗清代盛行于南海、番禺、顺德等县。 ［4］物理：事物的道理。

朱子谓：“天地之性，专以理言；气之性，杂理、气言之。未有此气，性却常在；气有不存，而性却常在。虽其方在气中，然气自气，性自性，不相杂。”[1]此论性、理，与佛之言精、魂同，不知理与性皆是人理人性，未受气以前，何所谓性、理耶？此过尊之，而不得其实者也。谓孟子言善，是剔出性之本。夫孟子言其性可为善，正言其末，何尝言本耶？即天命之谓性，亦是舍不得气言也[2]。

注释

［1］“朱子谓”以下：语出《朱子语类·性理一·人物之性气质之性》。在同篇中，朱子认为“天地间只是一个道理。性便是理。人之所以有善有不善，只缘气质之禀各有清浊。”他把人性分为天地之性，与气质之性，这种观点是对儒家人性论的曲解，康有为也不能同意这种说法，故于下文驳之。 ［2］“即天命”二句：《中庸》中说：“天命之谓性，率性之谓道，修道之谓教。”康有为的意思是，《中庸》所讲的性，本就包蕴着气质而论。

评析

康有为此篇宗旨，表面上看是对儒家的反动。兼爱是墨子的思想，谓爱应该无差等；为我之学，来自杨朱，认为人人皆为己，则天下自治。此二说最为孟子所攻，孟子认为爱应有差等，当先有人我之辨，先己而后人，“老吾老以及人之老，幼吾幼以及人之幼”，及人之老、幼人之幼的前提是先能老吾老、幼吾幼，决不应该将己之老、己之幼与人之老、人之幼同等对待。又认为人人在为我之外，亦当有君主以领导之、组

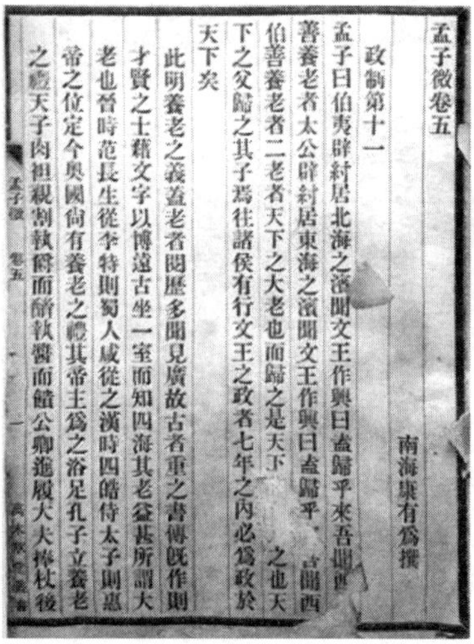
孟子微卷五
南海康有爲撰
政制第十一
孟子曰伯夷辟紂居北海之濱聞文王作興曰盍歸乎來吾聞西
善養老者太公辟紂居東海之濱聞文王作興曰盍歸乎 吾聞西
伯善養老者二老者天下之大老也而歸之是天下 之也天
下之父歸之其子焉往諸侯有行文王之政者七年之內必爲政於
天下矣
此明養老之義蓋老者閱歷多聞見廣故古者重之書傳既作則
才賢之士藉文字以博遠古坐一室而知四海其老益甚所謂大
老也晉時范長生從李特則蜀人咸從之漢時四皓侍太子則惠
帝之位定今奧國尙有養老之禮其帝王爲之洗足孔子立養老
之禮天子肉袒親割執爵而酳執醬而饋公卿進履大夫捧杖後
孟子微 卷五 一

《孟子微》书影

织之。墨子本出儒家，属于儒家思想中的激进派或曰“极左”，杨朱则是道家中的“极右”，孟子所讲的差等之爱，才是儒家学说的主流。而康有为在此篇中宣称“学不外一端，为我、兼爱而已”，又说“兼爱无弊，

既爱我又爱人”“为我之质者，为其所以为，无为其所不为”，很像是在挑战儒家主流思想，但他实际要表达的是兼爱之学，宜于为君者，为我之学，宜于为民者。康有为在本文中猛力抨击君主之纵欲，认为百姓之所以要造反，根源在于君主的欲望不加节制。他又认为民之为我太过不足，一是臣的地位过于卑下，二是对女子的卑抑过于残酷，他天才地指出，百年之后必有三变：一是君主不得擅权专制，二是大臣不再卑躬屈膝，三是男女平等。他说这是佛氏的平等之学，而实为天理之所当然。

与沈刑部子培[1]书

子培贤兄：

昨得书，并审仆气质之偏，而启之以中和，所以爱牖[2]之者甚至。横渠[3]谓朋友讲论一日，则一日间意思差别，此孔子所以忧学之不讲[4]也。

注释

[1] 沈子培：沈曾植，字子培，号乙庵，又号寐叟。浙江嘉兴人，学者、诗人、书法家。光绪六年（1880）进士。本文作于光绪十五年（1889），子培时任刑部贵州司主事。 [2] 爱牖（yǒu）：眷爱启发。 [3] 横渠：北宋大儒张载，号横渠。 [4] 孔子所以忧学之不讲：语见《论语·述而》。孔子说："德之不修，学之不讲，闻义不能徙，不善不能改，是吾忧也。"

吾子之学，体则博大兼学，论则研析入微，往往以一二语下判词便中款窍[1]，却非识抱奇特，好学深思，不能及此。生平所见人士，自亡友陈庆笙[2]外，未之睹闻，诚一时寡俦[3]也。但文理密察多而发强刚毅少，论说多而负荷少。积之既习，便成老氏之学[4]，不为人先，因物自然，随而不倡[5]，见事太智，藏身甚巧，在己亦忘之矣。得无禀气[6]近是耶？

注释

［1］款窍：犹肯綮，比喻要害、关键的地方。 ［2］陈庆笙：陈树墉，字庆笙，广东新会人，诸生。 ［3］寡俦：缺少匹配者。［4］老氏之学：谓清静无为之学。老氏指老子。 ［5］随而不倡：只是跟随而不为倡导，也是不为人先的意思。 ［6］禀气：受天之气。

质气如是，则读书所得亦如是。朱子曰："《仲山甫》一诗，苏子由取'既明且哲，以保其身'，伯恭取'柔嘉惟则'，某则取'柔亦不茹，刚亦不吐'，皆自各人气质来。"[1]公盖苏、吕之近也。昔尝念曾子之言："士不可不弘毅。仁以为己任，不亦重乎？"又以仁义较晋、楚之富[2]；子思摽使者于大门之外，以德与位较[3]；至孟子发不动心[4]之说，附韩、魏则欿然[5]，说大人则藐之[6]。皆至粗之论，气质亦未和平，而崛强气象，师传一脉，遂为圣门道统之任。石徂徕、陆子静、方正学、顾亭林[7]，义理更粗浅，亦开一时之学。朱子气质亦复褊隘刚果[8]，而以陆子静不怕天不怕地[9]，乃谓南渡来八字着脚[10]者，惟某与子静。南宋大儒林立，而朱子所隐若敌国者，惟陆子，得无以其坚卓能立耶？故禅者最贵勇猛直截，赵州、黄檗、德山[11]一辈皆然。而谢上蔡[12]犹有取于释氏[13]，称讥苦乐毁誉八风[14]不动也。

注释

[1]“朱子曰”以下：语见《朱子语类·训门人九》。朱子，南宋理学家朱熹。苏子由，苏辙，字子由。苏洵子，苏轼弟。与苏轼并为蜀学代表人物。伯恭，吕祖谦，字伯恭，南宋理学家。 [2]“又以仁义”句：语出《孟子·公孙丑》。孟子引用曾子的话说：“晋楚之富，不可及也。彼以其富，我以吾仁；彼以其爵，我以吾义，吾何慊乎哉？” [3]“子思”二句：事见《孟子·万章》。鲁穆公屡次问候子思，屡次送给他肉食，子思很不高兴。最后一次，子思便挥手把来人赶出大门，然后朝北面磕头作揖拒绝了，并说：“今天才知道君主把我当狗当马畜养。”鲁穆公想以子思为友，子思很不高兴。孟子解释说，子思的想法是，以位而言，穆公是君，我是臣，不得为友，以德而言，穆公当拜我为师，安得为友？ [4]不动心：志气既定，不为外物为惑，心无所畏之境界。孟子自称四十而不动心。 [5]附韩、魏则欿（kǎn）然：语出《孟子·尽心》。孟子的原意是，把晋国的巨富韩、魏二家的财富增益给人，依然觉得仁义不足，这样的人就远胜一般人了。欿，同“坎”，不满足。 [6]说（shuì）大人则藐之：游说诸侯时，心中当对其存轻视之意。此孟子《尽心》中语。 [7]石徂徕、陆子静、方正学、顾亭林：分别指北宋石介、南宋陆九渊、明方孝孺、明末清初顾炎武。 [8]褊隘刚果：褊狭、刚毅、果断。 [9]陆子静不怕天不怕地：朱熹说，陆子静之学，只管说一个“心”，本来是好底物事，上面着不得一个字，只是人被私欲遮了，若识得一个“心”了，万法流出，更都无许多事。他却是实见得个道理恁地，所以不怕天不怕地，一向胡叫胡喊。事见《朱子语类·陆氏》。 [10]八字着脚：两脚分开站成八字，形容站得稳。 [11]赵州、黄蘗（bò）、德山：分别指唐代禅师从谂，希运，德山宣鉴。 [12]谢上蔡：谢良佐，字显道，人称上蔡先生，创立了上

蔡学派。[13]释氏：此指佛学。[14]八风：佛教用语。谓世间能煽动人心之八事：得可意事名“利”，失可意事名“衰”，背后排拨为“毁”，背后赞美为“誉”，当前赞美为“称”，当前排拨为“讥”，逼迫身心名“苦”，悦适心意名“乐”。

今天下博闻强识之士不少，患无知道者，尤患无任道者。惟汉学[1]之破碎，见闻之杂博，有以累其心；风节之披靡，众口之排挤，有以挫其气；自非金刚不坏身，未有不化作绕指柔者。故今之中国，圆颅方趾[2]四万万，《四子书》[3]遍域中诵之，而卓然以先圣之道自任，以待后学，不为毁誉、排挤、非笑所夺者，未有人焉。此所以学术榛塞[4]，风气披靡也。

注释

[1]汉学：清代学者推崇汉代古文经学家重视训诂考证、治学严谨的学风，故尊称其治学方法为汉学，亦曰朴学。[2]圆颅方趾：指人类。[3]《四子书》：指《四书章句集注》。朱熹将《礼记》中的《大学》《中庸》与《论语》《孟子》编在一起，分章句并集注而成。[4]榛塞：谓如荆榛之塞途。

兄研诸儒之学，洞大道之精，总乡先生东莱、永嘉、余姚[1]之长，既以本末兼该[2]矣。今但当养直方刚大之气，毅然自任，如禅者所谓一大事，日夜与有志讲求激发之，以待复生。培风[3]既厚，自有从容于死生毁誉之外，而不为称讥非笑挤排所动者。天下未尝无志士也，必有闻风兴起者，推之渐远，风气渐移。人才所由出，国事所由赖，大道所由托，必在此也。诚无意于横目之民[4]则已，若此心肫肫[5]有不忍于先王之道，斯人之徒，岂不思所以负荷之乎？

注释

[1] 东莱、永嘉、余姚：指南宋吕祖谦、南宋叶适、明代王守仁。三子皆浙人，故称沈氏之乡先生。 [2] 该：同“赅”。完备、周备。 [3] 培风：即乘风。 [4] 横目之民：即人民。天地间唯人横目，故云。语出《庄子·天地》。 [5] 肫肫：诚恳。

广东南海的朱九江先生纪念馆。九江先生是康有为的老师

仆受质甚热，得痴黠之半[1]。十一龄知属文，读《会典》《通鉴》《明史》。十五后涉说部、兵家书，于时瞢不知学，而时有奇特之想。将近冠年，从九江朱先生[2]游，乃知学术之大，于是约己肆

学[3]，始研经穷史，及为骈散文词，博采纵涉，渔猎不休，如是者六、七年。二十四、五乃翻然于记诵之学近于谀闻[4]，乃弃小学、考据、诗词、骈体不为。于是内返之躬行心得，外求之经纬业务，研辨宋、元以来诸儒义理之说，及古今掌故之得失，以及外夷政事、学术之异，乐律、天文、算术之琐，深思造化之故，而悟天地人物生生之理，及治教之宜，阴阖阳辟，变化错综，独立远游，至乙酉之年[5]而学大定，不复有进矣。

注释

[1] 得痴黠之半：愚笨和黠慧各得一半。 [2] 九江朱先生：朱次琦，字稚圭，号子襄，世称九江先生，广东南海人，清代广东名儒。 [3] 约己肆学：约束自己，肆力于学。 [4] 谀闻：满足耳食之谈。 [5] 乙酉之年：1885年，即清光绪十一年。

仆生于穷乡，坐睹族人、乡人困苦，年丰而无米麦，暖岁而无襦袴[1]，心焉哀之。且受质近厚，仁心太盛，自弱少已好任侠之举，虽失己为之不恤[2]。加十年讲求经世救民之学，而日日睹小民之难，无以济之，则不得不假有国者之力。盖不忍人之心，凝聚弥满，融于血气，染于性情，不可复抑矣。马端临[3]曰："古者户口少，而才智之民多；今户口多，而才智之民少。"所经之地，所阅之民，穷困颛愚，几若牛马，慨然遂有召师之责[4]，以为四海困穷，不能复洁己拱手而谈性命[5]矣。

注释

[1]襦袴：短衣与裤。也泛指衣服。　[2]失己为之不恤：不顾惜自己的性命。　[3]马端临：宋元之际历史学家，撰有《文献通考》。　[4]召师之责：孟子说天子不召师，即不召老师来，表示尊重，此谓以师自任，不待召而来。　[5]洁己拱手而谈性命：修治己德，不干实事，整天谈性命之旨。清代颜元说："宋、元来儒者却习成妇女态，甚可羞。无事袖手谈心性，临危一死报君王，即为上品矣。"康子裁用此意。

尝爱顾亭林之言曰："'过蒲而称子路，之平陆而责距心。'嗟乎！梦中之心，醒时之心也；匹夫之心，天下万世之心也。"[1]又爱张江陵[2]之言曰："吾平生学在师心，不但一时之毁誉有所不顾，虽万世之是非，有所不计也。"又曰："余有一宏愿，愿以其身为蓐荐，使人寝处其上，溲溺垢秽之，吾无间焉，期有济于世而已。"[3]仆窃愿有然。自顾其身，不甚可爱，多生数十年而无大补于世，虽德行高妙，著述繁富，亦觉无谓。孔子曰："吾非斯人之徒与，而谁与？天下有道，某不与易。"[4]故于九十六君[5]，而不惮劳，不以为辱。伊尹有内沟之愿[6]，故治亦进，乱亦进[7]。后世王仲淹[8]上《太平》十二策，程伊川[9]上万言书，凡前圣哲未有不悲天命悯人穷者。

注释

［1］“尝爱”以下：顾炎武与人书中说，夜来梦与其人作一书信，说了这番话。蒲是春秋时卫国之邑，子路为蒲令，备水灾，与民春修沟渎，为人烦苦，故予人一箪食，一壶浆。顾炎武认为这是仁心的体现。事见《说苑·臣术》。平陆是齐国的县邑，距心即孔距心，曾任平陆大夫。孟子曾指责说，凶年饥岁，民老羸转于沟壑，壮者散而之四方者几千人，是他的失职。事见《孟子·公孙丑》。 ［2］张江陵：即张居正，明代政治家、改革家。因生于湖北江陵，故称张江陵。 ［3］“又曰”以下：语出张居正《答吴尧山言宏愿济世》：“二十年前曾有一宏愿，愿以其身为蓐荐，使人寝处其上，溲溺之，垢秽之，吾无间焉。”蓐（rù）荐，草席。溲（sōu）溺垢秽，特指小便，秽物。 ［4］“孔子曰”句：《论语·微子》载，孔子弟子子路向隐者长沮、桀溺问津，隐者说滔滔者天下皆是，谁来治理它呢？与其跟从避人之士，不如跟从避世之士。孔子知道后，感慨说：鸟兽不可与同群。我不和世上的人相与，又和谁相与呢？如果天下有道，也就不需要我来治理它了。易，整治。［5］九十六君：犹言诸侯。九十六是虚数。 ［6］内沟之愿：伊尹是商代的贤相。他“思天下之民匹夫匹妇有不被尧舜之泽者，若己推而内之沟中”。事见《孟子·万章上》。 ［7］治亦进，乱亦进：有人问孟子伯夷和伊尹的区别，孟子说：“非其君不事，非其民不使；治则进，乱则退，伯夷也。何事非君，何使非民，治亦进，乱亦进，伊尹也”。事见《孟子·公孙丑上》。 ［8］王仲淹：即王通，隋代大儒，隋仁寿三年（603），曾至长安，向隋文帝献太平十二策，不被采用，遂东归乡里，居白牛溪，以著书讲学为业。 ［9］程伊川：程颐，字正叔，北宋大儒，洛阳伊川人，程颢的胞弟。宋皇祐二年（1050），十八岁的程颐上书朝廷，指出宋朝社会的危机，开出救治时政阙失的良方，救之当以王道。

仆愚不自量，窃慕先圣往贤之义，外度之天时人事，而有迟不及待之势；内求之精神年力，而有时不我与之伤。又有为异教横流，挟强敌之势而行之[1]，其患可骇；脱[2]有非常之变，退处无所，虽欲为管宁、田畴、刘因[3]、顾亭林，何可得哉？去冬不揣猥贱[4]，妄上封事[5]，冀幸一悟尧、舜之主，及今为之，犹可及也。既格莫能达[6]，又察时事，谂[7]风俗，寀[8]人才，无可与有为者。既知时命大谬，知无可用，即欲东入海，逝将西去秦矣[9]。太夫人在堂，未能舍科第，或复隐于仕，以具裘葛[10]，养诸孤[11]，虽一时未能买山，亦非复行吾道也。或一念决去，万里浩荡[12]，不复可知矣。

注释

[1]“又有”二句：指当时基督教挟资本主义列强之势，对中国进行的文化侵略。　[2]脱：假使。　[3]管宁、田畴、刘因：管宁，汉末三国时期隐士。田畴，汉魏之际隐士。刘因，元代隐士。[4]猥贱：指身份卑微下贱。　[5]封事：密封的奏章。　[6]格莫能达：遭阻碍而不能上达。　[7]谂（shěn）：同“审”，详细了解、审察。　[8]寀（cài）：同“采”之意。　[9]即欲东入海，逝将西去秦：语见杜甫《奉赠韦左丞丈二十二韵》：“今欲东入海，即将西去秦。”逝，同“誓”。　[10]裘葛：冬裘夏葛，冬衣与夏衣。[11]诸孤：孩子们。　[12]万里浩荡：杜甫《奉赠韦左丞丈二十二韵》诗句：“白鸥没浩荡，万里谁能驯。”

夫仆不忍人之欲，岂有奇特勉为[1]者哉？犹人有声色之欲耳。仆未忘声色之欲，以为不应于义，则抑而制之。若毒蛇猛虎、大火怨贼，不使其纵焉。有不忍人之欲，以为合于义矣，则因而纵之。近知此欲万无可纵之日，于是引万物刍狗之说[2]，坐视其颠连困苦而不顾视。不忍人之欲，亦如毒蛇猛虎、大火怨贼，抑而制之。还山三数年，不知能断割否也。然吾老母、妻子、兄弟、朋友，安忍舍之哉？则此欲亦时时决裂触发，而必有不能尽制者。如援是亦为政[3]以自解，恐未能也。夫纵声色者，粉黛列侍，二八弋递[4]，必力不能继，则惟有长斋入山而已。若与之折额龋齿之无盐、嫫母[5]，令慰情胜无，必不可矣。故仆虽制之，而不能保其不发矣。

注释

［1］奇特勉为：指与众不同，而又勉强为之。 ［2］万物刍（chú）狗之说：语见《道德经》："天地不仁，以万物为刍狗。"刍狗，古代祭祀时用草扎成的狗，祭祀完即无用而弃之。 ［3］是亦为政：语出《论语·为政》篇，有人问孔子何以不为政事，孔子回答说："《书》云：'孝乎惟孝，友于兄弟，施于有政。'是亦为政，奚其为为政？" ［4］二八弋递：谓取十五六岁妙龄女子迭相更代。二八，年龄十六的少女。弋，取之意。 ［5］无盐、嫫（mó）母：代指丑女而贤者。无盐名钟离春，战国齐国无盐（今山东东平县东）人。为齐宣王后，貌丑贤惠。传说嫫母为黄帝妃，貌甚丑而极贤。

今者仆将归耕，将欲忘斯世而寄其情，则无可用心者。为文词，则巧言以夺志；为考据，则琐碎而破道；为天文，则无三十五万金所筑之高台，二十五万金所购之千里镜，无一时精敏之士相与各考一星，则天学必不成；为地舆，则足迹不能遍行地球以测绘之，财力不能遍购地图以参核之，则地学必不精。至于耕而讲农学，则未通土化之法，不能辨诸土所含物质之异同轻重，草木所含物质之多少清浓以调剂之。泰西农学书院、公会四百余，农具机器三千余，农书万余种矣，彼合十数国相与谋之，一日之耕能三百余亩，撒种刈禾能百余亩矣。吾与君即欲讲求，是不过取《农政全书》考求之，以糊余口，尚虑不足，岂复成学，以销磨其壮心，如老僧之念佛而已？然不能为佛氏之降伏其心[1]，老氏之弱其志[2]，不忍人之心横决骤发，我无土地，无人民，无统绪，无事权[3]，为之奈何？或者其托于教乎？

注释

[1] 佛氏之降伏其心：佛教令人心不起妄念，故谓降伏。出自《金刚经》。 [2] 老氏之弱其志：语见《老子》："圣人之治，虚其心，实其腹，弱其志，强其骨，常使民无知无欲。" [3] 统绪、事权：统绪指世代相继的系统和事业，事权即职权、权力。

伊尹曰："先知觉后知。"孔子曰："诲人不倦。"凡比吾先而生，后吾而出者，皆吾人民也。声气所通，舟车所及，皆吾土地也。二帝三王、先圣诸儒，皆吾统绪也。立义树说，皆吾事权也。虽明知无朱子之时，此学亦终不能立。然吾心所发，尚无大挫吾者，虽不久磨灭，姑纵吾心之所安也。

若夫教，何以为教哉？有高有下，有浅有深，因人而发，要足以救今之弊，兴起人心，成就人才而已。虽然，先儒之开义至广，各有流弊，其纲领条目，层累曲折，施之有本末，推之有先后，不能无商榷焉，而可言此者，寡矣。惟吾子究古今之本末，析大道之隐微，舍兄不言，孰与言哉？

近代大宗师，莫如朱、王[1]。然朱学穷物理，而问学太多，流为记诵；王学指本心，而节行易耸[2]，流于独狂。或专尚经制则少涵养，专重践履则少振拓[3]。仆先师朱先生[4]鉴明末、乾嘉之弊[5]，恶王学之猖狂，汉学之琐碎，专尚践履，兼讲世用，可谓深切矣。而从游之士，忠信愿朴[6]者多，而发明光大者少，亦此之故。庄生所谓“其作始也简，其将毕也巨”[7]，信矣。

注释

[1] 朱、王：南宋朱熹与明代王守仁。 [2] 耸：耸动人之听闻。 [3] 振拓：振拔、开拓。 [4] 仆先师朱先生：指康有为的老师朱次琦。 [5] 明末、乾嘉之弊：明末受王守仁的阳明之学影响，学术空疏，乾嘉之学流于考据，即下文“恶王学之猖狂，汉学之琐碎”的表露。 [6] 忠信愿朴：忠诚、信义、恭谨、朴实。 [7] “庄生”句：语见《庄子·人间世》，原文“其作始也简，其将毕也必巨”。

仆谓教者犹医者然，因其病而已。今之学者，利禄之卑鄙为内伤，深入膏肓，而考据、词章则其痈疽痔赘[1]也。必在明其本心，使从死生利害打破，令其缁轩冕而泥金玉[2]，蹈厉发扬，人人有天人之思，而后浸以“六经”诸儒之大义，通以“九通”“全史”[3]之掌故，深以造化物理之消息，其或有所补已。仆最爱佛氏入门有发誓坚信之说，峭耸精紧，世变大，则教亦异，不复能拘常守旧，惟是正之。

注释

[1] 痈疽（yōng jū）痔赘：毒疮、痔疮和赘疣。 [2] 缁轩冕而泥金玉：视卿大夫的车服金玉如缁尘泥土。喻不屑功名富贵。 [3] “九通”“全史”：九通，即《文献通考》《通典》《通志》（号“三通”）和清乾隆期间官修的《续通典》《清通典》《续通志》《清通志》《续文献通考》《清文献通考》等九部政书合称。全史，指清以前各朝正史。

兄谓仆冬夏气多，春秋气少，是良然。从今力求盎润和乐之气。但流易而不峻截，则嗜欲又将中之[1]。朱子谓教学者如扶醉人，扶得东则西倒[2]。不独学者，克己亦然。昔皋陶论九德[3]，后夔教胄[4]，箕子论三德[5]，皆知变化气质。三代之学不教人博闻强识，而惟以戈戟、诗书、琴瑟、干羽[6]和习之，有旨哉。后世礼乐既亡，嗜欲群攻之，所余毫厘义理，又为训诂、词章所蠹，纵论及此，不能不慨然而追思三代也。今西人礼拜堂犹有琴弦乐歌以应讲经之节，听讲者又舞蹈赴之，其学亦于每日中以一时学乐习舞。释氏诵经，亦有钟磬以为之节，绕行膜拜以习其礼，盖有三代之遗意焉。惟吾中国吾儒家独无之。嗟夫！周之国子属于乐正[7]，意深矣。令吾生于三代时，吾气质岂若是哉？于是益念先王之教治不容已[8]也。

注释

［1］中（zhòng）之：使遭受。　［2］“朱子谓”二句：这是康有为误记。原话是程颢说的：“与学者语，正如扶醉人，东边扶起却倒向西边。”　［3］皋陶论九德：出自《书·皋陶谟》，九德谓宽而栗，柔而立，愿而恭，乱而敬，扰而毅，直而温，简而廉，刚而塞，强而义。　［4］后夔教胄：舜命令后夔教导年轻贵胄。出自《书·尧典》：“夔！命汝典乐，教胄子，直而温，宽而栗，刚而无虐，简而无傲。诗言志，歌永言，声依永，律和声。八音克谐，无相夺伦，神人以和。”　［5］箕子论三德：刚、柔、正直。见于《书·洪范》。［6］干羽：古代舞者所执的舞具，指文德教化。　［7］周之国子属于乐正：这里的国子不是指诸侯卿大夫士之子，而是指教育国子的机构。语见《礼记·王制》：“乐正崇四术，立四教。”郑玄注：“乐正，乐官之长。掌国子之教。”　［8］不容已：不当完结。

孔子曰：“不可与言，失言；可与言而不与言，失人。”为吾子宏中通理，广大精微，仆岂可复隐？所著《内外篇》[1]，

说天人之故，行且次之呈览。今略举平生之志学相告，惟琢之磨之[2]，稍省吏事，相与往复。仆八月行矣，以后南山之南，北海之北[3]，相聚无几，合并难知，不尽拳拳之意。幸勿示人，不妨一示中弢[4]耳。

注释

［1］《内外篇》：指《康子内外篇》一书。《康有为自编年谱》云："光绪十二年丙戌（1886）二十九岁……是岁作内外康子篇，内篇言天地人物之理，外篇言政教艺乐之事。"　［2］琢之磨之：比喻修养德业，研讨义理。　［3］南山之南，北海之北：犹言天南海北。　［4］中弢（tāo）：指黄绍箕，字仲弢，号鲜庵，浙江瑞安人。光绪六年（1880）进士。授编修，官侍讲，爱才好士，曾为康有为延誉。

评析

康有为一生自信敢为，与一般循规蹈矩之书生绝不相类。沈曾植谓其气质冬夏气多，春秋气少，大概就是从这一方面着眼。康有为在答书中讲述了自己的学术渊源，自述从朱次琦学，最重践履，兼讲世用，而不愿依从朱熹、王阳明二家。他坦陈自己的学术理想在设教，即以教化影响世人，而成与朱子并肩之伟人。但康有为认为"教者犹医者然，因其病而已"，恐怕不合儒门之旨。孔子设教之旨，在人人能尽其性，而康有为的"教"，却是要"必在明其本心，使从死生利害打破，令其缁轩冕而泥金玉，蹈厉发扬，人人有天人之思"，这是假定人人皆有所病，而欲以猛药治之。譬如健康之人，只需饮食有节，动静有时即可葆长年，而进之以药饵，反不利于卫生。他明知三代之教，惟在化性于不觉，但既已认定“教”，“要足以救今之弊，兴起人心，成就人才”，重于实用，则不能不求急功近利之术。

与洪右臣给谏[1]论中西异学书

承示洒洒数千言，驳诘洋人政事制度，详斥洋学者之非，而发明先王及祖宗之大法，及中西强弱之故，远虑深识，佩服无已。然所驳诘者，于洋人情事利弊，似未甚得其綮肯[2]，既未足以折西人，亦不能服讲洋学者之心，则虽有正论，彼亦将匿笑[3]而不肯相从也。仆迩者涉猎于洋学，稍反复中西相异之故，及其所以强之效，亦似稍得一二。仆深山之人，幼奉儒师之说，长诵先圣之书，未尝识一洋人，未尝与一洋事，其无所偏袒，可不待言也。谨复于大君子之前，惟垂采而教正之。

窃见近人言洋学者，尊之如帝天[4]，鄙洋事者，斥之为夷狄，仆以为皆未深求其故者也。夫中西之本末绝异有二焉：一曰势，一曰俗。二者既异，不能以中国之是非绳之也。

何谓势异？中国自从三代故为一统之国，地广邈，君亦日尊。以一君核万里之地，而又自私之，驾远驭，势有所限，其为法也守，其为治也疏，听民之自治。然亦幸赖其疏且守，若变而密，则百弊丛生矣。泰西自罗马之后，分为列国，争雄竞长，地小则精神易及，争雄则人有愤心，故其君虚己而下士，士尚气而竞功，下情近而易达，法变而日新。此势之绝异也。

中国义理，先立三纲[5]，君尊臣卑，男尊女卑，积之久，而君与男子，纵欲无厌，故君尊有其国，男兼数女。泰西则异是。君既多，则师道大行，而教皇统焉，故其纪元用师而不用君[6]；君既卑，于是君民有平等之俗；女既少，则女不贱，于是与男同业，而无有别之义。此俗之绝异也。

注释

［1］洪右臣给谏：洪良品，字右臣，湖北黄冈人，曾为给事中。给谏为清代六科给事中别称。［2］綮（qìng）肯：犹肯綮。筋骨结合处，比喻要害或关键。［3］匿笑：窃笑，暗笑。［4］帝天：上天。［5］三纲：君为臣纲、父为子纲、夫为妻纲。此为封建糟粕。［6］纪元用师而不用君：西历以耶稣纪年，中国当时用君主年号纪年。

夫中国之教，所谓亲亲而尚仁，故如鲁之秉礼而日弱[1]；泰西之教，所谓尊贤而尚功，故如齐之功利而能强[2]。所以至此者，盖由所积之势然，各有本末，中国、泰西，异地皆然，然不可一二言断是非也。

公谓“中饱”之说诚是也，然所以然之故，公未详之也。夫其所以然之故，即在势与俗也。中国以一君而统万里，虑难统之也，于是繁其文法以制之，极其卑隘以习之，故一衙门而有数人，一人而兼数差。故仆尝谓使周公为吏部，孔子为刑部，亦必不能为。虽欲不粉饰，得乎？途杂而选极轻，官多而俸极薄，上尊而查之极难，虽欲不中饱，得乎？昔唐太宗行口分世业之田、府卫之兵[3]，法至美矣，然甫至高宗先天、显庆[4]，而法已大坏，何哉？三代[5]分国，虽有闾里州党[6]，以知夫家、人民、六畜之数，极其纤细，行之久而无弊者，有封建[7]分之故。唐用兵制，乡成于县，县成于州，州成于户部，以一县令稽百里之乡民，势已不能，况以户部稽万里之户口乎？不久即弊，故弊在制地太大，小官太疏也。

注释

[1] 鲁之秉礼而日弱：春秋时鲁国继承周的礼乐文明最深，但国力甚弱，至战国时为楚所灭。 [2] 齐之功利而能强：齐国与鲁国都是西周开国时所封，齐因尚功利而为春秋战国时的强国。 [3] 唐太宗行口分世业之田、府卫之兵：唐初实行均田制，丁男、中男给一顷，笃疾、废疾给四十亩，寡妻妾三十亩，若为户者加二十亩。所授之田，十分之二为世业，八为口分。世业之田，身死而可继承；口分之田，则受者身死后，收入官中，更以分人。府和卫是府兵制的基本单位，府兵可按均田法得到土地，平时为耕种土地的农民，农隙训练，战时从军打仗，参战武器和马匹需要自备，但不用交租税。 [4] 先天、显庆：当系永徽、显庆之误。先天是唐玄宗的第一个年号。 [5] 三代：指夏、商、周。 [6] 闾里州党：犹言乡里。 [7] 封建：封土地，建诸侯。

泰西则不然，政事皆出于议院，选民之秀者与议，以为不可则变之，一切与民共之，任官无二人，不称职则去，故粉饰者少，无宗族之累，无姬妾之靡，无仪节之文，精考而厚禄之，故中饱者少。泰西非无贪伪之士，而势有所不行；中国非无圣君贤臣，精核之政，然而一非其人，丛弊百出，盖所由异也。幸先圣之学，深入于人心，故时清议能维持之。不然，由今之法，不能一朝居矣。

然泰西之政，比于三代，犹不及也。三代有授田之制[1]以养民，天下无贫民，泰西无之。三代有礼乐之教，其士日在揖让[2]中，以养生送死，泰西则日思机智，惟强己而轧人，故其教养皆远逊于我先王也。

然今之中国既大变先圣之法，而返令外夷迫之。譬如故家子，蒙祖父之荫，而悖祖父之学行，则不如白屋[3]邻人，反得以其学行挺起，虽其先世出身卑贱，反而为之屈矣。故仆所欲复者，三代、两汉之美政，以力遵祖考之彝训[4]，而邻人之有专门之学、高异之行，合于吾祖者，吾亦不能不节取之也。

公谓西国之人专而巧，中国之人涣而钝[5]，此则大不然也。我中人聪明为地球之冠，泰西人亦亟推之。自墨子已知光学、重学[6]之法，张衡之为浑仪[7]，祖暅之为机船[8]，何敬容之为行城[9]，顺席之为自鸣钟[10]，凡西人所号奇技者，我中人千数百年皆已有之。泰西各艺皆起百余年来，其不及我中人明矣。然而泰西特以器艺震天下者，其所以鼓舞之异也。其设学以教之，其君、大夫相与鼓励之，其士相与聚谋之，器备费足，安得而不精？我聪明之士，则为诗文无用之学，以其愚下者为之，即有精巧者，又未尝鼓励也，则安能致巧？是盖政教之异，不得归咎于中人之涣且钝也。

注释

［1］授田之制：夏商周三代按户分田的制度。夏曰贡法，殷曰助法，周曰彻法。田为公有，受田者向国家纳税。年老及身故还田。［2］揖让：古代宾主相见之礼。此喻士相见而皆彬彬有礼。［3］白屋：白盖之屋。古代平民的住屋无色彩装饰，故名。［4］彝训：指尊长对后辈的教诲、训诫。［5］涣而钝：心散而迟钝。［6］重学：即今之力学。［7］张衡之为浑仪：汉代张衡制浑天仪。［8］祖暅（gèng）之为机船：祖暅，即祖暅之，是中国南北朝时期数学家、天文学家，祖冲之之子。据《南史·祖冲之传》，祖冲之“以诸葛亮有木牛流马，乃造一器，不因风水，施机自运，不劳人力。又造千里船，于新亭江试之，日行百余里”，则机船为冲之所造，有为误记为暅之，或因暅之尝位至太舟卿。［9］何敬容之为行城：此或亦为有为误记。何敬容是南朝时人，《南史》本传未载其造行城。行城即临时建成之城垣，为隋炀帝时工部尚书宇文恺所作，《资治通鉴》引《隋志》：“帝北巡出塞，行宫设六合城，方一百二十步，高四丈二尺。六合，以木为之，方一尺，外面一方有板，离合为之，涂以青色。垒六板为城，高三丈六尺，上加女墙，板高六尺，开南北门。又于城四角起楼敌二，门观、门楼槛皆丹青绮画。”［10］顺席之为自鸣钟：据《新唐书·天文志》载，僧一行与梁令瓒制造出世界上最早的机械表：“以木柜为地平，令仪半在地下，晦明朔望迟速有准。立木人二于地平上：其一前置鼓以候刻，至一刻则自击之；其一前置钟以候辰，至一辰亦自撞之。皆于柜中各施轮轴，钩键关锁，交错相持。”顺席之意未详。

评析

近代以来，掌握了主流话语权的知识人，习惯于用“国民性”的概念去理解中西文化的差异，最典型的就是鲁迅对中国国民性的批判。然而这种见解忽视了制度对人性的塑造之功，看似深刻，实则偏颇。而持制度决定论者，又往往忽视民情的作用。康有为此文的见解，在制度决定论与民情决定论之上，他认为中西方的根本差异在势与俗，势与制度相关，但比制度更基本，是制度产生的源头，而俗则为民情。势、俗之异，是中西制度差异、文化差异的根本，康有为在这份给洪良品的信中，表现出他具有穿透制度、文化的深邃眼光。

山东青岛康有为故居

长兴学记

鄙人戆愚，文质无底，虽尝钻励，粗知记诵，非能知学也。二三子以踸踔[1]之志，斐然[2]之资，荡涤汙泽[3]，噬肯来游[4]，鄙人无以告焉。然尝侍九江之末席，闻大贤之余论，谨诵所闻，为二三子言之。二三子之来游，非为学耶！学者，效也。有所不知，效人之所知；有所不能，效人之所能。若已知、已能，共知、共能，则不必学；不知、不能，而欲知、欲能，故当勉强也。董子[5]曰："勉强[6]学问，则闻见博而知益明；勉强行道，则行日起而有功也。"

注释

[1]踸踔（chěn chuō）：特立独行，与众不同。 [2]斐然：有文采的样子。 [3]汙泽：积水的洼地。 [4]噬肯来游：语出《诗·唐风·有杕之杜》。噬是语助词，无实义。 [5]董子：董仲舒，所引之语见《汉书·董仲舒传》。 [6]勉强：尽力而为。

夫性者，受天命之自然，至顺者也。不独人有之，禽兽有之，草木亦有之，附子性热，大黄性凉是也。若名之曰人，性必不远，故孔子曰："性相近也。"孟子性善之说，有为而言。荀子性恶之说，有激而发。告子[1]生之谓性，自是确论，与孔子说合，但发之未透。使告子书存，当有可观。王充、荀悦、韩愈即发挥其说[2]。程子、张子、朱子分性为二[3]，有气质，有义理，研辨较精。仍分为二者，盖附会孟子。实则性全是气质，所谓义理，自气质出，不得强分也。余别有《论性篇》。夫相近，则平等之谓，故有性无学，人人相等，同是食味、别声、被色[4]，无所谓小人，无所谓大人也。有性无学，则人与禽兽相等，同是视听运动，无人禽之别也。

注释

[1] 告子：与孟子同时，以为食色性也，性无所谓善与不善。[2] 王充、荀悦、韩愈即发挥其说：王充，东汉思想家，其《论衡·本性篇》提出“性三品论”，上品之人纯善无恶，下品之人纯恶无善，中品之人则善恶相混；荀悦，东汉思想家，其《申鉴·杂言下第五》认为“善恶皆性”；韩愈，唐代文学家，其《原性》认为“性之品有上中下三。上焉者，善焉而已矣；中焉者，可导而上下也；下焉者，恶焉而已矣”。 [3] 程子、张子、朱子分性为二：宋代理学家程颢、程颐、张载、朱熹分性为义理之性与气质之性。 [4] 被色：旧说，人秉五行而生，五行有色，故人亦受色。

学也者，由人为之，勉强至逆[1]者也。不独土石不能，草木不能，禽兽之灵者亦不能也。鹦鹉能言，舞马能舞，不能传授扩充，故无师友之相长，无灵思之相触，故安于其愚，而为人贱弱也。犀象至庞大，人能御之；虎豹鸷猛，人能伏之。惟其任智而知学也。顺而率性者愚，逆而强学者智，故学者惟人能之，所以戴天履地[2]，而独贵于万物也。之京师者，能为燕语；入吴越者，能作吴言；游于贵人之门者，其舆服甚都[3]矣，其外有以灌输之也。终身不出乡，老于山居谷汲者，虽饶衍[4]，朴鄙可笑，蔽其所见而无所学也，况以天地为之居，以万物为之舆，以圣人为之师者乎？

注释

[1] 勉强至逆：尽力而为，达到克服人性的境界。 [2] 戴天履地：头顶着天，脚踩着地。形容人活在天地之间。 [3] 都：美盛之意。 [4] 饶衍：丰裕。

同是物也，人能学则贵，异于万物矣；同是人也，能学则异于常人矣；同是学人也，博学则胜于陋学矣；同是博学，通于宙合[1]，则胜于一方矣；通于百业，则胜于一隅矣；通天人之故，极阴阳之变，则胜于循常蹈故拘文牵义[2]者矣。故人所以异于人者，在勉强学问而已。夫勉强为学，务在逆乎常纬[3]。顺人之常，有耳、目、身体，则有声、色、起居之欲，非逆不能制也；顺人之常，有心思识想，则有私利隘近之患，非逆不能扩也。人之常俗，自贵相贱，人之常境，自善相高[4]。造作论说，制成事业。与接为构[5]，而目惑荧[6]，而心洽就[7]。其为是俗，非一人也，积千万人，积亿兆人，积京陔秭壤沟人[8]，于是党类立矣。其为是俗，非一时也，积日月年，积百十年，积千万年，于是积习深矣。欲矫然易之，非至逆安能哉？故其逆弥甚者，其学愈至，其远于人愈甚，故所贵勉强行道也。《大戴·保傅篇》曰："胡越之人，生而同声，嗜欲不异，及其长而成俗也，累数译而不能通。"故孔子曰："习相远。"习，即学也。惟其学相远，故人与禽兽相远，人与人相远，学人与学人相远，其相远之道里，不啻百十里也，不啻千万里也，不啻亿兆里至于无可计议、无可知识里[9]也。今譬若尧、舜之与秦政、隋炀[10]，周、孔之与张献忠、李自成[11]，相去之远，巧历[12]岂能算之哉？吾党嚣然[13]操简毕、被章缝[14]而为士人，其得天厚矣，亦勉于学，思以异于常人而已。

注释

[1] 宙合：宇宙六合。 [2] 循常蹈故拘文牵义：遵循常轨，拘泥文义。 [3] 常纬：犹常经。 [4] 自贵相贱，自善相高：自贵相贱，语出《庄子·秋水》，意思是人总是自以为贵，而轻贱他人。自善相高是康有为的自铸之辞，意即人人自以为善，而轻视他人。高指自以为高。 [5] 与接为构：出自《庄子·齐物论》，意思是与接而为合。构，合。 [6] 惑荧：迷惑。 [7] 洽就：契合。 [8] 亿兆京陔秭壤沟：皆中国古代计数单位。万万曰亿，万亿曰兆，万兆曰京，以此类推。沟以上尚有涧、正、

载。 [9]无可计议、无可知识里：极言距离之远。 [10]秦政、隋炀：秦始皇嬴政和隋炀帝杨广，此指独夫。 [11]张献忠、李自成：此指民贼。 [12]巧历：精于历算的人。 [13]嚣然：闲适的样子。 [14]操简毕、被（pī）章缝：持简札，穿着章甫、缝掖，指儒生。章甫，礼冠。缝掖，袖子宽大的衣服。

然学也者，浩然而博，矫然而异，务逆于常，将何所归乎？夫所以能学者，人也；人之所以为人者，仁也。孟子曰："人者，仁也。"荀子曰："人主仁，心设焉，知其役也。"董子曰："仁者，人也；义者，我也。"自黄帝、尧、舜开物成务，以厚生民，周公、孔子垂学立教，以迪[1]来士，皆以为仁也。旁及异教，佛氏之普度，皆为仁也。故天下未有去仁而能为人者也。虎狼鹰鹯，号称不仁，而未尝食其类，则亦仁也。人莫不爱其身，则知爱父母其本也，推之天下，其流也，有远近之别耳，其为仁一也。是故其仁小者，则为小人；其仁大者，则为大人。故孝弟于家者，仁之本也；睦姻[2]于族者，仁之充也；任恤[3]于乡者，仁之广也。若能流惠于邑，则仁大矣；能推恩于国，则仁益远矣；能锡类[4]于天下，仁已至矣。《记》曰："凡有血气之物，莫不有知；有知之物，莫不知爱其类。"[5]圣人至仁，亦仅能自爱其类，不能及物。为人，亦为我也，所谓仁至义尽也。夫即能仁及天下，亦仅能自爱其类，尽乎人道耳。吾仁亦有所限，方自慊然[6]，岂为高远哉！孔子曰："我欲仁，斯仁至矣。”先师朱先生曰：“伯夷之清易[7]，伊尹之任难[8]，故学者学为仁而已。”若不行仁，则不为人，且不得为知爱同类之鸟兽，可不耸[9]哉！

注释

[1] 迪：启迪。 [2] 睦姻：对宗族和睦，对外亲亲密。语出《周礼·地官·大司徒》：“二曰六行：孝、友、睦、姻、任、恤。” [3] 任恤：诚信并给人以帮助同情。出处同上注。 [4] 锡类：谓以善施及众人。语出《诗·大雅·既醉》：“孝子不匮，永锡尔类。” [5] “《记》曰”句：指《礼记·三年问》，原文是“凡生天地之间者，有血气之属，必有知；有知之属，莫不知爱其类”。 [6] 慊（qiè）然：不满足貌。 [7] 伯夷之清易：伯夷，殷商末孤竹国公子，与其弟叔齐，在首阳山隐居，采薇度日，宁饿死而不食周之俸禄，古人以为至节。朱次琦以为他的行为较伊尹为易。 [8] 伊尹之任难：伊尹，商初贤臣。他认为人民不能被尧舜之泽，就是执政者把他们推入沟中。朱次琦认为这种以天下人民福祉自任的精神为难。 [9] 耸：同“悚”，悚惧。

孔子曰：“学之不讲，是吾忧也。”陆子曰：“学者一人抵当流俗不去。”故曾子谓“以文会友，以友辅仁”。朋友讲习，磨励激发，不可寡矣。顾亭林鉴晚明讲学之弊，乃曰：“今日只当著书，不当讲学。”于是后进沿流，以讲学为大戒。江藩[1]谓：“刘台拱[2]言义理而不讲学，所以可取。”其悖谬如此。近世著书，猎奇炫博，于人心世道，绝无所关。戴震[3]死时，乃曰："至此平日所读之书，皆不能记，方知义理之学，可以养心。"段玉裁[4]曰："今日气节坏，政事芜，皆由不讲学之过。"此与王戎之悔清谈[5]无异。故国朝读书之博，风俗之坏，亭林为功之首，亦罪之魁也。今与二三子剪除棘荆，变易陋习，昌言追孔子讲学之旧。若其求仁之方，为学之门，当以次告也。

注释

[1] 江藩：字子屏，号郑堂、水松，晚号节甫。甘泉（今江苏扬州）人。清代经学家。 [2] 刘台拱：江苏宝应人，清代经学家。 [3] 戴震：字东原，休宁隆阜（今安徽黄山屯溪）人，清代思想家。是乾嘉学派的代表人物之一、皖学的集大成者。 [4] 段玉裁：字若膺，号懋堂，江苏金坛人。清代文字训诂学家、经学家。著有《说文解字注》等。 [5] 王戎之悔清谈：王戎是西晋名士，以善清谈知名，此谓乾嘉诸老，一辈子只著书不讲学，晚年始悔之，如王戎之悔清谈，既嫌迟，又无用。

从上圣贤，开义甚广；近世儒先，学规良多。或有为而言，或因时立教，或便于入门，而归宿未精，或偏重一义，而该举未备。鄙人深思古义，综约教恉[1]，下学上达，原始要终[2]，尊德道学[3]，由内及外。群言淆乱，则折衷于洙泗之圣[4]；末世昏浊，则上探于三代之英[5]。道器兼包，本末并举，盖皆人道之宜，天理之节。始于为士，终于为圣，由斯道矣。诸子勖哉！

注释

［1］教恉：即教化之旨。恉，同“旨”。　［2］下学上达，原始要终：学习人情事理，进而认识自然的法则。探求事物发展的起源和结果。　［3］尊德道学：语出《中庸》：“尊德性而道问学。”［4］洙泗之圣：指孔子。洙、泗二水之间，即孔子聚徒讲学之所。［5］三代之英：谓夏商周的英异之主，如夏禹、商汤、周文王及周武王。语出《礼记·礼运》：“大道之行也，与三代之英，丘未之逮也。”

天下道术至众，以孔子为折衷；孔子言论至多，以《论语》为可尊；《论语》之义理至广，以“志于道，据于德，依于仁，游于艺”四言为至该。今举四言为纲，分注条目，以示入德焉。

志于道。道之说至歧矣。谨按：孔子系《易》曰：“立天之道，曰阴与阳；立地之道，曰柔与刚；立人之道，曰仁与义。”然则道者，仁义而已。志者，志于为仁义之道。《孟子》曰：“居恶在[1]，仁是也；路恶在，义是也。”指点最为直捷。所以志之，凡有四目：

一曰格物。格，扞格[2]也。物，外物也。言为学之始，首在扞格外物也。《乐记》曰：“人生而静，天之性也；感于物而动，性之欲也。物至知至，而后好恶形焉。好恶无节于内，知诱于外，不能反中，天理灭矣。夫物之感人无穷，而人之好恶无节，则是物至而人化物也；人化物也者，灭天理而穷人欲也。”《学记》《乐记》与《大学》同在《小戴》中，精粹如出一手，当为确诂。《孟子》曰：“耳目之官，不思而蔽于物；物交物，则引之而已。先立其大者，则其小者不能夺也。斯为大人而已。”大学为大人之学。大人在不为物所引夺，非扞格外物而何？朱子述程子之学，主涵养用敬[3]。又《中庸章句》云：“非存心无以致知。”即扞格外物而后能致知也。大悟已合，不过一时误解耳。夫学者如牛毛，成者如麟角。成学之难，由于外物所引也。高科[4]美官，货贿什器，举目皆是，习之数十年，荧之千万人，非有勇猛之力，精进之功，摧陷廓清，比于武事，岂能格之哉？学者当视之如毒蛇猛虎，大火怨贼，念念在兹，芟除洗伐，而后能成金刚不坏身也。用佛氏说儒书，朱子有之。此是学者入门第一功夫。道者修玄，佛氏炼魂，皆有坚定之力而后能入道，岂吾儒可以从容得之乎！若大端有立，则清明在躬，志气如神[5]，其于为学，思过半矣。若稍游移，则终身无入道之日。尚其勖哉！《大学》以格物为入门，郑说固谬，朱子亦不得其解。岂有新学入门之始，而令穷极天下之物理哉？且物理亦无穷尽之日，宜来阳明格竹之疑[6]也。且格，至也；物，犹事也。训至事为穷理，展转[7]乃能相通。教学首条无此深强，故今用司马公[8]之说。

二曰厉节。节者，假借于竹，有所节止之谓。天道尚圆，人道尚方。圆首以为智，方足以为行；不圆则不能备物理，不方则不能立人道。《记》称“行有格”，又称“砥砺廉隅”[9]。

《论语》称“临大节而不夺”，《传》称“圣达节，次守节，下失节。”[10]宋广平[11]曰：“名节至重。”陈白沙[12]曰：“名节者，道之藩篱。”顾泾阳[13]曰：“学者宜从狂狷[14]起脚，从中行[15]歇脚。”后汉、晚明之儒，皆以气节自厉，深可慕尚。劲挺有立，刚毅近仁，勇者强矫，务在任道[16]。若卑污柔懦，终难振起，愿与二三子厉之。

三曰辨惑。外内清肃，于是，冰雪聪明矣。然大道以多歧而亡，学术以小辨而惑，凡近似于道而实非道者，积习既久，最易惑人，学者当严辨之。孔子曰：“恶紫之夺朱，恶郑声之乱雅乐，恶乡原之乱德。”夫嘐嘐然曰：古之人，古之人，夷考其行而不掩[17]，孟子取之。居之似忠信，行之似廉洁，非之无非，刺之无刺，自以为是，而孔子、孟子深恶而痛绝之，以其同乎流俗，合乎污世也。吾党辨之哉！《庄子》曰：“鱼相忘于江湖，人相忘于道术。”人性易缘[18]，有所先入，则终身惑之。且虽小道，持之有故，立之有党，新学胸无所主，鲜不蔽之；及其用力既深，不忍舍去，此所以陷溺灭顶而无悔也。近世声音训诂之学，则所谓小言破道，足收小学之益，决不能冒大道之传，则辨之不足辨也。

四曰慎独。克己修慝，学之要也。然克修于已发之后，不若戒慎于未发之前，不费搜捕，自能惺惺[19]。《中庸》首陈天性之本，极位育[20]之能，而下手专在慎独。《大学》同之。此子思[21]独传之心法。圣学无单传秘诀，如此发明，真是单传密

旨。子思十字[22]打开以告万世，功莫大焉。若能用此，过则有之，吾信其必不为恶矣。刘蕺山[23]标为宗旨，以救王学末流，美哉！吾党得子思传授，欣喜顺受，当何如耶！

注释

［1］恶（wū）在：何在。　［2］扞（hàn）格：互相抵触。　［3］涵养用敬：程颐之学，主“涵养须用敬，进学则在致知”。　［4］高科：亦作巍科，科举考试名次靠前。　［5］“清明”二句：语出《礼记·孔子闲居》。在躬，在其身。　［6］阳明格竹之疑：明代王守仁，字阳明，年二十一，受朱熹影响，准备推求物理，于是在庭中看竹七日，却一无所得，还生了一场病。此后就认为当从本心求为圣贤。　［7］展转：形容经过多种途径。　［8］司马公：指北宋名学者司马光。　［9］“《记》称”二句：《记》指《礼记》，分见《礼记·缁衣》：“子曰：‘言有物而行有格也，是以生则不可夺志，死则不可夺名。’”《礼记·儒行》：“儒有上不臣天子，下不事诸侯；慎静而尚宽，强毅以与人，博学以知服；近文章，砥砺廉隅；虽分国如锱铢，不臣不仕。其规为有如此者。”砥砺廉隅，指磨炼节操。　［10］“《传》称”句：语见《左传·成十五年》。　［11］宋广平：唐玄宗时名相，耿介有大节，以刚正不阿著称于世。　［12］陈白沙：陈献章，广东新会人，因住白沙乡，故后人尊其为“白沙先生”。明代大儒，其学说称白沙学说或江门学派。　［13］顾泾阳：顾宪成，号泾阳，明儒，创立东林书院。［14］狂狷：狂指志向高远，狷指拘谨自守。　［15］中行：中庸。［16］“刚毅近仁”三句：分见《论语·子路》：“刚毅木讷近

仁”，《中庸》：“君子和而不流，强哉矫！中立而不倚，强哉矫！国有道，不变塞焉，强哉矫！”《论语·泰伯》：“曾子曰：‘士不可以不弘毅，任重而道远。仁以为己任，不亦重乎？死而后已，不亦远乎？’” [17]“夫嘐（xiāo）嘐然……而不掩”：语见《孟子·尽心下》。嘐嘐然，志大言大的样子。这四句是说狂者。 [18]人性易缘：容易顺着人性。 [19]惺惺：神志清醒。 [20]位育：语见《中庸》：“致中和，天地位焉，万物育焉。” [21]子思：孔子的孙子孔伋，孔门四哲之一，号述圣，《中庸》作者。 [22]子思十字：博学、审问、慎思、明辨、笃行。 [23]刘蕺（jí）山：刘宗周，明末大儒，绍兴府山阴（今浙江绍兴）人，因讲学于山阴蕺山，学者称其为蕺山先生。

据于德。《皋陶》称“九德”，《洪范》称“三德”[1]，《周官》称“六德”[2]，细循其义，如《尧典》“钦明文思安安”之类。于文“直心为德”[3]，则德者，心之美也。韩昌黎[4]曰：“足于己无待于外之谓德。”则德者，得也，即《大学》定静安虑而后能得也。得一善，则拳拳服膺，可谓据矣。所以据之，其目有四：

一曰主静出倪[5]。学者既能慎独，则清虚中平，德性渐融，但苦强制力索之功，无优游泮奂[6]之趣。夫行道当用勉强，而入德宜阶自然。吕东莱曰：“非全放下，不能凑泊。”周子[7]以“主静立人极”，陈白沙“于静中养出端倪”，故云：“得此把柄入手，则天地我立，万化我出，而宇宙在我矣。尚何暇泥涂轩冕，而缁尘金玉[8]哉！”盖自得之功，全在养出端倪，即《孟子》所谓“逢原”[9]也。若能保守，则浩浩万化，卷舒自在矣。

二曰养心不动。《学记》曰：“知类通达，强立不反。”《易》曰：“君子以独立不惧，遁世无闷。”《孟子》曰：“我善养吾浩然之气。”又曰：“我四十不动心。”人之生世，称讥苦乐毁誉得失，释氏谓之八风[10]，八风不动，入三摩地[11]。朱子谓“后世做圣人难”，缚手缚脚，无不动之学故也。必通天人之故，昭旷无翳，超出万类。故人貌而天心，犹恐血气未能融液，将死生患难体验在身，在有如无，视危如安，至于临深崖，足二分垂在外，从容谈笑，其庶几乎？死生不知，则毁誉谤讪如蚊虻之过耳，岂复省识？故行吾心之安，虽天下谤之而不顾，然后可以当大任也。学者有伊尹之志[12]，若学不至此，犹是媕婀[13]嗫嚅[14]，阉然媚世[15]，终未能成。

三曰变化气质。学既成矣，及其发用，犹有气质之偏，亟当磨碧浸润，底于纯和。昔朱子论谢上蔡、陆子静谓：“无欲之上，尚隔气质一层。”[16]吕东莱少时气质极粗，及读《论语》，至“躬自厚而薄责于人”，于是痛自变改[17]。故朱子曰：“学如伯恭，始得谓之变化气质。”[18]考后夔教胄，惟以声乐，曰：“刚而无虐，简而无傲。”《皋陶》之“九德”，《洪范》之“三德”，皆以克其偏也。《大学》正心、修身之传，明何瑭[19]以为变化气质之学，诚为确诂。心戒其有所，身戒其有所，可谓直捷指出矣。《中庸》之“发而皆中节谓之和”，亦变化气质也。刘元城[20]之“学不妄语，七年不得”，谢上蔡三年治一“矜”字，薛文清[21]二十年治一“怒”字，皆学者之法也。若气质不和，发用偏颇，害事不少，愿共勉焉。

四曰检摄威仪。威仪为身外事，古人何其重之也？刘康公以威仪为“定命之符”[22]，孟子曰：“蹶者趋者，是气也而反动其心。”[23]由此观之，其于养心不为无系矣。孔子贵“动之以礼”[24]，曾子贵“动容貌，正颜色”[25]。《诗》咏“彼都人士”[26]，北宫文子称“容止可观，进退可度”[27]，霍光出入禁闼，皆有常处，不失尺寸，遂荷伊周之任[28]。何晏、邓飏行步顾影，鬼幽鬼躁，不得其死[29]。鉴观先史，为我蓍龟[30]。诸君子共学，当暑不得袒裼[31]，相见必以长衣，容止尚温文，语言去朴鄙，出入趋翔[32]，尤宜端重。鄙人虽非安定，二三子于元发、仲车，岂有让焉[33]？朋友攸摄，仆夫敢告。若城阙佻达之行，见刺于《子衿》[34]；床笫媟嬻之言，不逾于门阈[35]。蒲博[36]为牧奴[37]之戏，筐箧乃家人之事[38]。至于罂粟，尤为妖物。此皆士类所不齿，宜有郊遂之移流[39]。吾党自能远绝，无烦忠告也。

注释

[1]《洪范》称“三德”：见《与沈刑部子培书》“箕子论三德”注。 [2]《周官》称“六德”：六德指：智、仁、圣、

义、中、知（智）。［3］直心为德：德的一种写法是“悳”。［4］韩昌黎：韩愈。［5］主静出倪：在静中养出端倪。［6］泮奂：闲适自在。［7］周子：北宋大儒周敦颐。［8］泥涂轩冕，缁尘金玉：已见于《与沈刑部子培书》注释。［9］《孟子》所谓“逢原”：语见《孟子·离娄下》：“君子深造之以道。欲其自得之也。自得之，则居安；居之安，则资之深；资之深，则取之左右逢其原。”原，同“源”。［10］八风：见《与沈刑部子培书》注释。［11］三摩地：佛教谓修行者将心集中在一点的状况。为梵语音译。或作“三摩帝”“三摩提”“三昧”。［12］伊尹之志：指一心为民之心。商汤的孙子太甲继位后，为政不靖，伊尹将之放逐三年，后还政。有人问孟子，是否君主不贤，就可以放逐他？孟子答说：“有伊尹之志则可，无伊尹之志则篡。”［13］媕婀（ān ē）：依违阿曲，无主见的样子。［14］嗫嚅：吞吞吐吐的样子。［15］阉然媚世：像太监一样曲意逢迎，谄媚他人。语见《孟子·尽心下》：“阉然媚于世也者，是乡原也。”［16］“昔朱子”以下：据康有为《康子内外篇·民功》所引，这是朱熹评周敦颐的话。周敦颐之学以无欲为本。［17］“吕东莱”以下：吕祖谦，字伯恭，学者称东莱先生。朱熹说他“旧时性极褊急，因病中读《论语》‘躬自厚而薄责于人，则远怨矣’之句，于此有省，后遂如此好”。［18］“故朱子曰”句：语见《宋史·吕祖谦传》。原文是“学如伯恭，方是能变化气质”。［19］何瑭：字粹夫，武陟人。弘治进士。曾以抗刘瑾罢官。何瑭不满王守仁之学，尝言陆九渊、杨简之学，流入禅宗，充塞仁义。后学未得子游、子夏十分之一，而议论即过颜回、曾参，此吾道大害也。事见《明史·儒林传》。［20］刘元城：刘安世，字器之，号元城，魏州元城县（今河北大名）人。北宋名臣，从学于司马光，任官以直谏闻名，时人称其为“殿上虎”。苏轼评之曰：“器之真铁汉。” ［21］薛文清：薛瑄，字德温，号敬轩，谥文清。河津（今山西运城）人。明初大儒，河东学派创始人，世称“薛河东”。隆庆五年（1571）从祀孔庙。清人视薛学为朱学传宗，称之为“明初理学之冠”“开明代道学之基”。高攀龙认为，有明一代，学脉有二，一是南方的阳明之学，一是北方的薛瑄朱学。 ［22］“刘康公”句：刘康公，姬姓，刘氏，名季子，周顷王幼子，周匡王、周定王的同母弟弟，食采于刘，于周定王八年建立刘国。史载，鲁成公和诸侯朝觐周简王，接着就跟从刘康公、成肃公会合晋厉公进攻秦国。成肃公在社神庙接受祭肉的时候不恭敬。刘康公说：“吾闻之，民受天地之中以生，所谓命也。是以有动作礼义威仪之则，以定命也。能者养以之福，不能者败以取祸。”遂判断成肃公将不能活着回国，后果如其言。［23］“孟子曰”句：语出《孟子·公孙丑》篇。孟子认为应该用志来统率气，行而颠蹶者，是气盛于志，必然会摇动其心。蹶者趋者，即蹶而趋者，走路跌倒的人。 ［24］“孔子”句：语出《论语·卫灵公》篇。孔子说“知及之，仁不能守之，虽得之，必失之。知及之，仁能守之，不庄以莅之，则民不敬。知及之，仁能守之，庄以莅之，动之不以礼，未善也”。动之以礼，意思是以礼感动人民。 ［25］“曾子”句：事见《论语·泰伯》篇。曾子将殁，孟敬子去看望他，他说，“鸟之将死，其鸣也哀。人之将死，其言也善。君子所贵乎道者三：动容貌，斯远暴慢矣；正颜色，斯近信矣；出辞气，斯远鄙倍矣。”动容貌、正颜色指的是容貌举止庄重有节，合乎礼仪。 ［26］“《诗》咏”句：指《诗·小雅·都人士》一首，毛传以为“周人刺衣服无常也。古者长民，衣服不贰。从容有常，以齐其民，则民德归壹。伤今不复见古人也”。 ［27］“北宫文子”句：事见《左传·襄三十一年》：卫卿北宫文子曰：“君子在位可畏，施舍可爱，进退可度，周旋可则，容止可观，作事可法，德行可象，声气可乐，动作有文，言语有章，以临其下，谓之有威仪也。”

［28］“霍光”以下：霍光是西汉大臣，《汉书·霍光传》说他“出入禁闼二十余年，小心谨慎，未尝有过”，与桑弘羊同受汉武帝遗诏，立昭帝为嗣，以大司马、大将军执政辅幼主，封博陆侯，政事一决于光。昭帝卒，迎立昌邑王刘贺为帝，以其淫乱被废，又迎立宣帝。光秉政二十年，族党满朝，权倾内外。伊周之任，谓像商之伊尹、周之周公旦一样，辅佐幼主，而为一代之贤相。 ［29］“何晏”等句：何晏、邓飏皆三国时魏人，曾遇相者管辂，管辂出，曰：“邓之行步，筋不束骨，脉不制肉，起立倾倚若无手足。谓之鬼躁。何之视候，魂不守宅，血不华色，精爽烟浮，容若槁木。谓之鬼幽。鬼躁者，为风所收。鬼幽者，为火所烧。自然之符。不可蔽也。”后二人皆遭横死。 ［30］蓍（shī）龟：古人以蓍草与龟甲占卜凶吉，此指展示吉凶。 ［31］袒裼（tǎn xī）：脱去上衣，裸露肢体。［32］趋翔：犹趋跄。形容步趋中节。古时朝拜晋谒须依一定的节奏和规则行步。 ［33］“鄙人”诸句：胡瑗，字翼之，泰州如皋（今江苏如皋）人。北宋大儒。因祖居陕西路安定堡，世称安定先生。滕宗谅知湖州，聘为教授。先生倡明正学，以身先之。虽盛暑，必公服坐堂上，严师弟子之礼。滕元发从之受业。徐积，字仲车，初见先生，头容少偏。先生厉声云，“头容直！”积猛然自省，不特头容要直，心亦要直，自是不敢有邪心。 ［34］“若城阙”二句：语见《诗·郑风·子衿》：“佻兮达兮，在城阙兮。”郑玄笺云：“国乱，人废学业，但好登高，见于城阙，以候望为乐。” ［35］床笫（zǐ）媟嬻（xiè dú）之言，不逾于门阈：床席间放荡之语，不能讲到外面去。语出《左传·襄公二十七年》。赵孟曰：“床笫之言，不逾阈。况在野乎？非使人之所得闻也。” ［36］蒲博：古代一种博戏，泛指赌博。 ［37］牧奴：对放牧者的蔑称。 ［38］筐箧乃家人之事：家人意为庶人、平常人家。谓积财藏物，家中所宜。但此句亦有出典，《资治通鉴》：“吴人

多言祥瑞。”韦昭曰：“此家人筐箧中物耳。”谓寻常人家皆有言祥瑞之书。 ［39］郊遂之移流：流放到边远地区。郊遂犹郊野。国都百里内曰郊，百里之外曰遂。

依于仁。依者，如衣之附人。人而无衣，则为倮虫[1]；人而不仁，亦为一倮虫而已。凡所以为学，皆以为仁也。其叙有四：

一曰敦行孝弟。有子曰：“孝弟者，其为人之本。”以人之所自来，仁之所至亲也。属毛离里[2]，具有至性，不待教学。若薄于所亲，是谓悖逆；其有较[3]资财而不为养，纵乖戾而不为欢者，其本已谬，不足复与共学也。

二曰崇尚任恤[4]。史迁称“任侠”，然侠尚意气，恩怨太明。任恤则相救相赒，相亲相葬，周公之所尊也。其人能任于朋友，必能忠于其君也；能恤于乡党，必能惠于其国也。若坐视朋友、姻党[5]之患难，甚或深言正色以阴锄之，则亦将卖国而不动其心也。其人不任者必不忠，不恤者必不厚，吾不欲观之矣。

三曰广宣教惠。仁为“相人偶”[6]之义，故贵于能群。羊能群者也，故善、美、义、羡皆从之；犬不群者也，故狱、独等字从之。吾既为人，非斯人之徒与而谁与？曰孤曰独，惟鬼神之道则然，非人道也。岩处[7]奇士之行，寡过独善，其能比于木石乎？故胡文忠[8]曰：“今日所难得者，是忠肝热血人。”《周官》六行之宾兴，皆忠肝热血人也。即佛氏空寂，亦言若不普度众生，誓不成佛。未有以自了为美者。后世以老、杨之学[9]托于孔氏，于是下者营私，上者独善，出而任事者，皆贪狡无耻之人，而生民无所托命，则教之中变也。今上原周、孔之意，推行仁道，期易[10]天下，使风气丕变[11]。先觉之任，人人有之，展转牖人[12]，即为功德。推之既广，是亦为政。则志士仁人讲学之责也。

四曰同体肌溺。吾与斯人同出于天而亲同，吾与禹、稷[13]、伊尹同其耳目手足而义同，吾之不如伊尹、禹、稷可耻也，吾之不能仁亲可愧也。颜子[14]曰："舜何人也？予何人也？有为者亦若是。"然先正之美言，学者将疑其高远而不可几也。夫反而求之，我岂无饥溺时乎？我有饥溺，望人拯之；人有饥溺，我坐视之；虽禽兽其忍之哉！故同体饥溺，不过推心稍广而已，学者无河汉之[15]也。

注释

[1]倮（luǒ）虫：身无羽毛鳞甲的动物。倮，同"裸"。[2]属（zhǔ）毛离里：比喻子女与父母关系的密切。语出《诗经·小雅·小弁》："靡瞻匪父，靡依匪母。不属于毛，不罹于里。"[3]较：计较。[4]任恤：为友担事曰任，赈忧贫者曰恤。[5]姻党：因婚姻关系而结成的亲戚。[6]相人偶：互相亲近之谓。[7]岩处：隐居山中。[8]胡文忠：胡林翼，晚清中兴名臣，湘军首领之一。谥文忠。[9]老、杨之学：老子及杨朱之学。[10]易：改变。[11]丕变：大变。[12]牖人：觉人，

启迪人。［13］稷：后稷，周民族始祖，唐尧、虞舜时代的贤臣。［14］颜子：孔子的弟子颜回，孔门七十二贤之首，孔门四圣之复圣。［15］河汉之：比喻言论夸诞迂阔、不切实际。转指不相信或忽视某人的话。语见《庄子·逍遥游》："肩吾问于连叔曰：'吾闻言于接舆，大而无当，往而不反，吾惊怖其言，犹河汉而无极也。'"成玄英疏："犹如上天河汉，迢递清高，寻其源流，略无穷极也。"

游于艺。《周官》"六艺"为礼、乐、射、御、书、数。《汉志》"六艺"为《易》《书》《诗》《礼》《乐》《春秋》。小学附焉。其业不同，古今殊异。要惟艺者道术之称，后世文业日繁，道术盖博。《孟子》曰："博学而详说之。"事理本末，切于人道，皆学者所不能遗。今总该兼揽，分为学目，备列于下：

一曰义理之学。义者，人事之宜；理者，天道之条。本于天，成于势，积于人，故有天命之理，有人立之义。天命之理，天下共之，凡人道所不能外者也。人立之义，与时推移，如五行之运，迭相重轻者也。原于孔子，析于宋贤[1]。然宋贤之义理，特义理之一端也，今但推本于孔子。

二曰经世之学。《易》曰："吉凶与民同患。"孔子曰："吾非斯人之徒与而谁与？"既不能不与，则同其患，当经营之。庄生[2]曰："《春秋》经世，先王之志。"故孔子作《春秋》，专以经世也。惟庄生知之。今本之孔子，上推三代，列为沿革。至其损益，则自汉至国朝，各有得失。荀子欲法后王，故经世之学，令今可行，务通变宜民，虽舜、禹复生，无以易此。

三曰考据之学。无征不信，则当有据；不知无作，则当有考；百学皆然。经学、史学、掌故之学，其大者也。琐者为之，务碎义逃难，便辞巧说[3]，则博而寡要，劳而鲜功。贤者识其大，是在高识之士。凡义理经世，不关施行，徒辨证者，归考据类。

四曰词章之学。孔子曰："言之无文，行之不远。"故四科之列，文与学并。战国以降，辨说蜂起；西京[4]而后，文体浩繁；世既竞尚，不能不通。今厘为二体：曰文，曰笔。有韵者，文也；无韵者，笔也。笔有二体：曰散，曰骈。文有二体：曰铭赞，曰诗赋。铭赞本异而后同，诗赋古合而今分。骈、散之谐协者，亦曰文；诗赋之单行者，亦为笔。盖韵者，非徒句末叠韵之谓，"五色相宜，八音协畅"[5]是也。

注释

［1］宋贤：指宋代以程朱为首的理学诸儒。 ［2］庄生：指庄子，即先秦思想家庄周。 ［3］"务碎义"二句：语出《汉书·艺文志》。原文还有"破坏形体"四字，意指追求偏僻琐碎之解释，以开避他人的攻难，用动听的言语，析破文字的形体。 ［4］西京：指西汉时期。 ［5］"五色"二句：出自《宋书·谢灵运传论》。

学与时异。周人有六艺之学，为公学；有专官之学，为私学；皆经世之学也。汉人皆经学。六朝、隋、唐人多词学。宋、明人多义理学。国朝人多考据学。要不出此四者。三代既远，学术日异，若复古制，非朝廷令甲[1]，不能遽言。今因先正遗说，立此四目以为通学。

欲复古制，切于人事，便于经世，周人六艺之学最美矣。但“射”“御”二者，于今无用，宜酌易之。今取人事至切经世通用者一曰图，一曰枪补之，庶足为国家之用，不诮[2]迂疏也。马端临曰：“古者户口少而才智之民多，今户口多而才智之民少。六艺不兴故也。”论此六者以为先驱，俟令甲推行，才民自广，岂特吾党之区区耶！

注释

［1］令甲：本指第一道诏令、法令的第一篇。后用为法令的通称。［2］诮（qiào）：责备。此指遭受责备。

补“六艺”之学：

一曰礼。古之人士，日以习礼为学，故孔子于礼曰“执礼”。秦、汉之后，礼衰乐坏，刘昆[1]行之以为异事，盖礼之废久矣。但礼为人用，务从时王。今学者研钻《礼经》，或有深邃，行于今制，则瞠目不知，其失容多矣。今择士人宜行者，与诸子以时习焉。

朝廷之礼：大朝、引见、召见、立班、宣读是也。

祭祀之礼：陪祭、祭先、祭神、谒告是也。

宾客之礼：内外上下诸相见礼是也。奉使附焉。

其冠、昏、丧纪[2]，闺门之礼[3]，并以时讲习。以《大清会典》《大清通礼》为据。其时俗通用，不求变俗，则酌从焉。若夫《仪礼》，可编成《仪注》以习之。

二曰乐。乐学废亡久矣。汉时犹有鼓吹诸生，及《雅歌》八篇，今并亡之。于是乐学专属之倡优，淫艳凶邪，为庄士[4]所不道。今欲复乐学，古人遗迹犹可推求。番禺陈兰甫京卿《声律通考》，据荀勖笛、《开元乐谱》以追古乐，披析甚精。今据之以考《钦定律吕正义续编》。分乐音、乐器、乐舞三端，俟大备乐器考定之。然古者礼乐不去身，士无故不撤琴瑟。蔡邕[5]曰："乐以声为主。"房庶[6]曰："以今之器采古之声，亦何不可？"今拟先购钟、磬、鼓、琴、瑟、管数事，以时习之，以宣血气而导和平，庶几不失古人以乐为教之意，亦安定遗法[7]也。

三曰书。保氏教国子以六书[8]。小史掌达书名于四方[9]。汉制，太史课学童讽籀文九千字，得补史，通六体书者补令史。今上自钟鼎、古文，中为篆、隶，下为真、草，凡古今沿革、中外通行之书，皆学者所宜兼通也。

四曰数。数学举目皆是，至切用矣。测天制器[10]，尤不可少，近儒多通之。而学者苦其繁深，其实既解归除[11]，即可学开方、八线[12]、椭圆矣。近用代数、微积分，尤为径捷。阿尔热八达[13]译本东来，不必叱为远夷异学也。

五曰图。图谱之学久亡，不知书求其理，图求其形，用莫切矣。昔人云：登高能赋，可为大夫。吾谓登高能图，可为士矣。图学从数学入，故从其后。

六曰枪。古者男子生而悬弧[14]，长而习射，盖上则为将帅，下则为卒伍，寓武备于文事，无之非射[15]，故一人有一人之用也。国朝八旗考试，皆用骑射，别有火器营。今弓矢已无用，枪即代弓矢者也。士皆宜习之，以备缓急之用。当以春秋佳日，择地习学。《诗》曰："赳赳武夫，公侯干城。"即闳夭、散宜生也[16]。后世人士，方领矩步，徒知讽诵"好仇腹心"[17]，岂能任乎？

注释

［1］刘昆：字桓公，陈留东昏（今河南兰考）人。两汉之际学者。王莽时，曾以经学教授生徒，常数百人。王莽认为他多聚徒众，私行大礼，乃将刘昆及其家属下狱。［2］冠、昏、丧纪：冠礼、婚礼、丧礼。丧纪即丧事。［3］闺门之礼：规范女性德行容止的礼。［4］庄士：庄重之士。［5］蔡邕：东汉文学家，善音乐。［6］房庶：北宋音乐家。［7］安定遗法：语见《宋元学案·卷一安定学案》："先生在学时，每公私试罢，掌仪率诸生会于肯善堂，合雅乐歌《诗》。至夜，乃散诸斋，亦自歌《诗》奏乐，琴瑟之声彻于外。"［8］"保氏"句：出《周礼·地官司徒·保氏》，六书指

象形、会意、转注、处事、假借、谐声。(《说文解字》作指事、形声。) [9]“小史”句：出自《周礼·春官宗伯·小史》：“小史掌邦国之志，奠系世，辨昭穆。若有事，则诏王之忌讳。”掌邦国之志，即掌书，诏王之讳，即达名。 [10]测天制器：研究天文学，制作器械。 [11]归除：珠算中除数在两位或两位以上的除法。我国古代把除数一位的除法叫做“归”，除数二位或二位以上的叫“归除”。 [12]八线：我国古代数学名词。即三角函数之正弦、余弦、正切、余切、正割、余割六线及正矢、余矢二线。 [13]阿尔热八达：algebra（代数学）的音译。 [14]悬弧：古代尚武，生男孩则悬弓于门左。见《礼记·内则》。 [15]无之非射：没有一样事不与射事相关。 [16]“《诗》曰”以下：诗是《诗·周南·兔罝》句。《韩诗外传》以为指闳夭、太颠。此记闳夭、散宜生，是康有为误记。闳夭、散宜生、太颠并西周初年大臣，同辅周文王，后助武王灭商。 [17]好仇腹心：指《诗·周南·兔罝》一首。好仇，语出本诗“纠纠武夫，公侯好仇”。腹心，语出本诗“纠纠武夫，公侯腹心”。

评析

本篇体现康有为的教育思想。教育不离于人性，对人性的认识有多深，教育思想也就可以有多深。康有为认为人性与禽兽之性、草木之性本皆天命所赋，人性是普遍相通的，而人之后天差异，则全系诸学。人之所以贵为万物之灵长，便在于其能学。学是逆天而行之事，故学乃“勉强”之事；学是与人性做斗争，让人性更完美的过程。康有为所论，是在解释孔子的名言“性相近也，习相远也”，但他的解释可能更接近墨子的思想，而非孔子的思想。墨子认为人性平等无差别，只是“所染”不同，遂有圣愚之别。但孔子从来就不相信普遍人性，他说“中人以上，可以语上也；中人以下，不可以语上也”，明显认为人的天赋之性有着巨大的差异。孔子所云“性相近也，习相远也”，以下还有“惟上智与下愚不移”之语，更符合孔子原意的解释应该是：在性相近的情况下，后天所学之不同，会导致成就的不一。但上智之人，不学而善，下愚之辈，顽不就善，皆非学可能改变者。康有为在《长兴学记》中对人性和教育的认识，远不及孔子。

康有为又指出，学问之道，不过是学着做一个人而已。如何能做得一个人？需要学习仁道。仁道即人道，即人之所以成为人之道。如何学习仁道？他认为孔子的“志于道，据于德，依于仁，游于艺”为最全面，又分别析论，其论皆主于心，实是受陈献章以降岭南儒学之影响。但在游于艺的部分，他又特别强调了重视义理之学、经世之学、考据之学、词章之学，这是对心学空疏之病的补救。他在文中说“国朝读书之博，风俗之坏，亭林为功之首，亦罪之魁也”，此语固为针对顾炎武“今日只当著书，不当讲学”之论而发，但顾氏把清代学术引向了只讲考据不讲心性的一偏之境，也未尝不是原因。康有为显然是有意调停汉宋之学，既重视尊德性，又重视道问学。

在“游于艺”一节中，康有为提出了“新六艺”的说法。他认为“射”“御”今已无用，遂以“图”“枪”以易之。这些不主故常的见解，使得他在当时能走在思想的最前列。

日本书目志（节选）

卷五目录

政治之学最美者，莫如吾《六经》也。尝考泰西所以强者，皆暗合吾经义者也。泰西自强之本，在教民、养民、保民、通民气、同民乐，此《春秋》重人、《孟子》所谓“与民同欲，乐民乐，忧民忧，保民而王”也。其教民也，举国人八岁必入学堂，皆学图算，读史书，无不识字之人。其他博物院、藏书库、中学、大学堂，此吾《礼记》家塾、党庠、乡校、国学[1]之法也。其养民也，医院、恤贫院、养老院，以至鳏寡孤独皆有养。泰西皆无乞丐，法制详密，此《王制》《孟子》恤穷民之义也。其保民也，商人所在，皆有兵船保护之。商货有所失，则于敌国索之，则韩起买环，子产归之[2]，且与商人有誓诈虞之约[3]是也。其通民气也，合一国之人于议院，吾《洪范》所谓“谋及庶人”[4]、《孟子》所谓“国人皆曰贤”也。其同民乐也，国都十里五里，必有公家之囿，遍陈花木百戏，新埠亦必有一二焉。七日一息，则《孟子》所谓“囿与民同”、《易》所谓“七日来复”、“闭关商旅不行”是也。国君与臣民见皆立，免冠答礼，吾《礼记》则“天子当扆[5]而立，诸侯北面而朝”、《公羊》所谓“天子见三公下阶，见卿兴席、大夫抚席”也[6]。民皆为兵，是吾寓兵于农也。机器代工，是《易》之利用前民[7]也。其有讼狱，必有陪审官，《王制》所谓“刑人于市，与众弃之”也。谋事必有三人，《春秋》所谓“族会”、《洪范》所谓“三人占则从二人言”也。众立为民主，《春秋》卫人立晋美得众[8]，《孟子》所谓“得乎丘民为天子”[9]也。

注释

［1］家塾、党庠、乡校、国学：出自《礼记·学记》：“古之教者，家有塾，党有庠，遂有序，国有学。” ［2］韩起买环，子产归之：《左传·昭公十六年》载，晋国大夫韩起欲得郑国商人之环，要求郑国帮他强买，子产拒绝了。说这样既让郑国在晋国面前失格，又成就了韩起的贪名。韩起终于从商人那里买到了环，子产知道这件事就对韩起说，我们郑人和商人都是从周地迁过来的，多少年来有一个盟誓，“尔无我叛，我无强贾”，现在商人不情愿地把环卖给您，这是逼我们背誓。况且如果晋国要求没有终竟，我们郑国虽小，也不肯总是满足你们。韩起听后，就把环退给了商人。 ［3］誓诈虞之约：即订立不相欺骗的盟誓。 ［4］《洪范》所谓“谋及庶人”：语见《书·洪范》：“汝则有大疑，谋及乃心，谋及卿士，谋及庶人，谋及卜筮。汝则从，龟从、筮从、卿士从、庶民从、是之谓大同。” ［5］扆（yǐ）：古代宫殿内门窗之间的地方。 ［6］“《公羊》所谓”句：《公羊传·宣公六年》何休注曰：“礼，天子为三公下阶，卿前席，大夫兴席，士式几。” ［7］利用前民：《易·系辞》原话是“是兴神物，以前民用”。原话意思是，圣人用蓍占卜，先定吉凶于人民之前，人民得而从之。 ［8］《春秋》卫人立晋美得众：语出

董仲舒《春秋繁露》："卫人立晋，美得众也。"卫人迎立公子晋，为宣公。 [9] 得乎丘民为天子：语出《孟子·尽心下》，"孟子曰：'民为贵，社稷次之，君为轻。是故得乎丘民而为天子，得乎天子为诸侯，得乎诸侯为大夫。'"杨伯峻《孟子译注》将其译为：所以得着百姓的欢心便做天子。

故凡泰西之强，皆吾经义强之也，中国所以弱者，皆与经义相反者也。《康诰》"保民如赤子"，而吾吏治但闻催科书[1]；"率作兴事"[2]，而吾吏道惟省事卧治[3]，《孟子》"尊贤使能，俊杰在位"，而吾尊资使格[4]，耆老在位，以崔亮停年之格[5]，孙丕扬抽签之制[6]为金科玉律也。《礼》"大夫七十而致仕"[7]，而今非七八十龙钟昏聩犹不服官政[8]也。《中庸》称"重禄劝士"[9]，《孟子》称"君十卿禄"[10]，而吾大学士俸二百金，不及十日之费，仅比上农，知县养廉[11]仅千，不及一幕友之脩[12]也。《大学》称"与国人交"，而吾君与臣隔绝，官与民隔绝也。礼称"司空以时平治道路"[13]，而吾茀秽[14]不治也。《王制》选俊秀论材能而后授官[15]，而吾鬻官[16]也。故中国所以弱者，皆悖经义而致弱者也。

注释

[1] 催科书：按照条例催收租税的文件。 [2] 率作兴事：语出《尚书·皋陶谟》，意为天子率群臣一起来做事。 [3] 卧治：卧

而治政，本指政事清简，无为而治。语出《史记·汲郑列传》，西汉汲黯为东海太守，“多病，卧闺阁内不出，岁余，东海大治”。康有为在这里是讽刺官吏推诿不干事。［4］尊资使格：资，原指地位、经历等。格，政府制订官员除授或升迁所应依据的法令条例。［5］崔亮停年之格：北魏崔亮所创的选官制度。不问贤愚，专以年资深浅为录用标准。［6］孙丕扬抽签之制：语见《万历注略》：“孙丕扬为吏部，更定选法，亲自抽签，时人嘲铨部为签部。”［7］致仕：归还官职，即退休。［8］不服官政：不肯退休。［9］重禄劝士：《中庸》上说：“忠信重禄，所以劝士也。”劝，勉励。［10］君十卿禄：国君的俸禄十倍于卿。［11］养廉：清朝官员于常俸之外，按品级另给津贴银两，称为养廉或养廉银。意在杜绝贪污，廉洁为官。［12］脩（xiū）：束脩，本指五条干肉，后指酬金。［13］司空以时平治道路：语出《左传·襄公三十一年》，清姚彦渠《春秋会要》编入《宾礼总》。原文是平易，易即是治的意思。［14］茀（fú）秽：野草塞路，肮脏芜秽。［15］选俊秀论材能而后授官：原文是：“司徒论选士之秀者而升之学，曰俊士。”“司马辨论官材，论进士之贤者以告于王，而定其论。论定然后官之，任官然后爵之，位定然后禄之。”［16］鬻（yù）官：卖官。

吾中国法古经之治足矣，本非取于泰西，所以可取者，参考其书，以著其治强之故，正以明吾经义之可行。近人习于国故而忘经义久矣，反以近时掌故自尊为中国之学，而诃斥外人。岂知吾之掌故，历秦、元诸霸朝[1]，已非中国先圣经义之旧，而礼失求野，外国乃用吾经义之精。孔子之为《春秋》也，夷而进于

中国则中国之，楚庄救郑[2]则中国之，不予荀林父敌[3]，夷狄而进于中国也。晋伐鲜虞[4]，卫伐凡伯[5]，杞用夷礼[6]，则戎狄之，中国而退为夷狄也。《春秋》之义，惟德是亲，日本未足以语是。然译泰西之书而能保养其民以自强，其政治亦可借鉴矣。吾有《日本改制考》一书，庶以为鉴而自正焉。

注释

[1] 霸朝：指专横称霸的王朝。 [2] 楚庄救郑：语见《左传·宣公十二年》："夏，六月，乙卯，晋荀林父帅师及楚子战于邲，晋师败绩。"《公羊传》以为："大夫不敌君，此其称名氏以敌楚子何？不与晋而与楚子为礼也。"意思是不该把晋大夫荀林父的名字与楚君相匹敌，之所以这样做，就是要说明在鲁宣公十二年的这场战争中，楚庄王体现出诸夏文明的气度。当时楚国已攻入郑国的皇门，但庄王传令，不得侵害百姓，并没有灭郑国，反与郑国讲和结盟。 [3] 不予荀林父敌：见上注。 [4] 晋伐鲜虞：语见《谷梁传·昭十二年》："晋伐鲜虞。其曰晋，狄之也。其狄之何也？不正其与夷狄交伐中国，故狄称之也。"鲜虞虽为白狄种，但也是姬姓，且其国在中山，故曰中国。晋与夷狄一起伐鲜虞，故孔子贬之为狄。 [5] 卫伐凡伯：语见《左传·隐公七年》经文："冬，天王使凡伯来聘。戎伐凡伯于楚丘以归。"《谷梁传》认为："戎者卫也。戎卫者，为其伐天子之使，贬而戎之也。楚丘，卫之邑也。"凡，古国名，姬姓，始封之君为周公之子。在今河南省辉县西南。伯，爵位名。 [6] 杞用夷礼：语见《左传·僖公二十七年》经文："二十有七年，春，杞子来朝。""二十七年春，杞桓公来朝，用夷礼，故曰子。"杞是公爵之

国，孔子称其为子，是贬之以子爵，因为杞国杂用东夷之礼。

评析

康子此论，切不可以抱残守缺而视之。固然我们今天都知道，儒家思想中存在着可以与现代社会价值观念相通的精神，而毕竟像自由、民主、博爱这些价值，是在人类进入现代社会后才产生的，我们也的确是把自由、民主、博爱看成是现代性的三大基石。然而，康有为的论述自有其合理性。尽管他不曾意识到，当时的清朝与西方的区别在于，西方已经进入了现代社会，而清朝却仍处在前现代的文明阶段，但他力图从中国传统思想资源中找到与现代文明相配的价值观念，这就比拜伏西方文明的足下，而对中国传统文化极尽尖刻嘲讽、无情批判之能事的愤怒青年要理性得多。阐旧邦以新命是真正的智慧，那种想要彻底否定一国之固有文化，全面改造国民性的想法，就像是削中国之足，适西方之履，只会给国人带来无穷的灾难。

礼运注（节选）

孔子曰："大道之行也，与三代之英，丘未之逮也，而有志焉。大道之行也，天下为公，选贤与能，讲信修睦。故人不独亲其亲，不独子其子，使老有所终，壮有所用，纳有所长，矜、寡、孤、独、废、疾者，皆有所养，男有分，女有归。货恶其弃于地也，不必藏于己。力恶其不出于身也，不必为己。是故谋闭而不兴，盗窃乱贼而不作，故外户而不闭。是谓大同。"

"归"，旧本作"岿"。

大道者何？人理至公，太平世大同之道也。三代之英，升平世小康之道也，孔子生据乱世，而志则常在太平世，必进化至大同，乃孚素志。至不得已，亦为小康。而皆不逮，此所由[1]顾生民而兴哀也。天下为公，选贤与能者，公天下也。夫天下国家者，为天下国家之人公共同有之器，非一人一家所得私有，当合大众公选贤能以任其职，不得世传其子孙兄弟也，此君臣之公理也。讲信修睦者，国之与国际，人之与人交，皆平等自立，不相侵犯。但互立和约而信守之，于时立义，和亲康睦，只有无诈无虞，戒争戒杀而已，不必立万法矣，此朋友有信之公理也。父母固人所至亲，子者固人所至爱，然但自亲其亲，自爱其子，而不爱人之亲，不爱人之子，则天下人之贫贱愚不肖者，老、幼、矜、寡、孤、独、废、疾者，皆困苦颠连，失所教养矣。

夫人类不平，则教化不均。风俗不美，则人种不良。此为莫大之害。即中于大众而共受之，且人人何能自保不为老、幼、矜、寡、孤、独、废、疾乎？专待之于私亲而无可待也。不如待之于公而必可恃也。故公世，人人分其仰事俯畜[2]之物产财力，以为公产，以养老、慈幼、恤贫、医疾。惟用壮者，则人人无复有老病孤贫之忧。俗美种良，进化益上，此父子之公理也。分者，限也。男子虽强，而各有权限，不得逾越。岿者，巍也。女子虽弱，而巍然自立，不得陵抑[3]。各立和约而共守之，此夫妇之公理也。更有二禁，世有公产，则巧者仰人之养，而不谋农工之业。惰者乐人之用，而不出手足之力，以公成其私，而以私坏公，则大道隳[4]矣。故不作业、不出力之人，公众所恶。然将已刑措[5]，但恶之以示不齿，而人耸劝矣。然化俗久美，传种改良，人人自能去私而为公，不专已而爱人。故多能分货以归公，出力以助于人。

注释

[1] 所由：犹所以。 [2] 仰事俯畜：侍奉父母，养活妻儿。 [3] 陵抑：欺凌压制。 [4] 隳（huī）：毁坏；崩毁。 [5] 刑措：措，搁置。谓没有人犯法，刑罚搁置不用。

然人之恒言曰：天下国家身。此古昔之小道也。夫有国、有家、有己，则各有其界而自私之。其害公理而阻进化，甚矣。惟天为生人之本，人人皆天所生而直隶[1]焉。凡隶天之下者皆公之，故不独不得立国界，以全强弱相争。并不得有家界，以至亲爱不广。且不得有身界，以至货力自为。故只有天下为公，一切皆本公理而已。公者，人人如一之谓，无贵贱之分，无贫富之等，无人种之殊，无男女之异。分等殊异，此狭隘之小道也。平等公同，此广大之道也。无所谓君，无所谓国，人人皆教养于公产，而不恃私产。人人即多私产，亦当分之于公产焉。则人无所用其私，何必为权术诈谋以害信义？更何肯为盗窃乱贼以损身名？非徒无此人，亦复无此思。内外为一，无所防虞。故外户不闭，不知兵革。此大同之道，太平之世行之。惟人人皆公，人人皆平，故能与人大同也。

今大道既隐，天下为家，各亲其亲，各子其子，货力为己。大人世及[2]以为礼，城郭沟池以为固，礼义以为纪，以正君臣，以笃父子，以睦兄弟，以和夫妇，以设制度，以立田里，以贤勇知，以功为己，故谋用是作，而兵由此起。禹、汤、文、武、成王、周公，由此其选也。此六君子者，未有不谨于礼者也。以著其义，以考其信，著有过，刑仁[3]讲让，示民有常。如有不由此者，在执者去，众以为殃。是谓小康。

殃，祸恶也。孔子自慨当时至公太平之道隐而未明，郁而未发，天下皆自私其家，君主不能公天下，乃以天下为一家私有之物。今虽明父慈子孝之义，亦异于乱世野蛮不知父子者。然仅自私所亲，不能锡类[4]推仁以平天下也。虽能作力运货，百业兴于文明，然只自营己私，不能为公。故无公产公功以兴公益，贫愚老疾者不得齐于人类，俗弊种坏[5]，富贵者亦不得免焉。天子、诸侯、大夫，世之大人也，不能让贤选能，始以武力得国家，后则私据之。或世传子孙，或兄终弟及，造作礼典，定为名义。以绝奸雄觊觎盗篡之端，以免岁月易朝争杀之祸。较之乱世，人为帝而家为王，争杀无已者，民生易保焉。然以天下国家之重任，不公选天下之贤，而全托之一家一人之子孙。

注释

[1] 直隶：直接隶属。 [2] 世及：世袭。 [3] 刑仁：以仁为典型。刑，同“型”。 [4] 锡类：语出《诗·大雅·既醉》：“孝子不匮，永锡尔类。”谓以善施及众人。类在这里是善的意思。[5] 俗弊种坏：风俗弊坏，人种退化。

夫人之生子，安得尽贤？苟所生非贤，则国民涂炭，种族灭绝，危险莫甚矣。此盖古者定乱不得已之举，然非良法，非公理也。国土互峙，上下相疑。于是筑城凿池，以备不虞，而保民保境，较之野蛮不知设险自卫者，自为少智矣。然因有国界，遂成杀祸，限禁人民，阻兵攻劫，至有屠灌全饿[1]之惨。其伤民甚，其去道亦远矣。立礼以为防，修义以为限，纪而纲之，进人道于修明。较之乱世无礼无义，自为文明矣。然人性未善，人心未仁，不能耻格[2]，犹有诈伪奸欺而待于防限，至不能防禁，则溃决而无如何矣。国定君臣之义，俾天泽不得妄干[3]。较之乱世名分不明、篡争日见者，自为安息。家有父子、兄弟、夫妇之亲，俾人道得以相保，较之乱世人伦不明、淫逆横作者，自为正义。制度者，律法也。因人情而制之，上下得所率由，自胜于野蛮无法度者。田里者，分田制禄也。临长[4]百姓，而轻重布之，令君子野人皆得所养，自胜于乱世无口分世业者。然名分太严，则有暴殄[5]压制之患。性情强合，则失自立自由之本。不能耻格，则出法令而奸诈生。不立公产，则授田里而私争起。世野蛮，必尚勇。世巧诈，必尚智。兼之则进矣。然不以仁为贤，而徒以勇智为贤，仍是乱世之风。野蛮必惰率作，能趋事赴功则进矣。然不能忘名，而以功名自伐，仍是自私之种。

凡此一切义，非不整齐开明，然皆自营其私，故诈谋不能止而日作，兵伐不能止而日兴也。然圣人不能为。时虽蒿目[6]忧其患，而生当乱世，不能骤逾级超进，而至太平。

若未至其时，强行大同，强行公产，则道路未通，风俗未善，人种未度，且贻大害。故只得因其俗，顺其势，整齐而修明之。故禹、汤、文、武、周公之圣，所为治化，亦不出此，未能行大道也。不过选于乱世之中，较为文明而已。其文明之法，皆在隆礼、由礼而谨修之。故于五德之运，未能至仁运、智运，而仅当礼之运而已。不独未能至仁运、智运也，即义运、信运亦未之至，但以礼为经，而著其义、考其信而已。其不隆礼、由礼者过矣，则明著其非、违。其能隆礼、由礼者进之以仁、让。立为定法，示民有常。其有悖此义纪人伦制度之礼者，虽在天子、诸侯之势，亦在诛绝废黜之中，众人公共以为宜受祸恶者也。礼运之世，乃当升平，未能至大同之道，然民得以少安。若失之，则祸乱繁兴，故次于大同，而为小康也。

注释

［1］屠灌全饿：屠城、以水灌城、令饿人死亡。全饿本指保全饿人，此为反训。　［2］耻格：知羞耻而归于正。语出《论语·为政》："道之以德，齐之以礼，有耻且格。"　［3］天泽不得妄干：天泽，上下尊卑之义。语出《易·履》："上天下泽。"干，侵犯。［4］临长：犹言监临领导。　［5］暴殄（tiǎn）：灭绝，残害。［6］蒿目：尽目力远望。

评析

本文选自《礼运注》一书，专门演衍《礼运》的《大同》篇。该书康有为自署作于1884年，《不忍》杂志第五、第六册曾予选载。1916年由上海广智书局以《演孔丛书》之名出版铅字排印本。有学者认为当作于康氏1901—1902年避居新加坡、印度期间，该书系作者倒填年月，不是创作的真正时间。

康有为受春秋公羊学的影响，把人类历史划分为据乱世、升平世、太平世三个阶段，而以升平世对应小康，以太平世对应大同。康有为的大同思想，在他的《大同书》中有系统的阐释，而本文就是《大同书》之提纲。

他认为理想的社会，也就是大同社会，应当是公天下，即天下国家“为天下国家之人公共同有之器，非一人一家所得私有，当合大众公选贤能以任其职，不得世传其子孙兄弟”，此“选贤与能”之意。又论讲信修睦是“国之与国际，人之与人交，皆平等自立，不相侵犯”，到这里他的观点都是正确的。但解释“人不独亲其亲，不独子其子”以下，认为大同之世，“人人自能去私而为公，不专己而爱人”，人人绝对平等，无贵贱之分，无贫富之等，无人种之殊，无男女之异，国家、家庭全部消亡，有公产而无私产，这种思想违背了人性，是永远也不可能实现的乌托邦。人类的体能、智商、性情、欲望、机遇，总是存在这样那样的差异，只要让每个人自由发展，就不可能绝对平等，而必然会有差距，必然会分出阶层。这就是孟子所讲的“夫物之不齐，物之情也”。正因为差异性才是世界的本质，这才需要通过尊崇“礼”让每个阶层的人各行其是，相安相济。康有为说：“若未至其时，强行大同，强行公产，则道路未通，风俗未善，人种未度，且贻大害。故只得因其俗，顺其势，整齐而修明之。”他以为小康是不能骤臻大同的选择，却不知他所想象的大同，永无实现之可能。

大同书（节选）

孔子曰：“必也其无讼乎！”[1]太平之世，治至刑措，乃为至治。伤哉乱世也！人民之生，恶质愚性，触刑犯网，刻削肌骨，断绝躯体，殃波亲族。若其损害廉耻，败坏风俗，浸薰天性，尤其大者矣。夫原人之犯罪致刑，皆有其由。夫人之生而有身有家，则不能无贫困也，天也。以贫之故则不能忍，不能忍则有窃盗、骗劫、赃私、欺隐、诈伪、偷漏、恐吓、科敛、占夺、

康南海先生

康有爲大同書序　二

苟中國不強○○大同終不可施○○自是先師講學○○急經世之務○○至於公車上書○○戊戌變法○○幾殺身殉中國○○逋亡海外○○十有餘年○○皆爲救現世也○○先師游美時○○哥倫比亞教授夏德曾請將大同書譯英文佈之○○先師未之許○○壬子○○先師刊不忍雜誌○○暇時復整理大同書○○稍有增刪○○門弟子固請刊○○則狥所請○○將甲乙二卷刊於不忍雜誌中○○已而歐洲大戰○○死人如麻○○美總統威爾遜力倡和平○○救未來之刦運○○瓜使到滬○○求先師大同書○○先師亦遲遲未贈予○○先師之審愼○○不肯馳騖將來○○而貽誤現在○○其眞誠救國○○非以爲名○○蓋如此也○○今先師往矣○○而中國之亂靡有艾○○大同書之出○○益非其時○○然而俟河之清○○人壽幾何○○若終不刊佈之○○則先師之志願不白於天下○○今國中淺識之徒○○未窺先師學問之高深○○未識先師施政之步驟○○徒執保皇詬之○○是所謂「鵷雛已翔乎廖廓○○鴟鴞擒腐鼠○○仰而視之曰嚇」也○○丁卯秋月○○爲編先師遺著事○○與同門梁任公徐君勉會商於津門○○均謂大同書宜刊○○今再校甲乙二卷刊之○○丙卷以後○○同門梁伯雋任校讎○○畢・將次第刊○○今雖不可行乎○○亦孔門後學記禮運大同之意也○○然而今後讀大同書者○愼無以先師爲社會黨・共產黨・無政府黨・而攻之也○○鑑等沽名○○亂舞傞傞○○危亡中國○○亂者尸之○○先師

《世界日报》社版《大同书》书影

强索、匿逃、赌博之事，甚者则有杀人者矣。不治其救贫之原而严刑以待之，衣食不足岂能顾廉耻而畏法律哉？人之生而有生殖之器，而不能无交合色欲之事者，天也。以天欲之故则必不能绝，必不能绝则必有淫奸之事，自情好、强合、占夺、偷抢以至渎伦、乱宗、杀人、倾家者，有矣。虽有万亿婆罗门[2]、佛、耶苏[3]欲救之而欲绝其欲，而必不能使全世界人类绝交合之欲也。假令能从其教而绝之，则全世界之人类，数十年而立绝，则莽莽大地尽为草木禽兽之世界矣。然使永永为草木禽兽之世界，犹之可也，然未几则兽类进化，展转为人，才智复出，色欲又相争矣，是徒举全地百亿万年之世界而草莽之，其为大祸莫有过焉！比之共纵色欲交合之害，过之不啻恒河沙倍矣。故是诸教主，幸人不尽从之耳。若尽从之，则人类绝而大祸至矣。不善其救欲之源，而徒严律待之，彼色欲不给，岂能顾廉耻而畏法律哉？

若夫有君长则有争，而倾国为兵；有父子兄弟宗族则有亲，而望养、责善、争分之讼狱起矣；有夫妇则争色争欲，而奸淫、禁制、责望、怨怼，甚至刑杀之事出焉；有爵位则有钻营、媚谄、作伪、恃力、骄矜、强霸、剖夺之事起矣；有私产则田宅、工业、商贷之争讼多焉；有尸葬则有墓地之狱焉；有税役、关津，则有逃匿欺吞之罪生矣；有军兵则军法尤严重，杀人如草芥焉；有名分则上之欺凌压制、下之干犯反攻起矣。此外远乎人之情，离乎人之性，反乎人之欲，远为期而责不至，重为任而责不胜。凡若此者，皆设网罗，张陷阱，而致人入于刑，兴于讼者也。人道所必不能免也。不知治此，而日张法律如牛毛，日议轻刑如慈母，日讲道德如诸教主，终不能救之也，无具[4]甚矣。诸帝王之号称仁者，诸教主之号称圣者，不过如巫者医之治沉病，哗然铙钹并作，灯烛杂陈，或祓除其不祥，或针灸其孔穴，间有小瘳[5]，而终不能起其沉疴[6]而至于长生也。滔滔数千万年，往者圣哲已矣哉。虽有良医如婆罗门、佛、耶及希腊诸哲，暨于近哲，方亦多矣，而深山僻野，药材不具，医器难作，生当据乱，不逢其世，有术无具，如之奈何！

注释

［1］“孔子曰”句：语出《论语·颜渊》。原话是“听讼，吾犹人也。必也使无讼乎。” ［2］婆罗门：印度四大种姓中的第一等级。是主管宗教祭祀，解释律法和传教的僧侣阶层，掌握神权。［3］耶苏：今译耶稣，基督教所信奉的救世主，称为基督，或耶稣基督。 ［4］无具：没有器具。 ［5］瘳（chōu）：治愈。 ［6］沉疴：久治不愈的病。

今之世，药犹未备也，吾思救之之方，将来之瘳此无量大病者，必当行之也。孔子曰：“道不远人，人之为道而远人，不可以为道。”《庄子》之论墨子曰：“离天下之心，生人不堪，离于天下，其去王也远矣。”墨子之教不能行者，以生人不堪故也。今诸教主之道，其亦有离于天下而生人不堪者耶！惟大同之道，无仰事俯畜之累，无病苦身没之忧，无田宅什器之需，无婚姻、祭祀、丧葬之费，孑然独立之一身，少有二十年学校之教，长有专门生计之学，老疾皆有所养，作工仅三数时，其无业而入于恤贫院者尚不患无所养也。若稍所犯，终身不齿，无所迫而为之，何忍自绝于向上？即谓人性无厌，贪心易起，则又经累世大同之化，传种改良，则无复有窃盗、骗劫、赃私、欺隐、诈伪、偷漏、恐吓、科敛、占夺、强索、匿逃、赌博乃至杀人谋财之事，则凡此诸讼悉无，诸刑悉措矣。

太平大同之世，男女各有独立之权，在交好而非婚姻，有期约而非夫妇，期约所订，长可继续而终身，短可来复[1]而易人。凡有色欲交合之事，两欢则相合，两憎则两离，既无亲属，人人相等。夫宽游堤以待水泛，则无决漫之虞，顺乎人情以定礼律，则无淫犯之事矣。夫人禀天权，各有独立，女子既不可为男子之强力所私，其偶相交合，但以各畅天性。若夫牝牡之形，譬犹锁钥之机，纳指于口，流涎于地，何关法律而待设严防哉？筑坚城者适召炮攻，立崇堤者适来水决，必不能防，不若平之，故不若无城无堤之荡荡也。况男有侍妾则为义，女有面首[2]则为奸，奸淫之名义自男子目之，故严刑峻法特为男子之私设之耳，岂大同人权并立时所可有哉？故大同之世，交合之事，人人各纵其欲而给其求，荡荡然无名无分，无界无垠，惟两情之所属。人人可得，故无复有强合、占夺、抢争之事；人人可合，故无复有和奸、通淫之名；无亲无属，故无复有乱宗、渎伦、烝报[3]之恶，又安有帷薄[4]之讼，淫奸之刑哉？惟自由之义，乃行之于二十出学之后。若在童女、童男之时，身体未成，方当学问，受公政府之教养，未有独立之权，亦无自由之义，不独强奸之有害，亦交合之损身，自当在禁防之列。此在教师之训导，又在友朋之激厉。苟不谨而犯此，虽不速于刑狱，亦当见摈清议[5]，削减名誉，此为犯冒学规，不隶刑司焉。至强奸童幼，有损身破体者，本当予之严刑。惟此等恶风皆出于中世淫律过严之时，人有欲而无所泄，故致犯此。若太平之时，人得所欲，何事强奸童幼，为绝无滋味之事？可不待防。若果有之，付之公议，以定其罚可也。盖法律之立，所以预防为非。太平之世，苟尚有恶欲若此者，必非自好之士，亦必不畏法律，故无须矻矻[6]以制刑书也。他事仿此。

注释

[1] 来复：往还，去而复来。语见《易·复》："七日来复。"　[2] 面首：供贵妇玩弄的男子。　[3] 烝报：指与母辈或晚辈亲属淫乱。与前乱宗、渎伦都有乱伦之意。　[4] 帷薄：本指帷幕和帘子，引申指男女欢合。　[5] 见摈（bìn）清议：被舆论所排斥。　[6] 矻（kū）矻：努力、勤劳的样子。

大同无邦国，故无有军法之重律；无君主，则无有犯上作乱之悖事；无夫妇，则无有色欲之争，奸淫之防，禁制、责望、怨怼、离异、刑杀之祸；无宗亲兄弟，则无有望养、责善、争分之狱；无爵位，则无有恃威、怙力、强霸、剥夺、钻营、佞谄之事；无私产，则无有田宅、工商、产业之讼；无尸葬，则无有墓地之讼；无税役、关津，则无有逃匿、欺吞之罪；无名分，则无欺凌、压制、干犯、反攻之事。除此以外，然则尚有何讼？尚有何刑哉？我思大同之时，或有过失，而必无罪恶也。其过失为何？于一业一职之中，或有失职误事者焉，或有失仪过语者焉。以二十年学校之教，化行俗美之休[1]，人性既善，精力又强，其殆并失误而无之；必谓有之，此亦不待刑讼者也。故大同之世，百司皆有而无兵、刑两官。其各业各职之失误者，失仪过语之非礼者，皆归其本司依例教戒，或少加罚锾[2]，极矣。即两有诤论[3]，亦君子所有，大平之世或不能无，则公请评事人定其曲直，不须设理官[4]也。故太平之世无讼，大同之世刑措，盖人人皆有士君子之行，不待理矣。故太平之世不立刑律，但有各职业之规则，有失职犯规而无干刑犯律也。自职规之外，立法四章而已。（后略）

注释

[1] 化行俗美之休：化行，教化施行。休，美善。 [2] 罚锾（huán）：亦作锾罚。罚款。古代赎罪，用锾计算，故名。 [3] 诤论：即争论。 [4] 理官：治狱之官。

评析

煌煌一部《大同书》，上文最堪称惊世骇俗。康有为看到了色欲之不可禁，激而为此极端之说，设想在“大同之世”中，男女交欢自由，无婚姻、家庭之累，甚至同性交往，亦在所无嫌。其理论基础是“是非善恶皆由人生，公理亦由人出”，“凡有害于人者则为非，无害于人者则为是”。康有为的这种思维方式，是十分典型的无神论思想。因为在西方基督教的观点看来，人是没有办法自定是非的，律法本由上帝交给人类，人类行为之是非，不应由人类自身判定，而应依上帝的旨意来判定。儒家以为，人欲以上尚有天理，性欲只是单纯的动物性冲动，性情才是天理，人之异于禽兽者，即在乎此。在本文中，康有为事实上是认同孟子的人性本善说，故他以为人因情欲而产生的罪恶，都只是压抑太过。他想象在大同之世，只有道德清议，没有刑法，“太平之世无讼，大同之世刑措，盖人人皆有士君子之行，不待理矣”，这是违背人性的空想。人性既非无善无恶，亦非善非恶，而是既有善的一面，又有恶的一面，故刑与礼乐，皆不可少，也永远不会消亡。正如孟子所云：徒善不足以为政，徒法不能以自行。

康有为在戊戌变法失败后，流亡海外，游历诸国，他是带着问题、带着思考去观察各国政事民情的，以各国的政事民情为鉴，照见中国的前途命运，力图为积弱的祖国开出有效的药方。在那时，他思考中国问题睿智深刻，精义纷呈，但他在分析欧洲诸国所以富强时，就只注意到地形、民情等要素，而无视基督教文明对欧洲近代发展的决定性作用，从而把德国看作中国未来的榜样。但后来两次世界大战都证明了康有为眼光的局限。

《论语·为政篇》注（节选）

子曰：为政以德，譬如北辰，居其所而众星拱之。

郑玄本作“拱”，蔡邕《明堂[1]月令论》引亦作“拱”，《吕氏·始览》引作“拱”，赵岐《孟子注》皆作“拱”，则今文当作“拱”，而“共”为古文，今不从。

德，元也，为至极。北辰，北极也，所不动处。《史记·天官书》：“中宫太极星，其一明者，太一[2]常居也。”《吕览》：“极星[3]与天俱游，而天枢[4]不移。”《说苑》：“璇玑[5]谓北辰、勾陈[6]、枢星。”《汉书·天文志》：“北极第五纽星为天之枢。”梁祖暅之测不动处在纽星末一度余。沈括[7]、元郭守敬[8]测极星离不动处三度。言北辰居不动之所，而众星环旋共拱向之。包氏[9]曰：“德者无为，犹北辰之不移而众星拱之。”盖地生于日而拱日，日与诸恒星，凡一切星云、星团、星气皆拱北极而环之，是为一天。此天之外，又有诸天，无量数天而拱一元。《易》曰“大哉乾元[10]，乃统天”是也。以元统天，则万物资始[11]，品物流形[12]；以元德[13]为政，则保合太和[14]，各正性命[15]。所谓乾元用九[16]，见群龙无首[17]，而天下治。行太平大同之政，人人在宥[18]，万物熙熙[19]，自立自由，各自正其性命。群龙共成之，而潜龙可勿用[20]，故不待。如众星日行，而北极可不动也，德无为也。升平世则行立宪之政，太平世则行共和之政。天下为公，尊贤使能，讲信修睦，人不独亲其亲，子其子，老有终，壮有用，幼有长。货恶弃地，不必藏于己，力恶不出，不必为己。人人共之以成大同，故端拱而致太平，如北极不动，而众星共绕而自团行也。无他，惟天下为公，故无为而治也。霸主专制为治，虽衡书担石[21]，严刑重罚，智取术驭[22]，威压强制，百出其道，职事愈隳，乱机愈伏。无他，惟自私天下，故欲治无成也。包咸为今文家[23]，说“无为而治者，舜也”，此盖孔门密藏微言，后学宜知玩索[24]焉。

注释

［1］明堂：古代帝王宣明政教的地方。凡朝会、祭祀、庆赏、选士、养老、教学等大典，都在此举行。　［2］太一：星名。在紫微宫中，天一星之南，古代曾以之为北极星。亦作太乙。　［3］极星：古星名。即北极星。紫微中宫内北极五星的第五星。古代亦称纽星，是两千年前的北极星，属今鹿豹座，星等为五等。由于地轴的进动，现已移到勾陈一，今名小熊座α星，星等为二等。故曰“与天俱游”。　［4］天枢：星名。北斗斗魁第一星。　［5］璇玑：此指北辰、勾陈、天枢之通称。　［6］勾陈：星名。　［7］沈括：字存中，钱塘（今浙江杭州）人，北宋科学家、政治家，著有《梦溪笔谈》。

［8］郭守敬：字若思，顺德邢台（今属河北）人，精通水利和历算。元代天文学家、水利学家和数学家。 ［9］包氏：包咸，东汉经学家，长于《论语》。 ［10］乾元：指乾卦。孔颖达疏："乾是卦名，元是乾德之首。" ［11］万物资始：语见《易·乾·象》："大哉乾元，万物资始，乃统天。" ［12］品物流形：万物运动变化的形体。《易·乾·象》："云行雨施，品物流行。" ［13］元德：《乾》有四德，元、亨、利、贞。元德谓以阳气始生万物之德。 ［14］保合太和：语见《易·乾·象》："乾道变化，各正性命，保合太和，乃利贞。"谓保性命以合于阴阳会合冲和之气。 ［15］各正性命：天之所赋谓之命，物之所受谓之性。 ［16］用九：《易·乾》卦特有之爻题。谓六爻皆九。 ［17］见群龙无首：语见《易·乾·象》："用九，见群龙无首，吉。"康有为当理解为虚君共和，无君主皇帝之意。 ［18］在宥：语见《庄子·在宥》："闻在宥天下，不闻治天下也。"后因以"在宥"指任物自在，无为而化。多用以赞美帝王的"仁政""德化"。 ［19］熙熙：繁盛貌。 ［20］潜龙勿用：《乾》卦之辞。潜龙，潜伏隐藏的龙。比喻隐而未显的君子。 ［21］衡书担石：亦作衡石量书，古时文书用竹简木札，以衡石来计算文书的重量，因用以形容君主勤于国政。 ［22］智取术驭：以智谋取天下，以权术驭人。 ［23］今文家：汉代经学派别之一，与古文家相对。汉兴，立五经博士。博士所用经，本为隶书，隶书乃汉通行文字，故称今文。后散在民间，或藏在墙壁之书，系用汉以前古籀之字，故称古文。康有为是信今文家学说的学者。 ［24］玩索：体味探求。

评析

孔子论为政，不过曰最高统治者当如北极星，高处无为，诸侯大臣，敬而环拱之。康子却洋洋洒洒，引古代星官、近代天文学之说以实之。又牵扯《易经》之说，赋予“德无为”以新解。要旨在虚君共和，并指出先行立宪之政，再行共和之政，是由小康而跻大同的必经之路。不论其说理新颖，即其文采已足夺人。

《诸天讲》自序

吾人生而终身居之、践之、立之者，岂非地耶！岂可终身不知地所自耶！地者何耶？乃日所生，而与水、金、火、木、土、天王、海王同绕日之游星也。吾人在吾地，昔昔矫首[1]引镜仰望土、木、火诸星，非光华炯炯、行于天上耶？若夫或昏见启明[2]，熠耀[3]宵行于天上，尤人人举目所共睹。然自金、水、火、木、土诸星中夜望吾地，其光华烂烂，运行于天上，亦一星也。夫星必在天上者也，吾人既生于星中，即生于天上。然则吾地上人皆天上人也，吾人真天上人也。人不知天，故不自知为天人。故人人皆当知天，然后能为天人；人人皆当知地为天上一星，然后知吾为天上人。庄子曰："人之生也，与忧俱来。"吾则以为，人之生也，与乐俱来。生而为天人，诸天之物咸备于我，天下之乐，孰大于是！

自至愚者不知天，只知有家庭，则可谓为家人；或只知有里闾族党而不知天，则可谓为乡人；进而知有郡邑而不知天，则可谓为邑人；又进而知有国土而不知天，则可谓为国人。近者大地交通，能游寰球者，数五洲如家珍而不知天，则可谓为地人。蔽于一家者，其知识、神思、行动，以一家之法则为忧乐，若灶下婢然，终身蓬首垢面于灶下，一食为饱，快然自足，余皆忧苦，为地最隘最小，则最苦矣。蔽于一乡一邑者，其知识、神思、行动，以一乡一邑之风俗为忧乐，多谷翁[4]之十斛麦，乘障吏[5]之自尊，其为地亦最隘小，而苦亦甚矣。蔽于一国者，其神思、知识、行动，以一国之政教为忧乐，或以舞刀笔效官职，或以能杀人称功名，或以文学登高科至高位，或以生帝王家为亲贵、为王、为帝，上有数千年之教俗，下有万数千里之政例，自贵而相贱，自是而相非，以多为证，以同为正，用以相形而相逼、相倾、相织也，其为地亦隘小矣，其为人亦苦而不乐矣。夫大地棣通[6]，游学诸国，足遍五洲，全球百国之政艺俗日输于脑中、耳目中，其神思、知识、行动，以欧、美为进退，或更兼搜埃及、印度、波斯、阿拉伯各哲学与其旧政旧俗，为得失比较而进退焉；斯为地人，其庶几至矣乎，其亦乐矣乎。然彼欧、美之论说、风俗，溺于一偏，易有流弊，其更起互落，骤兴乍废，不可据依者皆是也。当时则荣，没则已焉，奚足乐哉？其去至人也，抑何远矣！

注释

[1] 昔昔矫首：昔昔，犹夕夕。矫首，昂首、抬头。 [2] 启明：金星。 [3] 熠耀：光彩，鲜明。 [4] 多谷翁：大地主。 [5] 乘障吏：登障而守之吏。障，塞上险要处所筑城。 [6] 棣（dì）通：通达，贯通。

然则欲至人道之极乐，其为天人乎？庄子曰："人之生也，与忧俱来。"况其寿至短，其知有涯。以至短之寿，有限之知，穷愁苦悲，日夕之劳困不释。或苦寒饥，家累国争，憧憧尔思[1]，雷风水火，震撼骇疑。或日月遇食，彗星流飞，火山喷火，地裂海啸，洪水泛滥，神鬼精魅，幻诡离奇，不辨其物质，不得其是非，哀恐畏慑，忧患伤之，痛心莫解，惊魂若痴，此亦人间世之最可悯悲者也。且爱恶相攻而吉凶生，情伪相感而利害生，惟天生人有欲，不能无求，求之不给，不能无争，争则不能无乱，一战之惨，死人百万，生存竞争，弱肉强食。故诸教主哀而拯救之，矫托上天，神道设教，怵以末日地狱，引以极乐天国，导以六道轮回[2]，诱以净土天堂，皆以抚慰众生之心，振拔群萌[3]之魂。显密并用，权实双行[4]，皆所以去其烦恼，除其苦患，以至极乐而已。然裹饭[5]以待饿夫，施药以救病者，终未得当焉。以诸教主未知吾地为天上之星，吾人为天上之人，则所发之药，未必对症也。

注释

[1] 憧（chōng）憧尔思：心神不定地思虑着。 [2] 六道轮回：佛教谓众生各依其善恶因果，在天、人、阿修罗、地狱、饿鬼、畜生六道内生死相续，就像车轮回转一样。 [3] 群萌：指众民、百姓。萌，同“氓”。 [4] 显密并用，权实双行：显密、权实皆佛学词汇，显密指佛教显、密二教派。权实为佛法之二教，权教为小乘说法，取权宜义，法理明浅；实教为大乘说法，显示真要，法理高深。[5] 裹饭：包裹着饭食。

康有为生于绕日之地星，赤道之北，亚洲之东，昆[1]之西南，中华之国土，发现海王星之岁以生。二十八岁时，居吾粤西樵山北银河之澹如楼，因读《历象考成》，而昔昔观天文焉。因得远镜，见火星之火山冰海，而悟他星之有人物焉。因推诸天之无量，即亦有无量之人物、政教、风俗、礼乐、文章焉。乃作《诸天书》，于今四十二年矣。历劫无恙，日为天游，吾身在此地星之人间，吾心游诸天之无量，陶陶然，浩浩然。俯视吾地星也，不及沧海之一滴也；俯视此人间世也，何止南柯之蚁国[2]也。吾国自唐虞[3]之世，羲和历象[4]，日月星辰，授时成岁，立闰正朔。其在三代[5]，巫咸[6]、甘、石[7]测天，其略存于《史记·天官书》。其后浑、盖、宣夜，三说并驰；平、昕、安、穹，四天腾沸[8]。然古无精器，汉张衡地动仪，今存型于日本；元郭守敬浑天仪，吾摩娑于德国，今归于京师观象台；然在今日，皆废而无用矣。中国天文书以《隋志》为详，隋时尚以星只一千五百六十；若张衡谓微星一万一千五百五十，则《隋志》言衡图[9]堙灭，星名不存。欧土古先谓日为神，所乘火轮车，每日过天空。希腊之安邦瑞美[10]，谓天空运行皆绕极星，地浮天心，如平滑之圆墙[11]而深无底。达名拉斯拉[12]只言地自为球，绕天心山之点，如宇宙火，似绳端之小石，其说盛行至第四纪[13]乃灭。然日实如宇宙火，不谬也，但彼未识即为日耳。亚里斯加斯[14]谓月大于地，则大谬矣。自哥白尼出，乃知地之绕日；奈端[15]乃发重力之吸拒，天文乃有所入。今测银

河之星已二万万，况银河仅得涡云天[16]十六万之一乎？其他占验，尤巨谬不足辨。

注释

［1］昆：昆仑，山名，西从帕米尔高原起，分三支向东分布。　［2］南柯之蚁国：唐李公佐《南柯太守传》载，淳于棼酒后醉卧，梦入槐安国，被国王招为驸马。后出任南柯郡太守，受命率师出征，败绩。公主亦死。国王疑而遣归。醒来，在槐树下掘得蚁穴，即梦境所谓槐安国。而槐树向南枝下另有一小蚁穴，即南柯城。　［3］唐虞：唐尧与虞舜。　［4］羲和历象：语见《书·尧典》：“乃命羲和，钦若昊天，历象日月星辰，敬授民时。”　［5］三代：此指夏、商、周。　［6］巫咸：殷商时贤臣。《史记·天官书》称其为“昔之传天数者”。　［7］甘、石：齐之甘公，魏之石申，亦《史记·天官书》所谓“昔之传天数者”。［8］“其后”四句：用隋刘绰《上皇太子启论浑天》句，原句为“盖及宣夜，三说并驱；平昕安穹，四天腾沸”。《尔雅·释天》邢昺疏：“既曰释天，不得不略言其趣。故其形状之殊，凡有六等。一曰盖天。文见《周髀》，如盖在上。二曰浑天。形如弹丸，地在其中，天包其外，犹如鸡卵白之绕黄，扬雄、桓谭、张衡、蔡邕、陆绩、王肃、郑玄之徒，并所依用。三曰宣夜。旧说云殷代之制，其形体事义，无所出以言之。四曰昕天。昕读为轩，言天北高南下，若车之轩，是吴时姚信所说。五曰穹天，云穹隆在上，虞氏所说，不知其名也。六曰安天，是晋时虞喜所论。”平天说则倡自王充《论衡·说日篇》，其说以为天、地皆为平面，日在天平面上绕极运转。［9］衡图：张衡所铸之盖图。盖图是金属铸成的圆盖状的器物，极星

在其中，诸星环之以观天象。［10］安邦瑞美：今译阿那克西曼德，古希腊哲学家。［11］圆墧（dǎo）：圆柱体。［12］达名拉斯拉：即毕达哥拉斯。［13］第四纪：公元4世纪。［14］亚里斯加斯：今译阿里斯塔克斯，古希腊天文学家、数学家。［15］奈端：今译牛顿。即艾萨克·牛顿，英国伟大的物理学家、数学家。经典物理学创始人。发现万有引力定律，确立力学运动三大定律。著有《自然哲学的数学原理》《光学》等。［16］涡云天：康有为《诸天讲》称银河系为银河天，认为银河天以上为霞云天，亦名涡云天。覆盖如涡，大星白如云如雾，亦名星云星雾，故名涡云。也就是今天所谓的超星系团。不过，康有为在《诸天讲》的结论中说，涡云天有银河天十六万万个，此处说银河仅得涡云天十六万之一，以今日天文学考之，当以此处之说为是。

《诗》曰："克广德心。"周子曰："见其大则心泰。"[1]吾之谈天也，欲为吾同胞天人发聋振聩，俾人人自知为天上人，知诸天之无量，人可乘为以太而天游，则天人之电道[2]，与天上之极乐，自有在矣。夫谈天岂有尽乎？故久而未布。丙寅讲学于天游学院，诸门人咸请刻布此书，以便学者。虽惭简陋，亦足为见大心泰之助，以除人间之苦，则所获多矣。春编校于西湖一天园开天天室，夏五避暑焦山大观台听涛书屋，日俯长江听奔涛，校成序之，天游化人康有为。

注释

［1］“周子曰”句：周敦颐注《论语》：“子曰：‘贤哉，回也！一箪食，一瓢饮，在陋巷。人不堪其忧，回也不改其乐。贤哉，回也！’”说：“富贵，人所爱者也，颜子不爱不求，而乐乎贫者，独何心哉？天地间有至贵至富可爱可求，而异乎彼者，见其大而忘其小焉耳。见其大则心泰，心泰则无不足，无不足则富贵、贫贱处之一也。”　［2］以太、电道：以太是17世纪的物理学家为解释光在真空中的传播，而假定存在的一种介质，它没有质量但有极大刚性，并且无处不在。20世纪初的物理实验证明以太不存在。电道，似指天人之间的感应。

评析

此文极见康有为胸襟之阔异。在中国古人的观念中，天人即仙人，超脱生死，长居天上、山中，与大地上的凡夫俗子绝不相杂。尽管在神话传说中人可以修成仙，然而成仙就意味着与世永辞。如《搜神后记》卷一载：“丁令威，本辽东人，学道于灵虚山，后化鹤归辽，集城门华表柱。时有少年，举弓欲射之。鹤乃飞，徘徊空中而言曰：‘有鸟有鸟丁令威，去家千年今始归。城郭如故人民非，何不学仙冢累累。’遂高上冲天。”李白《古风五十九首》其五：“太白何苍苍，星辰上森列。去天三百里，邈尔与世绝。中有绿发翁，披云卧松雪。不笑亦不语，冥栖在岩穴。我来逢真人，长跪问宝诀。粲然启玉齿，授以炼药说。铭骨传其语，竦身已电灭。仰望不可及，苍然五情热。吾将营丹砂，永与世人别。”人一旦成仙，就超越了现实世界，天人与凡人明系两途。康有为却石破天惊地指出：地球为天上之一星，吾人既生于星上，即生于天上，吾地为天上之星，吾人皆天上之人。这种观点极具思想启蒙意义，一旦人人自知为天人，谁还会甘于做奴隶呢？康有为自承：“吾之谈天也，欲为吾同胞天人发聋振聩，俾人人自知为天上人，知诸天之无量，人可乘为以太而天游，则天人之电道，与天上之极乐，自有在矣。”《诸天讲》本是一部天文学讲义，但读者切不可只把它当作科学普及读物，康有为实是借谈天学而论人学，貌似讲科学，实则讲人文，借天文学而传递其张扬人文的主张。可能是受到传统的乡士、国士、天下士说法的启发，康有为依其知虑将人类分为家人、乡人、邑人、国人、地人、天人，惟天人能得“人道之至乐”。康有为讲天文学的方法与德国思想家康德颇有相近之处，康德从哲学的层面提出星云的假说，后为现代科学观测所证实；康有为则是以创教者的气魄，让天文学承担起了人文启蒙的任务。观其对地球诸宗教一笔抹倒的气概，则《诸天讲》所托之宏巨，可以想见。他的门人伍庄在《诸天讲》的序中指出：“先师之讲诸天，为除人间患苦，发周子务大之义。泰其心也，予之真乐也。”含蓄地点明《诸天讲》实蕴创教立派之用意。

天之大不可思议破德人爱因斯坦相对论谓天之大有限德人利曼[1]谓天之大仅十万万光年之谬[2]

天之大无限。今德人爱因斯坦发相对论之原理，谓天虽无边，非无限之无边也；无边者，非如诸天球之面，有椭圆体面而为境也。谓宇宙为大无边者，虽无明确之边，而有一无边之边为其界，故不曰有边，而曰有限也。德人利曼氏，亦倡天亦有限之说。天而有限，则其形状之大如何，总量如何，可以算之。

天之大以电尺测之，如电光之速，一秒能行六十万千四百里，若定天之一方面而测之，由此方面直放电光前进，须要十万万年而后还原处此度，即天之形状；若乙列氏[3]所倡之四复元之数学算之，天之重量是10520磅，即一之作五十二圈数之磅是也。然为此说者谬甚。无论人无十万万年之寿，不能见其电之还原处，假有十万万岁之寿者能确测之，然譬人家有一卵壳内之物，测至其壳内能还原处，即谓物之大者止于一卵，则卵外岂无他物耶？岂不大愚乎？其谬不待辨矣。

注释

[1] 利曼：德国数学家波恩哈德·黎曼。 [2] 此篇录于康有

为《诸天讲》附篇第十五，单独析出，以观康氏与论爱因斯坦、黎曼物理之雄奇博思。［3］乙列氏：疑指爱尔兰数学家、物理学家哈密顿（William Rowan Hamilto），乙列氏或为William音译。他于1843年提出代数学中的四元数。

评析

1917年，爱因斯坦提出了空间上有限（闭合）的静态宇宙球状模型，认为宇宙没有固定的边界，但其体积是有限的。康有为则持老庄、佛氏之说，以为宇宙无有穷尽，并以卵壳内物为喻，用词甚简而雄辩。康有为此文作于20世纪20年代，已进入老年，却仍葆有虎虎生气。不过，老子以为万物起于无，佛氏以为世界始于空，如以宇宙为有，宇宙外无穷者皆为空、无，似乎可以调停爱因斯坦与康有为二家之说。

政教第二

上清帝第一书（节选）

夫法者，皆祖宗之旧，敢轻言变者，非愚则妄。然今天下法弊极矣。六官[1]，万务所集也，卿贰[2]多而无所责成，司员繁而不分委任，每日到堂，拱立画诺[3]，文书数尺，高可隐身，有薪炭数斤之微，银钱分厘之琐，遍行数部者，卿贰既非专官，又多兼差，未能视其事由，劳苦已甚，况欲整顿哉？故虽贤智，亦皆束手，以为周公为今冢宰[4]，孔子为今司寇[5]，亦无能为。法弊至此，求治得乎？

注释

［1］六官：隋唐后中央政权置吏、户、礼、兵、刑、工六部，六部之尚书总称六官。　［2］卿贰：次于卿相的朝中大官。　［3］画诺：旧时主管官员在文书上签字，表示同意照办。　［4］冢宰：周官名，为六卿之首，亦称太宰。后指宰相。　［5］司寇：官名。夏殷已有之。周为六卿之一，曰秋官大司寇。掌管刑狱、纠察等事。春秋列国亦多置之。孔子曾为鲁司寇，因与季氏不合而去。

州县下民所待治也，兵、刑、赋、税、教、养合责于一人，一盗佚、一狱误、一钱用而被议矣。责之如是其重，而又选之极轻，以万余金而卖实缺焉，禄之极薄，以数百金而责养廉矣。其下既无周人虞衡、牧、稻之官[1]，又无汉人三老、啬夫[2]之化，而求其教养吾民，何可得哉？以故外省奉行文书，皆欺饰以免罪，京朝委成胥吏[3]，率借例以行奸。他若吏部以选贤才也，仍用签除[4]；武举以为将帅也，乃试弓石；翰林以储公卿也，犹讲诗字[5]；其他紊于法意，而迂于治道，舛乱淆决，难遍以疏举。是以皇太后、皇上虽有求治之心，而无致治之效也。

注释

[1]虞衡、牧、稻之官：即虞衡、牧人、稻人之官，周代古官名，虞衡掌山泽，牧人掌六畜，稻人掌治田种稻。 [2]三老、啬夫：皆为古代官名。三老，乡、县、郡都有设置，掌管教化，由年老的长者担任。啬夫，秦制，乡置啬夫，职掌听讼、收取赋税，汉晋及南朝宋因之。 [3]委成胥吏：委任而责成官府中的小吏。 [4]仍用签除：明万历时期吏部尚书孙丕扬创立掣签法，以竹签预写所选机构地区及姓名等，杂置筒中，由选人自掣。清代大体沿用此法。 [5]犹讲诗字：在明清的制度下，科举进士中排名前列且长于文学及书法者，可被选为庶吉士，进入翰林院学习，从而有机会成为名公巨卿。

今论治者，皆知其弊，然以为祖宗之法，莫之敢言变，岂不诚恭顺恭[1]哉？然未深思国家治败之故也。今之法例，虽云承列圣之旧，实皆六朝、唐、宋、元、明之弊政也。我先帝抚有天下，不用满洲之法典，而采前明之遗制，不过因其俗而已，然则世祖章皇帝[2]已变太祖、太宗[3]之法矣。夫治国之有法，犹治病之有方也，病变则方亦变。若病既变而仍用旧方，可以增疾，时既变而仍用旧法，可以危国。董子曰："为政不和，解而更张之，乃可以理。"《吕览》曰："治国无法则乱，守而弗变则悖。"《易》曰："穷则变，变则通。"设今世祖章皇帝既定燕京，仍用八贝勒旧法[4]，分领天下，则我朝岂能一统久安至今日乎？故当今世而主守旧法者，不独不通古今之治法，亦失列圣治世之意也。

注释

[1] 诚恭顺恭：犹言诚惶诚恐，恭顺不违。 [2] 世祖章皇帝：指清顺治帝，庙号世祖，谥号章皇帝。 [3] 太祖、太宗：指清太祖努尔哈赤、清太宗皇太极。 [4] 八贝勒旧法：指八旗旧制。

今之时局，前朝所有也，则宜仍之，若知为前朝所无有，则宜易新法以治之。夫治平世，与治敌国并立之世固异矣。昔汉臣魏相专主奉行故事，宋臣李沆谓凡人士上利害，一切不行，此宜于治平之世也[1]。若孙叔敖改纪[2]，管仲制国[3]，苏绰立法[4]，此宜于敌国并立之世也。今但变六朝、唐、宋、元、明之弊政，而采周、汉之法意，即深得列圣之治术者也。皇太后、皇上知旧法之害，即知变法之利，于是酌古今之宜，求事理之实，变通尽利[5]，裁制厥中[6]，如欲采闻之，则农夫耕而君子食焉，臣愚愿尽言于后也。尤望妙选仁贤，及深通治术之士，与论治道，讲求变法之宜而次第行之，精神一变，岁月之间，纪纲已振，十年之内，富强可致，至二十年，久道化成，以恢属地而雪仇耻不难矣。

注释

[1]“宋臣李沆”以下：李沆，北宋初大臣，真宗时为相多年，人称“圣相”。尝言：“居重位实无补，惟中外所陈利害，一切报罢之，此少以报国尔。朝廷防制，纤悉备具，或徇所陈请，施行一事，即所伤多矣，陆象先曰‘庸人扰之’是已。憸（xiān）人苟一时之进，岂念厉民耶？” [2]孙叔敖改纪：孙叔敖，春秋时人，尝为楚国令尹，疑此处为令尹子西之误。令尹子西即公子申，为楚平王庶子，楚昭王败于吴，归郢，以子西为令尹，子西迁郢于鄀，而改纪其政，以定楚国。 [3]管仲制国：管仲曾担任齐国国相，辅佐齐桓公成为春秋五霸之首。 [4]苏绰立法：苏绰是西魏时期名臣，曾在西魏大统七年（541）草拟《六条诏书》（治心身、敦教化、尽地利、擢贤良、恤狱讼、均赋役）。 [5]尽利：尽事之利。此谓求变通而达到利益最大化。 [6]厥中：适中。厥，助词。

评析

本文作于光绪十四年十一月初八（1888年12月10日），为康有为第一次上书光绪皇帝。当时正值中法战争后，列强侵略势力伸入中国西南边陲，而有“同治中兴”之象的“洋务变动”，因未涉及制度之变，渐露颓态，康有为遂上书请求变法，提出“变成法”“通下情”“慎左右”三条纲领，这里所选的，是康有为对于“变成法”的论述。

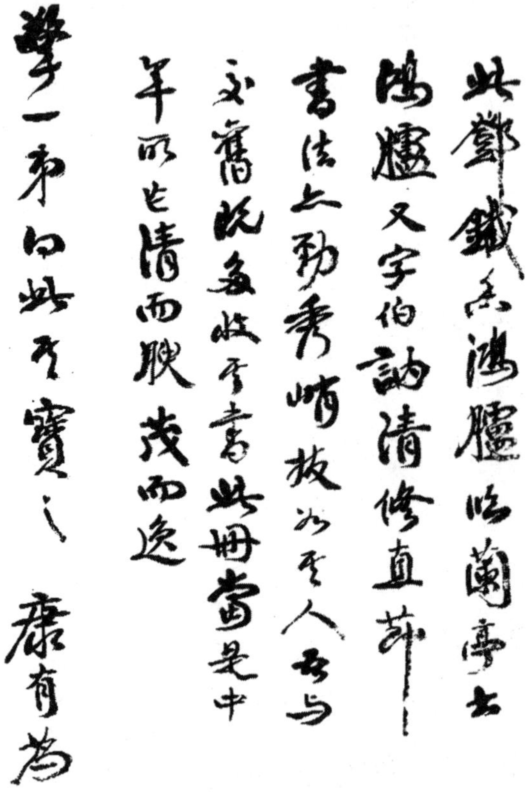

康有为书法：邓承修临王羲之兰亭序跋

《易》有之：“穷则变，变则通，通则久。”康有为认为当时制度弊败已极，故不得不变。他远引往古，近征清初，指出天下无不变之法，并譬喻说：“夫治国之有法，犹治病之有方也，病变则方亦变。若病既变而仍用旧方，可以增疾，时既变而仍用旧法，可以危国。”行文雄辩有力，而更诱之以实效，谓“岁月之间，纪纲已振，十年之内，富强可致，至二十年，久道化成，以恢属地而雪仇耻不难矣”，文气层层推进。虽限于篇幅，亦可窥文豹一斑。

上清帝第二书

具呈[1]举人康祖诒等，为安危大计，乞下明诏，行大赏罚，迁都练兵，变通新法，以塞[2]和款而拒外夷，保疆土而延国命，呈请代奏事：

窃闻与日本议和，有割奉天沿边及台湾一省，补兵饷二万万两，及通商苏杭，听机器、洋货流行内地，免其厘税等款，此外尚有缴械、献俘、迁民之说。阅《上海新报》，天下震动。闻举国廷诤[3]，都人惶骇。又闻台湾臣民不敢奉诏，思戴[4]本朝。人心之固，斯诚列祖列宗[5]及我皇上深仁厚泽，涵濡煦覆[6]，数百年而得此。然伏下风数日，换约期迫矣，犹未闻明诏赫然峻拒日夷之求，严正议臣之罪。甘忍大辱，委弃其民，以列圣艰难缔构[7]而得之，一旦从容误听而弃之，如列祖列宗何？如天下臣民何？然推皇上孝治天下之心，岂忍上负宗庙，下弃其民哉！良由误于议臣之言，以为京师为重，边省为轻，割地则都畿[8]能保，不割则都畿震动，故苟从权宜，忍于割弃也。又以群义纷纭，虽力摈和议，而保全大局，终无把握，不若隐忍求和，犹苟延旦夕也。又以为和议成后，可十数年无事，如庚申[9]以后也。左右贵近，论率如此。故盈廷之言，虽切而不入；议臣之说，虽辱而易行，所以甘于割地、弃民而不顾也。

窃以为弃台民之事小，散天下民之事大；割地之事小，亡国之事大；社稷安危，在此一举，举人等栋折榱坏[10]，同受倾压，故不避斧钺之诛[11]，犯冒越之罪，统筹大局，为我皇上陈之。

注释

[1] 具呈：公文套语。谓以下开列陈述之。 [2] 塞：堵住、阻止。 [3] 廷诤：朝臣对国君的公开谏诤。 [4] 戴：尊重、推崇、拥护。 [5] 列祖列宗：指清朝列代皇帝。 [6] 涵濡煦覆：滋润照拂。 [7] 缔构：建立。 [8] 都畿（jī）：指京都及周围地区。 [9] 庚申：清咸丰十年（1860），英法联军攻入北京，清廷被迫签和议，此后二十多年，清政府未与外国发生战争。 [10] 栋折榱（cuī）坏：犹栋折榱崩，比喻倾覆。栋，正梁。榱，椽子。 [11] 斧钺（yuè）之诛：泛指死刑。钺，古代兵器，像大斧。

何以谓弃台民即散天下也？天下以为吾戴朝廷，而朝廷可弃台民，即可弃我，一旦有事，次第割弃，终难保为大清国之民矣。民心先离，将有见土崩瓦解之患。《春秋》书“梁亡”者，梁未亡也，谓自弃其民，同于亡也[1]。故谓弃台民之事小，散天下民之事大。日本之于台湾，未加一矢，大言恫喝，全岛已割。诸夷以中国之易欺也，法人将问滇、桂，英人将问藏、粤，俄人将问新疆，德、奥、意、日、葡、荷皆狡焉思启[2]。有一不与，皆日本也，都畿必惊；若皆应所求，则自啖其肉，手足腹心，应时尽矣，仅存元首[3]，岂能生存？且行省已尽，何以为都畿也？故谓割地之事小，亡国之事大。此理至浅，童愚可知，而以议臣老成，乃谓割地以保都畿，此敢于欺皇上、愚天下也，此中国所痛哭，日本所阴喜，而诸夷所窃笑者也。

诸国知吾专以保都畿为事，皆将阳为恐吓都畿，而阴窥边省，其来必速。日本所为日日扬言攻都城，而卒无一炮震于大沽者，盖深得吾情也。恐诸国之速以日本为师也，是我以割地而鼓舞其来也。皇上试召主割地议和之臣，以此诘之，度诸臣必不敢保他夷之不来，而都畿之不震也。则今之议割地、弃民何为乎？皇上亦可以翻然独断矣。或以为庚申和[4]后，乃有甲申之役[5]，二十年中可图自强，今虽割弃，徐图补救。此又敢以美言欺皇上、卖天下者也。

夫治天下者势也，可静而不可动，如箭之在栝[6]，如马之在埒[7]，如决堰陂之水，如运高山之石，稍有发动，不可禁压，当其无事，相视莫敢发难；当其更变，朽株尽可为患。昔者辛巳[8]以前，吾属国无恙也，自日本灭琉球，吾不敢问。于是法取越南，英灭缅甸，朝鲜通商，而暹罗[9]半翦，不过三四年间，而吾属国尽矣。甲午以前，吾内地无恙也，今东边及台湾一割，法规滇、桂，英规滇、粤及西藏，俄规新疆及吉林、黑龙江，必接踵而来，岂肯迟迟以礼让为国哉？况数十国之逐逐于后乎？譬大病后，元气既弱，外邪易侵，变症百作，岂与同治之时，吾国势犹盛，外夷窥伺情形未洽比哉？且民心既解，散勇无归，外患内讧，祸在旦夕。而欲苟借和款，求安目前，亡无日矣，今乃始基耳。症脉俱见，不待卢扁[10]，此举人等所为日夜忧惧，不惮僭越，而谋及大计也。

注释

［1］"《春秋》书"数句：《春秋·僖公十九年》书"梁亡"，其时秦据有梁，改梁为少梁，孔子以为梁实已亡。［2］狡焉思启：指怀贪诈之心图谋侵人之国。《左传·成公八年》："夫狡焉思启封疆以利社稷者，何国蔑有？"［3］元首：头颅。此指京师。［4］庚申和：此引申为清政府签订丧权辱国的《天津条约》《北京条约》。［5］甲申之役：指1884年中法战争。［6］栝（kuò）：箭末扣弦处。［7］埒（liè）：场地四周的土围墙。［8］辛巳：指1881年。日本灭琉球，事在1879年，但1880年10月，清政府曾拟与日本签订《琉球条约》，将琉球群岛的北部、中部岛屿划归日本，南部诸岛归清政府管辖，后因琉球义士林世功在北京总理各国事务衙门前自杀，清政府拒绝在条约上签字而作罢。故谓辛巳以前属国无恙。［9］暹（xiān）罗：泰国的旧称。因历史上包括暹及罗斛两国，故名。［10］卢扁：古代名医扁鹊。因家于卢国，故又名"卢扁"。

夫言战者，固结民心，力筹大局，可以图存；言和者，解散民体，鼓舞夷心，更速其亡。以皇上圣明，反覆讲辩，孰利孰害，孰得孰失，必当独断圣衷，翻然变计者。不揣狂愚，统筹大计，近之为可和可战，而必不致割地、弃民之策；远之为可富可强，而断无敌国外患之来。伏乞皇上下诏鼓天下之气，迁都定天下之本，练兵强天下之势，变法成天下之治而已。

何谓鼓天下之气也？天下之为物，譬犹器也，用其新而弃其陈，病乃不存。水积为淤，流则不腐；户闭必坏，枢则不蠹[1]；炮烧则晶莹，久置则生锈；体动则强健，久卧则委弱。况天下大器日摩洗振刮，犹恐尘垢；置而不用，坏废放失；日趋于弊而已。今中国人民咸怀忠义之心，非不可用也。而将吏贪懦，兵士怯弱，乃至闻风哗溃，驯至[2]辱国请和者，得无皇上未有以鼓其气耶？是有四万万之民，而不善用之也。

伏念世祖章皇帝手定天下，开创之圣人也，而顺治十八年中，责躬之诏屡下。穆宗毅皇帝[3]手定艰难，中兴之盛功也，而同治元、二年开罪己之诏至切。天下臣民，伏读感泣，踊跃奋发，然后知列圣创定之功所由来也。《传》谓："禹、汤罪己，兴也勃焉。"唐臣陆贽谓："以言感人，所感已浅，言犹不善，人谁肯怀？"今日本内犯，震我盛京[4]，执事不力，丧师失地，几惊陵寝，列圣恕恫。皇上为人子孙，岂无有震动厥心者乎？然于今经年，未闻有罪己之诏，责躬咎厉，此枢臣辅导之罪，宜天下之有望于皇上也。

伏乞皇上近法列圣，远法禹、汤，时下明诏，责躬罪己，深痛切至，激厉天下，同雪国耻。使忠臣义士读之而流涕愤发，骄将懦卒读之而感愧忸怩，士气耸动，慷慨效死，人怀怒心，如报私仇。然后皇上用其方新之气，奔走驰驱，可使赴汤蹈火，而岂有闻风哗溃者哉？此列圣善用其民之成效也，故罪己之诏宜下也。

皇上既赫然罪己，则凡辅佐不职、养成溃痈、蔽惑圣聪、主和辱国之枢臣，战阵不力、闻风逃溃、克扣军饷、丧师失地之将帅，与夫擅许割地、辱国通款之使臣，调度非人、守御无备之疆吏，或明正典刑，以寒其胆，或轻予褫革[5]，以蔽其辜，诏告天下，暴扬罪状。其余大僚尸位[6]、无补时艰者，咸令自陈，无妨贤路。庶几朝廷肃然，海内吐气，忭[7]颂圣明，愿报国耻，此明罚之诏宜下也。

大奸既黜，典刑既正，然后悬赏功之格，为不次之擢[8]。将帅若宋庆[9]、依克唐阿[10]，疆吏若张之洞、李秉衡[11]，谅山旧功若冯子材[12]，皆有天下之望，宜有以旌之。或内综枢柄[13]，或外典畿疆[14]，以鼓舞天下。夫循资格者，可以得庸谨，不可以得异材；用耆老者，可以为守常，不可以为济变。不敢言远者，请以近事言之。当同治初年，沈葆桢、李鸿章、韩超皆以道员[15]擢为巡抚，阎敬铭则由臬司[16]擢抚山东，左宗棠[17]则以举人部员赏三品卿，督办军务，刘蓉且以诸生擢四川藩司[18]，逾月授陕西巡抚，用能各展材能，克佑中兴。若汉武帝之用才，明太祖之任吏，皆用不次之拔擢，不测之刑威，用能奔走人才，克成功业。伏读《世祖章皇帝圣训》，屡诏举天下之才，下至山林隐逸，举贡生监，佐贰杂职，皆引见擢用，此诚圣主鼓舞天下之盛心也。今日变甚急，天下未为乏才，而未闻明诏有求才之举，似非所以应非常之变也。夫有非常之事变，即有非常之才应之，同治中兴之臣，率多草泽之士。宋臣苏轼谓：“智名勇功之人，必有以养之。”伏乞诏下九卿、翰詹、科道、督抚、两司[19]，各举所知，不论已仕未仕，引见擢用，随才器使。昔汉高之于樊哙，每胜增其爵级；其于韩信，一见即拜大将。凡有高材，不次拔擢。天下之士，既怀国耻，又感知遇，必咸致死力，以报皇上，故求才之诏宜下也。

夫人主所以驾驭天下者，爵赏、刑罚也。赏罚不行，则无以作士气；赏罚颠倒，则必至离民心。今闻日本要我以释丧师之将，是欲以散众志而激民变也。苟三诏既下，赏罚得当，士气咸伸，天下必距跃鼓舞，奔走动容，以赴国家之急，所谓下诏鼓天下之气者，此也。

注释

［1］“水积”四句：用“流水不腐，户枢不蠹（dù）”之意。流动的水不会发臭，经常转动的门轴不会腐烂，比喻经常运动的东西不易受侵蚀。　［2］驯至：逐渐达到，逐渐招致。　［3］穆宗毅皇帝：同治帝。　［4］盛京：沈阳，清人未入关前的首都。　［5］褫（chǐ）革：剥夺冠服，革除功名。　［6］尸位：空居职位而不尽职守。　［7］忭（biàn）：高兴，欢喜。　［8］不次之擢：不依

常轨地提拔。［9］宋庆：山东蓬莱人，清末将领，历任南阳镇总兵、湖南提督、四川提督。甲午战争时为鸭绿江防线清军主将。［10］依克唐阿：满洲镶黄旗人，族姓扎拉里氏。清末将领，曾任骁骑校、黑龙江将军。甲午战争爆发后，依克唐阿请缨效命，率黑龙江镇边军三千人马，奔赴辽东与提督宋庆所部构成鸭绿江防线，抵御日军。［11］李秉衡：辽宁庄河人，历任冀州知州、永平知府、广西按察使、安徽巡抚、山东巡抚、巡阅长江水师大臣等职。［12］冯子材：晚清名将，于镇南关抗法有大功，收复了谅山。［13］内综枢柄：谓入军机处为大臣。［14］外典畿疆：谓授各省巡抚总督之职。［15］道员：又称道台，清代官名。根据清代的官阶制度，道员（道台）是府（知府）与省（巡抚、总督）之间的地方长官。沈葆桢咸丰十一年（1861）由曾国藩推荐，以江西吉赣南道升任江西巡抚。李鸿章同治元年（1862）由曾国藩推荐，以福建延建邵道升江西巡抚。韩超咸丰十一年由贵州粮储道升贵州巡抚。［16］臬（niè）司：明、清提刑按察使司的别称。主管一省司法。也借称廉访使或按察使。同治元年阎敬铭由湖北按察司擢为山东巡抚。［17］左宗棠：道光举人，咸丰六年（1856）以兵部郎中（正五品）用，咸丰八年（1858），因骆秉章荐，加四品卿衔。康有为误记为三品卿。［18］刘蓉且以诸生擢四川藩司：刘蓉咸丰十一年随骆秉章入川，被保荐为四川布政使（藩司）。［19］“九卿”以下：九卿，清朝以六部尚书、理藩院尚书、都察院左都御史、大理寺卿为大九卿，以宗人府丞、詹事、太常寺卿、太仆寺卿、光禄寺卿、鸿胪寺卿、国子监祭酒、顺天府尹、左右春坊庶子为小九卿。翰詹，翰林学士及詹事。科道，六科给事中与各道监察御史之合称。两司，布政使司、按察使司之合称。

何谓定天下之本也？自古都畿皆凭险阻。自非周公盛德，不敢以洛邑为都，故娄敬挽辂，汉祖移驾[1]，宋汴梁无险，致敌长驱，徽、钦之辱[2]，非独失德使然也。方今旅顺已失，威海既隳，险阻无有，京师孤立。近自北塘、芦台、神堂、涧河，远自山海、抚宁、昌黎、乐亭、清河、蚕沙，处处可入，无以为防守之计。此次和议即成，而诸夷窥伺，皆可扬帆而达津、沽。《易》曰："王公设险，以守其国。"险既失矣，国何可守？故今日大计，必在迁都。

请以前事言之。我朝当道光之时，天下全盛，林则徐督粤，邓廷桢督闽，叠败英酋朴鼎查、额尔金之兵[3]。而移师天津，即开五口[4]，而偿二千万矣。其后道光二十九年，咸丰六年，咸丰八年，皆始战终和，借京师以为要挟，诸口益开，巨款累偿。暨庚申之变，我文宗显皇帝至为热河之狩[5]，焚烧御园，震惊宗庙。至今万寿山营缮虽新，余烬尚在。由是洋人掉臂都畿，知吾虚实。此事非远，皆诸臣所目击，前车易鉴者也。寻五十年来，吾大臣用事及清流进议者，不深维终始，高谈战事。及震动津、沽，宫廷惶骇，则必以战无把握，输款求和。于是尸位无耻之流，累借和议以容身。朝廷虽深知主战之直，必不见从；亦明知议和之非，俯徇所请。盖实患既至，非复空言所能抵塞。故外夷所累借以胁制者，皆以吾京师近海之故。彼虽小丑，无求不得；吾虽大胜，终必请和，亦既彰明较著矣。用事者既不早为自强之谋，又不预作迁都之计，夷衅既开，虚憍[6]空谈，相与言战，及稍败衄[7]，震动畏缩，苟幸得和，乃至割根本之地、弃千万之民而亦为之，其不智而失计亦甚矣。

以今事言之，吾所以忍割地、弃民者，为保都畿，安乘舆[8]也。微论将来外夷继轨，都畿终不能保，乘舆终必致惊，而以区区十里之城，弃千里之地、十兆之民以易之，甚非策也。以后事料之，诸夷知我之专保都畿也，咸借端开衅，阳攻都畿以索边省，我必将尽割沿边十余省，以保都畿，是弃天下万里之地、数万万之民，以易区区之都城也。

夫王者有都以治天下耳，岂有割天下以保都城而恃为至计哉！以五十年来前后今事考之，吾之款和输割，皆为都畿边海之故，其事易征，其理易明。昔者苟能自强，虽不迁都，犹可立国；今日虽欲自强，而外夷连轨，计不及待。故非迁都，智者无所骋其谋，勇者无所竭其力，必将坐困胁割尽而后已。夫以一都城之故而亡其国，岂不痛哉！故今日犹言不迁都者，非至愚病狂，则甘心鬻国。大臣既不能预鉴于前，而至辱国，又不补救于后，必至丧邦。皇上圣明，试以诘难诸臣，当无从置喙，或下群臣集议，当亦从同，而后宸衷[9]独断，定议迁都，以安宗庙而保疆土，无逾于此。

或谓我能往，寇亦能往，我迁都以避，寇深入以争，自古迁都之谋，皆遂为偏安之计，此明臣于谦所以力争，而庚申所以止议也。不知古今异形，今昔殊势，外夷政由议院，爱惜民命，用兵甚慎，不敢深入，与古不同，今日本用兵已可概见。我即迁都，可以力战，虽沿边糜烂，而朝廷深固，不为震慑，即无所胁制，主和者无所容其身，主战者得以激其气。岂不鉴于五十年事，而尚以为孤注哉！独不畏徽、钦之辱乎？

或谓国君有死社稷之义，此尤不达经义之謷言[10]也。夫国君者，诸侯之谓，以社稷受之天子，当死守之，犹今地方有司，有城池之责比耳。若天子以天下为家，四方皆可建都立社，何一城之为？明庄烈帝[11]既为迂儒所误，明社遂屋，岂可复以此误我国家哉！且一朝而有数都，自古为然，商七迁，周营三邑，汉室二京，唐世两都，及明祖定鼎金陵，永乐乃迁燕蓟，以太子留守南京，宫殿官僚，悉仍旧制，择有司扈从行在[12]，庙社官署，随时增修，永分两京，可以为法。若夫建都之地，北出热河、辽沈，则更迫强敌；南入汴梁、金梁，则非控天险；入蜀则太深；都晋则太近。天府之腴，崤函之固，莫如秦中。近虽水利不开，漕运难至，然都畿既建，百货自归，若借机器、督散军，亦何水利之不开哉？

夫京都建自辽、金，大于元、明，迄今千年，精华殆尽。近岁西山崩裂，屡年大水，城垣隳圮[13]，闾阎[14]房屋，倾坏无数。甚者太和正门、祈年法殿无故而灾，疑其地气当已泄尽。王者顺天，革故鼎新，当应天命，谓宜舍燕蓟之旧京，宅长安为行在。然人情乐于守常，难于移动，以盘庚迁殷，诫谕至烦“三诰”[15]，以魏文迁洛，世臣犹有违言[16]。盖世臣大家，辎重繁多，迁徙不易，听其恋旧，庶免阻挠，自非大有为之君，不易破寻常之论。魏文南征，永乐北伐，皆借巡幸留而作都。皇上既讲明利害，远之防诸夷之联镳[17]，近之距日本之胁制，急断乃成，亟法汉高，即日移驾，奉皇太后巡于陕西，六龙[18]西幸，万人欢庆。幸当讲和之时，民心稍静，择亲藩之望重者留守旧京，车驾从容西狩，择百司扈从，以重兵拥卫，必不虑宵小生心。日人虽欲轻兵相袭，数日乃抵津、沽，而我大兵云集都畿，犹可一战，彼岂敢深入内地，飞越四天门、潼关之险哉？然后扼守函、潼，奠定丰、镐[19]，建为行在，权宜营置，激厉天下，妙选将才，总屯重兵，以二万万之费改充军饷，示之以虽百战百败，沿海糜烂，必不为和。日本既失胁制之术，即破旧京，不足轻重，必不来攻，都城可保。或俯就驾驭，不必割地，和议亦成。即使不成，可以言战矣。故谓迁都以定天下之本者，此也。

注释

[1] 娄敬挽辂（lù），汉祖移驾：汉高祖五年，刘邦欲以洛阳为都，娄敬时为军中挽车，脱去挽车的带子，请同乡虞将军帮忙，得见高祖，劝他以长安为都。 [2] 徽、钦之辱：指靖康之耻。金朝于北宋靖康二年（1127）南下攻取北宋首都东京，掳走徽、钦二帝及赵氏皇族、妃嫔、大臣等三千多人，东京城的公私积蓄也被洗劫一空。[3] “我朝”以下诸句：林则徐任两广总督时，多次击败英国侵略者。邓廷桢任闽浙总督时，在厦门屡败英军。朴鼎查，鸦片战争时英国侵略者的全权代表。额尔金，第二次鸦片战争时英国特命全权专使。[4] 开五口：根据英国与清政府签订的《南京条约》，清政府开上海、广州、福州、厦门、宁波为通商口岸。 [5] 文宗显皇帝至为热

河之狩：咸丰十年（1860）英法联军攻陷北京，咸丰帝逃往热河。狩，古代皇帝流亡、被俘的讳称。 [6]虚憍（jiāo）：伪作气宇高昂貌。[7]败衄（nǜ）：挫败、战败。 [8]乘舆（shèng yú）：天子乘坐的车子。借指天子。 [9]宸衷：帝王的心意。 [10]讆（wèi）言：不实之言。 [11]明庄烈帝：明崇祯帝，谥庄烈愍皇帝。[12]行在：皇帝所在的地方，本指京都。后泛指皇帝所到之处，尤指陪都。 [13]隳圮（pǐ）：倾坍；倒塌。 [14]闾阎：里巷内外的门。后多借指里巷，也泛指民间。 [15]三诰：盘庚要迁殷都，作了三篇诰文，即今收入《尚书》的《盘庚上》《盘庚中》《盘庚下》。[16]魏文迁洛，世臣犹有违言：北魏孝文帝迁都洛阳，大臣多不同意。 [17]联镳（biāo）：此指联合用兵。 [18]六龙：古代天子的车驾为六马，马八尺称龙，因以为天子车驾的代称。 [19]“飞越”以下：四天门即四关，指东函谷、南峣武、西散关、北萧关。函、潼，指函谷关、潼关。丰、镐，指周文王在陕西西安沣水西岸建丰邑，为国都，周武王建都于镐。此指关中之地。

何谓强天下之势也？凡两物相交，必有外患，兽有爪牙之卫，人有甲胄之蔽，列国并立，兵者，国之甲胄也。昔战国之世，魏有武卒，齐有轻骑，秦有武士[1]。楚庄投袂，履及剑及，即日伐宋[2]。盖诸国并骋，无日不训讨军实[3]，国乃可立。今环地球五十余国，而泰西争雄，皆以民为兵，大国练兵至百余万。选兵先以医生视其强弱，乃入学堂学习布阵、骑击、测量、绘图。其阵法、营垒、器械、枪炮，日夕讲求，确有程度。

操练如真战，平居如临敌，所由雄视海内也。日本步武其后，遂来侮我。而我犹守大一统之旧制以待之，不训兵备，至有割地款和之事。今日氛未已，不及精练，然能将卒相知，共其甘苦，器械精利，壮其胆气，亦可自用，选将购械，犹可成军。

夫用兵者，用其气也。老将富贵已足，无所愿望，或声色销铄[4]，精气竭衰，暮气已深，万不能战。即或效忠，一死而已，丧师辱国，不可救矣。近者杨芳失律于粤城[5]，鲍超骄蹇于西蜀[6]，令彼再如为兵时跳身坐炮眼上，岂可得哉？此赵惠王所以致疑于廉颇，光武所以不用马援也。伏读《圣祖仁皇帝圣训》，亦以老将气衰不能用，此真圣人之远谟[7]也。惟少年强力，贱卒怀赏，故敢万死以求一生。故选将之道，贵新不贵陈，用贱不用贵。且外夷战备日新，老将多恃旧效，昧于改图，故致无功。今请更练重兵，以待敌变。都畿根本至重，必有忠勇谋略下士爱民之督抚，如李秉衡之流者，专督畿辅之军，假令便宜，令其密选将才十人，不拘资格，各练十营，日夜训练，厉以忠义，激以国耻，择其精悍，优其饷糈[8]，以为选锋。既有李克用之义儿[9]，李成梁之家丁[10]，缓急可恃，得此五万，都畿可守。再有将才，可以续练。前敌之宋庆、魏光焘、李光久[11]，宿将之冯子材，并一时人望，可咨以将才，假以便宜，悉用选锋，厉以仇耻，沿边疆臣，亦宜选振作有为之人，不宜用衰老资格之旧，各选将才，各练精兵万人。并饬绅士各自团练，遇有警迫，坚壁清野，并请敕下群臣，外至守令，传谕绅士，有忠义沉毅慷慨知兵之士，不拘资格，悉令荐举，引见拔用，或交关内外军差遣。各县草泽中，皆有魁梧任气忠义谋略之士，责令州县各荐一人，拔十得一，才不可胜用，必有干城[12]之选，足应国家之急者。是谓选将。

《管子》谓："器械不精，以卒予敌。"外夷讲求枪炮，制作日新。枪则德有得来斯枪、毛瑟枪，法有沙士钵枪，英有亨利马梯尼枪，美有哈乞开司枪、林明敦枪、秘薄马地尼枪，俄有俾尔达双枪，而近者英之黎姆斯枪为尤精。炮自克虏伯炮、嘉立炮外，近有毒烟开花炮、空气黄药大炮，以及暗炮台、水底自行船、机器飞车、御敌戎衣、测量炮子表，巧制日新。日本步武泰西，亦能自制新器，曰苗也理枪。而我中国未能创制，只购旧式，经办委员不解制造，于坚轻远准速无所谙晓，或以旧枪改充毛瑟，贪其价廉，乃不可用，其中饱者益无论。闻近来所购者，多暹罗废枪，香港以二两八钱购得，而中国以十二两购之。查同治十三年，德之攻法，每分时枪十余响。光绪三年，俄之攻土，枪三十余响。至日之犯我，枪乃六十余响。我师溃败，虽将士不力，亦器械不精，故胆气不壮，有以致之。故吾非悬重赏，以厉新制，不足取胜。今不及办，宜选精于制造操守廉洁之士，专购英黎姆斯枪十数万，以备前敌，并广购毒烟空气之炮、御敌之衣，庶器械精利，有恃无恐，是谓购械。

又我南洋诸岛民四百万，虽久商异域，咸戴本朝。以丧师割地为外夷姗笑[13]，其怀愤怒过于内地之民，其人富实，巨万之资以数千计，通达外情，咸思内归中国，团成一军，以雪国耻。

特去天万里，无路自通。若派殷商[14]，密令举办，派公忠智略通达商情之大臣领之，或防都畿，或攻前敌，并令联通外国，助攻日本，或有奇功。所谓练兵以强天下之本者，此也。

注释

［1］武卒、轻骑、武士：皆谓精兵。 ［2］“楚庄投袂”三句：《左传·宣公十四年》载，楚庄王听到使臣申舟被宋国杀死，便“投袂而起，屦及于窒皇，剑及于寝门之外”。喻军事行动之迅速。 ［3］训讨军实：训练整治军事。军实，本指军用器械、粮饷。 ［4］声色销铄：被声色销铄了精力。 ［5］杨芳失律于粤城：谓杨芳在鸦片战争开始时，主持广东战事，指挥不力，被撤职。［6］鲍超骄蹇于西蜀：谓鲍超曾任浙江、湖南提督，晚年恃功自骄，在家乡四川奉节（今属重庆）横行不法。 ［7］远谟（mó）：深远的谋略。 ［8］饷糈（xǔ）：军粮给养。 ［9］李克用之义儿：谓唐末沙陀李克用，多收义子，皆善战。 ［10］李成梁之家丁：谓明代李成梁，镇辽二十二年，为明朝东北边境的安宁立下大功。李成梁厚遇手下家丁，故手下家丁骁勇善战，前赴后继为李氏父子效力。［11］宋庆、魏光焘、李光久：皆甲午战争中抗日将领。 ［12］干城：盾牌与城郭。比喻捍卫者或御敌的将士。 ［13］姗笑：讥笑、嘲笑。 ［14］殷商：富商巨贾。

然凡上所陈，皆权宜应敌之谋，非立国自强之策也。伏念国朝法度，因沿明制，数百年矣。物久则废，器久则坏，法久则弊。官制则冗散万数，甚且鬻及监司[1]，教之无本，选之无择，故营私交赂，欺饰成风，而少忠信之吏。学校则教及词章诗字，寡能讲求圣道，用非所学，学非所用，故空疏愚陋，谬种相传，而少才智之人。兵则绿营老弱，而募勇皆乌合之徒。农则地利未开，而工商无制造之业。其他凡百积弊，难以遍举。而外国奇技淫巧，流行内地，民日穷匮，乞丐遍地，群盗满山，即无外衅，精华已竭，将有他变。方今当数十国之觊觎，值四千年之变局，盛暑已至，而不释重裘，病症已变，而犹用旧方，未有不暍死[2]而重危者也。

窃以为今之为治，当以开创之势治天下，不当以守成之势治天下；当以列国并立之势治天下，不当以一统垂裳[3]之势治天下。盖开创则更新百度[4]，守成则率由旧章。列国并立则争雄角智，一统垂裳则拱手无为。言率由则外变相迫，必至不守不成；言无为而诸国交争，必至四分五裂。《易》曰："穷则变，变则通。"董仲舒曰："为政不调，甚者更张，乃可谓理。"若谓祖宗之法不可变，则我世祖章皇帝何尝不变太宗文皇帝之法哉？若使仍以八贝勒旧法为治，则我圣清岂能久安长治乎？不变法而割祖宗之疆土，驯至于亡，与变法而光宗庙之威灵，可以大强，孰轻孰重，孰得孰失，必能辨之者。

注释

[1] 鬻及监司：连监司这样的大官都可以买卖。清朝布政使、按

察使及各分守道、分巡道统称监司。 [2] 暍（yē）死：中暑而死。[3] 垂裳：指无为而治。语出《易·系辞》："黄帝、尧舜，垂衣裳而天下治。" [4] 百度：各种制度。

不揣狂愚，窃为皇上筹自强之策，计万世之安，非变通旧法，无以为治。变之之法，富国为先。户部岁入银七千万，常岁亦已患贫，大农仰屋，罗掘无术，鬻官税赌，亦忍耻为之，而所得无几。然且旱潦河灾，船炮巨帑，皆不能举。闻日本索偿二万万，是使我臣民上下三岁不食乃能给之。若借洋债，合以利息扣折，百年亦无偿理，是自毙之道也。与其以二万万偿日本，何如以二万万以修战备，内变法度哉！

夫富国之法有六：曰钞法，曰铁路，曰机器轮舟，曰开矿，曰铸银，曰邮政。

今奇穷之余，急筹巨款，而可以聚举国之财，收举国之利，莫如钞法。今天下银号报明赀本，皆存现银于户部及各省藩库，户部用精工制钞，自一至百，量其多少，皆给现银之数，而加其半，许供赋税禄饷。其大者户部皆助赀本，其亏者户部皆代摊偿，助其流通，昭彰大信。巨商乐借国力，富户不患倒亏。以十八行省计之，可得万万。既有官银行，上下相通，若有铁路、船厂大工，可以代筹，军务、赈务要需，可以立办。国家借款，不须重息中饱，外国汇款，无须关票作押。公款寄存，可有入息，钞票通行，可扩商务。今各省皆有银票钱票，而作伪万种，利不归公，何如官中为之，骤可富国哉？此钞票宜行一。

可缩万里为咫尺，合旬月于昼夜，便于运兵，便于运械，便于赈荒，便于漕运，便于百司走集，便于庶士通学，便于商贾运货，便于负担谋生，便于通言语，一风俗。有此数便，不费国帑而可更得数千万者，莫如铁路。夫铁路之利，天下皆知。山海关外，久已兴筑，今方运兵，其效已见，所未推行直省者，以费巨难筹耳。若一付于民，出费给牌，听其分筑，官选通于铁路工程者，画定行省郡县官路，明定章程，为之弹压保护，凡军务、运兵、运械、赈荒，皆归官用，酌道里远近，人数繁寡，收其牌费。吾民集款力自能举，无使外国收我利权。天下铁路牌费，西人计之，以为可得七千万，且可移民出于边塞，而荒地辟为腴壤，商货溢于境外，而穷閰化为富民。俄人珲春铁路将成，边患更迫，但为防边已当亟筑，况可得巨款哉？且可裁漕运，而省千万之需，去驿铺，而溢三百万之项。此铁路宜行二。

机器厂可兴作业，小轮舟可便利通达。今各省皆为厉禁，致吾技艺不能日新，制作不能日富，机器不能日精，用器兵器，皆多窳败[1]，徒使洋货流行，而禁吾民制造，是自蹙其国也。官中作厂，率多偷减，敷衍欺饰，难望致精，则吾军械安有起色。德之克虏伯，英之黎姆斯，著于海内，为国大用，皆民厂也。宜纵民为之，并加保护。凡作机器厂者，出费领牌，听其创造，轮舟之利，与铁路同，官民商贾，交收其益，亦宜纵民行之，出费领牌，听其拖驶，可得巨款。此机器、轮舟宜行三。

注释

[1] 窳（yǔ）败：陈旧破敝。

《周官》“卝[1]人”，汉代铁官，开矿之法久矣。美人以开金银之矿富甲四海，英人以开煤铁之矿雄视五洲，其余各国开矿，均富十倍。而藏富于地，中国为最，如云南铜、锡，山西、贵州煤、铁，湖、广、江西铜、铁、铅、锡、煤，山东、湖北铅，四川铜、铅、煤、铁，其最著者，亘古封禁，留待今日。方今国计日蹙，虽极节俭，岂能济此艰难哉？家有重宝，而仰屋嗟贫，无策甚矣。山西煤、铁尤甚，星罗棋布，有百三十万方里，苗皆平衍，品亦上上，德人以为甲于五洲，地球用之千年不尽。又外蒙古阿尔泰山，即金山也，长袤数千里，金产最著，苗亦平衍，有整块数斤者，俄人并为察验绘图。至滇、粤之矿，尤为英、法所窥伺，我若不开，他人入室。今云南已专设矿务大臣，热河、开平亦设官局，并著成效。而未见大利者，皆由矿学之未开，采办之非人也。矿学以比国[2]为最，自山色、石纹、草木、苗脉、子色，皆有专书。宜开矿学，专延比人教之，且为踏勘。购机器以省人工，筑铁路以省转运，二十取一而无定额税，选才督办而无滥私人，则吾金、银、煤、铁之富，可甲地球。此矿务宜开四。

注释

［1］丱：同“矿”。　［2］比国：比利时国。

钱币三品[1]以通有无，其制最古。自濠镜[2]通商，洋银流入中国，渐遍内地，及于京师。观其正朔，则耶稣之年号，而非吾之纪元也，是谓无正朔。考其漏卮[3]，则每岁运入约数百万，进口无税，八成夹铅，而换我足银，市价涨落七钱二分之重，或有涨至八钱者，多方折耗，是谓大漏卮。名实俱亡，吾政之失，孰大于是！而吾元宝及锭，形体既难握携，分两又无一定，有加耗、减水、折色、贴费之殊，有库平、规平、湘平、漕平之异，轻重难定，亏耗滋多[4]。而彼重率有定，体圆易握，人情所便，其易流通固也。查泰西皆用本国之银，如俄用卢布，德用马克，奥用福禄林，英用喜林，外国银钱不许通用。我宜自铸银钱，以收利权。今广东已开局铸银，但患经费不敷，未能扩充以铸大圆耳。夫金银质软，只用九成。查美国铸银，每刻可成大圆一千二百，而每圆之利，三分移作制造之费，犹有余饶，利亦厚矣。请饬下户部，预筹巨款，并令行省皆开铸银局，其花纹年号，式样成色，皆照广东铸造，增置大圆。由督抚选廉吏精明专司此局，厚其薪水，严其刑罚，督抚以时月抽提，户部以化学核验。他日矿产既盛，增铸金钱，抵禁洋圆，改铸钱两，令严而民信，可以塞漏卮，而存正朔矣。此铸银宜行者五。

注释

［1］钱币三品：金、银、铜币。 ［2］濠镜：濠镜澳，澳门的旧称。 ［3］漏卮：渗漏的酒器。比喻利益受损。 ［4］“吾元宝”以下：此用郑观应说。郑氏《盛世危言·铸银》云：“纹银大者为元宝，小者为锭，或重百两，或重五十两，以至二三两，用之于市肆，则耗损频多，有加耗，有贴费，有减水，有折色，有库平、湘平之异，漕平、规平之殊，畸重畸轻，但凭市侩把持垄断，隐受其亏。若洋钱则一圆有一圆之数，百圆有百圆之数，即穷乡僻壤亦不能勒价居奇，此民间所以称便也。”

我朝公牍文移，谕旨奏折，皆由塘驿汛铺[1]传递，而军务加紧，又有驿马遍布天下。设官数百，养夫数万，岁费帑三百万两，而民间书札不得过问。赀费厚重，犹复远寄艰难，消息浮沉[2]，不便甚矣！查英国有邮政局寄带公私文书，境内之信费钱二十，马车急递，应时无失，民咸便之，而岁入一千六百余万。我中国人四万万，书信更多，若设邮政局以官领之，递及私书，给以凭样，与铁路相辅而行，消息易通，见闻易广，而进坐收千余万之款，退可省三百万之驿，上之利国，下之便民。此邮政宜行六。

行之六者，国不患贫矣。然百姓匮乏，国无以为富也。中国生齿，自道光时已四万万，今经数十年休养生息，不止此数。而工商不兴，生计困蹙，或散之他国，为人奴隶，或啸聚草泽[3]，蠹害乡邑，虽无外患，内忧已亟。夫国以民为本，不思养之，是自拔其本也。

注释

[1] 塘驿汛铺：塘，塘报。由驻京武官抄录上谕送往本省的通报。汛，清代绿营兵制，千总、把总外委所属曰汛。驿铺，犹言站点。[2] 消息浮沉：谓晋代殷洪乔为豫章太守，京城人多托他致邮，他走到长江边，把所有书信投入水中，说“沉者自沉，浮者自浮。殷洪乔不为致书邮”。 [3] 啸聚草泽：指落草为盗。

养民之法：一曰务农，二曰劝工，三曰惠商，四曰恤穷。

天下百物皆出于农，我皇上躬耕，皇后亲蚕，董劝[1]至矣。而田峻之官未立，土化之学不进。北方则苦水利不辟，物产无多；南方则患生齿日繁，地势有限。遇水旱不时，流离沟壑，尤可哀痛，亟宜思良法以救之。外国讲求树畜，城邑聚落，皆有农学会，察土质，辨物宜。入会则自百谷、花木、果蔬、牛羊牲畜，皆比其优劣，而旌其异等，田样各等，机车各式，农夫人人可以讲求。鸟粪可以肥培壅，电气可以速长成，沸汤可以暖地脉，玻罩可以御寒气，刈禾则一人可兼数百工，播种则一日可以三百亩。择种一粒，可收一万八百粒，千粒可食人一岁，二亩可养人一家。瘠壤可变为腴壤，小种变为大种，一熟可为数熟。

吾地大物博，但讲之未至，宜命使者择其农书，遍于城镇，设为农会，督以农官。农人力薄，国家助之。比较则弃楛[2]而从良，鼓舞则用新而去旧，农业自盛。若丝、茶为中国独擅，恃为大利。而近年意大利、法兰西、日本皆讲蚕桑，印度、锡兰茶叶与吾敌，夺我之利，致吾衰减至千余万。而吾养蚕未善，种茶未广，再不讲求，中国之利源塞矣。宜设丝茶局，开丝茶学会，力求振兴，推行各省。其余东南种棉蔗，西北讲牧畜。棉以纺织，蔗以为糖，牛毛之毳[3]，可以织呢绒毡毯，以及沙漠可以开河种树，海滨可以渔网取鱼。种树之利，俄在西伯利部[4]岁入数百万，渔人之计，美之沿海可得千余万。今林木之运，罐头之鱼，中国销流甚盛，宜有以抵拒之。又美国养蜂，西人以为能尽其利，所入等于旧金山之金矿，宜有以鼓励之。此务农宜行一也。

注释

［1］董劝：督导劝勉。　［2］楛（kǔ）：粗劣，不坚固，不精致。［3］毳（cuì）：细毛。　［4］西伯利部：即今之西伯利亚。

《周官》“考工”，《中庸》“劝工”。诸葛治蜀，工械技巧，物究其极；管仲治齐，三服[1]女工，衣被天下。木牛之制，指南之车，富强之效也。尝考欧洲所以骤强之由，自嘉庆十二年英人始制轮船，道光十二年即犯我广州，遂辟诸洲属地四万里。自道光二十五年后铁路创成，俄人以光绪二年筑铁路于黑海、里海，开辟基洼[2]、河尔霸[3]等国六千里，其余电线、显微镜、德律风[4]、留声筒、轻气球、电气灯、农务机器，虽小技奇器，而皆与民生国计相关。若铁舰、炮械之精，更有国者所不能乏。前大学士曾国藩手定大难，考知西人自强之由，创议开机器之局。近者各直省渐为增设，而只守旧式，绝无精思，创为新制，盖国家未尝教之也。宜令各州县咸设考工院，译外国制造之书，选通测算学童，分门肄习，入制造厂阅历数年。工院既多，图器渐广，见闻日辟，制造日精。凡有新制绘图贴说，呈之有司，验其有用，给以执照，旌以功牌，许其专利。工人自为身名，必殚精竭虑，以求新制。枪炮之利，器用之精，必有以应国家之用者。彼克虏伯炮、毛瑟枪，为万国所必需，皆民造也。查美国岁给新器功牌一万三千余，英国三千余，法国千余，德国八百，奥国六百，意国四百，比利时、嗹国[5]、瑞士皆二百余，俄国仅百余，故美之富，冠绝五洲，劝工之法，莫善于此。此劝工宜行二也。

注释

[1] 三服：春、夏、冬之服。 [2] 基洼：原希瓦汗国。 [3] 河尔霸：阿塞拜疆。 [4] 德律风：英文电话telephone的音译。 [5] 嗹（lián）国：即嗹马国。清人对今丹麦王国的别译。嗹，亦有翻译作“琏”。

凡一统之世，必以农立国，可靖民心；并争之世，必以商立国，可侔敌利，易之则困敝矣。故管仲以轻重强齐国，马希范以工商立湖南。且夫古之灭国以兵，人皆知之；今之灭国以商，人皆忽之。以兵灭人，国亡而民犹存；以商贾灭人，民亡而国随之。中国之受毙，盖在此也。今外国鸦片之耗我，岁凡三千三百万，此则人尽痛恨之，岂知洋纱、洋布岁耗凡五千三百万。洋布之外，用物如洋绸、洋缎、洋呢、漳绒、羽纱、毡毯、毛巾、花边、钮扣、针、线、伞、灯、颜料、箱箧、磁器、牙刷、牙粉、肥皂、火油，食物若咖啡、吕宋烟、夏湾拿烟、纸卷烟、鼻烟、洋酒、火腿、洋肉脯、洋饼、洋糖、洋盐、药水、丸粉、洋干果、洋水果，及煤、铁、铅、铜、马口铁、材料、木器、钟表、日规、寒暑针、风雨针、电气灯、自来水、玻璃镜、照相片、玩好淫巧之具，家置户有，人多好之，乃至新疆、西藏亦皆销流，耗我以万万计。而我自丝、茶减色，不敌鸦片，其余自草帽辫、驼毛、羊皮、大黄、麝香、药料、绸缎、磁器、杂货不值三千万，值得其洋布之半数。而吾民内地则有厘捐，出口则有重税，彼皆无之。吾物产虽盛，而岁出万万，合五十年计之，已耗万兆，吾商安得不穷！今日本且欲通及苏、杭、重庆、梧州，又加二万万之偿款。吾民精华已竭，膏血俱尽，坐而垂毙，弱者转于沟壑，强者流为盗贼，即无外患，必有不可言者。似宜特设通商院，派廉洁大臣长于理财者，经营其事。今各直省设立商会、商学、比较厂，而以商务大臣统之，上下通气，通同商办，庶几振兴。商学者何？地球各国贸易条理繁多，商人愚陋，不能周识，宜译外国商学之书，选人学习，遍教直省，知识乃开，然后可收外国之利。商会者何？一人之识未周，不若合众议；一人之力有限，不若合公股；故有大会、大公司。国家助之，力量易厚，商务乃可远及四洲。明时葡萄牙之通澳门，荷兰之收南洋，英人乾隆时之取印度，道光时之犯广州，非其政府之力，乃其公司[1]之权。盖民力既合，有国助之，不独可以富强，且可以辟地，商会所关，亦不少矣。比较厂者何？泰西赛会，非骋游乐，所以广见闻，发心思，辨良楛。凡物有比较，优劣易见，则劣者滞消，而优者必行。彼之货物流行中土，良由此法。今我并宜设立此厂，于是广纺织以敌洋布，造用物以敌洋货。上海造纸，关东卷烟，景德制窑，苏、杭织造，北地开葡萄园以酿酒，山东制野蚕茧以成丝，江北改土棉而纺纱，南方广蔗园而制糖，皆与洋货比较，精妙华彩，务溢其上。又令吾领事探其所好，投其所欲，更出新制，且以夺其利，敌其货而已。然后蠲厘金之害[2]以慰民心，减出口之税以扩商务。此外发金、银、煤、铁之利，足以夺五洲；制台舰枪炮之精，可以横四海。故惠商宜行三也。

注释

[1] 公司：指各国的东印度公司。　[2] 蠲（juān）厘金之害：消除在交通要道设立关、卡征收厘金税之害。

我生齿既繁，铁路未开，运货为难。即以北口之皮，京师之煤，天津之货，作货者人四百，而运货者人六百，生之者少，食之者多。其余穷困无业，游散无赖，所在皆是。京师四方观望，而乞丐遍地，其他孤老残疾，无人收恤，废死道路，日日而有。公卿士夫，车声隆隆，接轸[1]不问，直省[2]亦然。此皆皇上赤子也，皇上不忍匹夫之失所，但九重深居，清道乃出，不知之耳。若亲见其呼号无诉，脓疡卧道，岂忍目睹乎！以一人而养天下，势所不给，宜设法收恤之。恤之之法：一曰移民垦荒。西北诸省，土旷人稀，东三省、蒙古、新疆疏旷益甚，人迹既少，地利益以不开，早谋移徙，可以辟利源，可以实边防，非止养贫民而已。移有三：曰罪遣，今俄国徙希利尼党[3]于西伯利部，而西伯利部以开；曰认耕，英之喀拿大新疆般鸟各岛[4]，美之密士失必河[5]东南各省，巴西全国是也；曰贸迁，荷兰南洋诸岛，皆商留者也。英自移民之后，辟地过本国七十倍，民益繁盛，岂有苦其生齿之繁而弃之。今我民穷困，游散最多，为美人佣奴，然犹不许，且以见逐，澳洲南洋各岛效之，数百倍之民失业来归，何以安置？不及早图，或为盗贼，或为间谍，不可收拾。今铁路未成，迁民未易，若铁路成后，专派大臣以任此事，予以谋生之路，共有乐土之安，百姓乐生，边境丰实，一举数善，莫美于是。二曰教工。《周礼》有“里布”以罚不毛[6]，“圜土”以警游惰[7]。游民无赖，小之作奸，大之为盗。宜令州县设立警惰院，选善堂绅董司之。凡无业游民，皆入其中，择其所能，教以艺业。绅董以其工业鬻给其食，十一取之，以充经费，限禁出入，皆有程度。其有大工大役，以军法部署，俾充役作。其能改过，取保乃放，再犯不赦。其小过犯人，皆附入之，等其轻重，以为岁月。其乞丐之非老弱残疾，咸收于外院，工作如之。穷民得食，而良民赖安，仁政之施，似难缓此。三曰养穷。鳏寡孤独，疲癃[8]残疾，盲聋喑哑，断者侏儒，民之无告，先王最矜[9]，皆常饩[10]焉。宜令各州县市镇聚落，并设诸院，咸为收养，皆令有司会同善堂，劝筹巨款，妥为经理司其事。经理有效，穷民乐之，联名请奖，许照军功劳绩奖励，则无一夫之失所，其于皇仁岂为小补？民心固结，国势系于苞桑[11]矣。故恤穷宜行四也。

注释

［1］接轸（zhěn）：车辆相衔而行。［2］直省：旧省名。清初所置，省会设在保定，后移至天津。其地相当于现在的北京、天津及河北大部，河南和山东部分地区。［3］希利尼党：即虚无党，俄国19世纪之民粹党人。［4］喀拿大新疆般鸟各岛：今加拿大新不伦瑞克省，于1867年加入加拿大。［5］密士失必河：今译密西西比河。［6］“《周礼》”句：语见《周礼·地官·载师》：“凡宅不毛者有里布。”意为凡屋边不种作物的就要罚款。里布是钱币名。［7］“圜土”句：语见《周礼·地官·比长》：“若无授无节，则唯圜土内之。”意思是游手好闲者要投入监狱。［8］疲癃：曲腰驼背之疾。［9］矜：怜悯，怜惜。［10］常饩（xì）：固定的口粮。［11］苞桑：指桑树之本。亦比喻牢固的根基；根深蒂固。《易·否

卦》："其亡其亡，系于苞桑。"

然富而不教，非为善经；愚而不学，无以广才。是在教民。学校之设选举之科，先王之法盛矣。然汉、魏以经学举孝廉，唐、宋以词赋重进士，明以八股取士，我朝因之，诵法朱子，讲明义理，亦可谓法良意美矣。然功令禁用后世书，则空疏可以成俗；选举皆限之名额，则高才多老名场。况得之则词馆而躐[1]公卿，偕于旦夕；失之则耆硕不闻征聘，终老茅菅[2]。题难，故少困于搭截[3]，知作法而忘义理；额隘，故老逐于科第，求富贵而废学业。标之甚高，束之甚窄。甚至鉴于明末，因噎废食，上以讲学为禁，下以道学为笑，故任道之儒既少，才智之士无多，乃至嗜利无耻，荡成风俗，而国家缓急，无以为用。法弊至此，亦不得不少变矣。若夫小民识字已寡，或有一省而无礼律之书，一县而无童蒙之馆，其为不教，甚矣。

夫天下民多而士少，小民不学，则农工商贾无才。产物成器，利用厚生，既不能精；化民成俗，迁善改过，亦难为治，非覆帱[4]群生之意也。故教育及于士，有逮于民，有明其理，有广其智。能教民，则士愈美；能广志，则理愈明。今地球既辟，轮路四通，外侮交侵，闭关未得，则万国所学，皆宜讲求。宋臣姚夔[5]谓："我之所为，彼皆知之；彼之所为，我独不闻，安得不为所制乎？"尝考泰西之所富强，不在炮械军兵，而在穷理劝学。彼自七八岁人皆入学，有不学者责其父母，故乡塾甚多。

其各国读书识字者，百人中率有七十人。其学塾经费，美国乃至八千万。其大学生徒，英国乃至一万余。其每岁著书，美国乃至万余种。其属郡县，各有书藏，英国乃至百余万册。所以开民之智者亦广矣。而我中国文物之邦，读书识字仅百之二十，学塾经费少于兵饷数十倍，士人能通古今达中外者，郡县乃或无人焉。

注释

［1］躐（liè）：超越。［2］茅菅（jiān）：犹草莱。茅、菅二草，形相似，多并用以指野生杂草。［3］搭截：清代科举考试八股文，有取经文中某段末句和下一段的首句，或上句的后半句或末一字和下句的上半句或第一字，连接起来作试题的，称“搭截题”。［4］覆帱（dào）：指施恩，加惠。［5］姚燮：当为袁燮之误。燮字和叔，鄞县人，南宋宁宗时为太学正。陆九渊门人。著有《絜斋集》。

夫才智之民多则国强，才智之士少则国弱。土耳其天下陆师第一而见削，印度崇道无为而见亡，此其明效也。故今日之教，宜先开其智。武科弓刀步石无用甚矣。《王制》谓：“裸股肱，决射御，出乡不与士齿。”此武后之谬制，岂可仍用哉[1]？同治元年，前督臣沈葆桢请废武科，近年词臣潘衍桐请开艺学。今宜改武科为艺学，令各省、州、县遍开艺学书院。凡天文、地矿、医律、光重、化电、机器、武备、驾驶，分立学堂，而测量、图绘、语言、文字皆学之。选学童十五岁以上入堂学习，仍专一经，以为根本；延师教习，各有专门。学政有司，会同院师，试之以经题一论及专门之业，通半中选，不限命额，得荐于省学，谓之秀才，比之诸生。五年不成者出学。省学书器益多，见闻益广，学政督抚会同其院师，每岁试其专门之业，增以经，一论史，一考掌故，一策，通半中选，不限名额，贡于京师，谓之举人。五年不成者出学。京师广延各学教习，图器尤盛，每岁总裁，礼部会同大教习试之，其法与省学同，不限名次，及半中选，谓之进士。三年不成者出学。其进士得还为艺学州、县总教习，其举人得为分教习，并听人聘用。其诸生得还教其乡学塾及充作各厂。其文科童试，即以经古场为正场，自占[2]经解一，专门之学一。二场试“四书”文一，中外策一，诗一，亦及格即取，不限名额。每场考试，人数不得过三百。增设学政，每道一人，可从容尽力矣。其乡会试，头场“四书”义一，“五经”解一，诗一，纵其才力，不限格法，听其引用，但在讲明义理，宗尚孔子。二场掌故、策五道。三场问外国考五道，及格者中，不限名额。殿试策问，不论楷法[3]，但取直言极谏，条对剀切[4]者入翰林。其文科、艺科愿互应者听。其有创著一书，发明新义，确实有用者，皆入翰林，进士授以检讨，举人授以庶吉士，诸生授以待诏。如是则天下之士才智大开，奔走鼓舞，以待皇上之用。其余州、县、乡、镇，皆设书藏，以广见闻。若能厚筹经费，广加劝募，令乡落咸设学塾，小民童子，人人皆得入学，通训诂名物，习绘图算法，识中外地理、古今史事，则人才皆可胜用矣。

注释

［1］“《王制》”以下：《礼记·王制》中说，裸露臂腿，进行射箭驾车比赛的人，不能和读书人并列。武后指武则天。则天长安二年（702）始开武科。［2］自占：自行挑选。［3］楷法：清代科举考试对书写有严格要求，必须是方正死板的馆阁体，否则就是楷法不及格。［4］剀（kǎi）切：切中事理，符合事实。

《周官》“诵方”“训方”，皆考四方之慝[1]，《诗》之《国风》《小雅》，欲知民俗之情[2]。近开报馆，名曰新闻，政俗备存，文学兼存，小之可观物价，琐之可见土风。清议时存，等于乡校，见闻日辟，可通时务。外国农业、商学、天文、地质、教会、政律、格致、武备，各有专门，以为新报，尤足以开拓心思，发越聪明，与铁路开通，实相表里，宜纵民开设，并加奖励，庶裨政教。

然近日风俗人心之坏，更宜讲求挽救之方。盖风俗弊坏，由于无教。士人不励廉耻，而欺诈巧滑之风成；大臣托于畏谨，而苟且废弛之弊作。而六经为有用之书，孔子为经世之学，鲜有负荷宣扬，于是外夷邪教，得起而煽惑吾民。直省之间，拜堂[3]棋布，而吾每县仅有孔子一庙，岂不可痛哉！今宜亟立道学一科，其有讲学大儒，发明孔子之道者，不论资格，并加征礼，量授国子之官，或备学政之选。其举人愿入道学科者，得为州、县教官。其诸生愿入道学科者，为讲学生，皆分到乡落，讲明孔子之道，厚筹经费，且令各善堂助之。并令乡落淫祠，悉改为孔子庙，其各善堂、会馆俱令独祀孔子，庶以化导愚民，扶圣教而塞异端。其道学科有高才硕学，欲传孔子之道于外国者，明诏奖励，赏给国子监、翰林院官衔，助以经费，令所在使臣领事保护，予以凭照，令资游历。若在外国建有学堂，聚徒千人，确有明效，给以世爵。余皆投牒学政，以通语言、文字、测绘、算法为及格，悉给前例。若南洋一带，吾民数百万，久隔圣化，徒为异教诱惑，将沦左衽[4]，皆宜每岛派设教官，立孔子庙，多领讲学生，分为教化。将来圣教施于蛮貊[5]，用夏变夷[6]，在此一举。且借传教为游历，可洞夷情，可扬国声，莫不尊亲，尤为大义矣。

注释

［1］“《周官》”二句：分别见于《周礼·地官·诵训》：“掌道方慝（tè），以诏辟忌。”及《周礼·夏官·训方氏》：“掌道四方之政事，与其上下之志。”慝，四方老百姓的牢骚、意见。　［2］“《诗》之”二句：《诗大序》以为诗可以“吟咏情性，以风其上；达于事变，而怀其旧俗也。”　［3］拜堂：指基督教的教堂。　［4］左衽：衣服前襟向左侧开，为古代夷狄服装的特色。隐喻为异族同化。　［5］蛮貊（mò）：古代称南方和北方落后部族。亦泛指四方落后部族。　［6］用夏变夷：用华夏文明同化落后民族。

夫教养之事，皆由国政。而今官制太冗，俸禄太薄，外之则使才未养，内之则民情不达，若不变通，则无以为养之本也。天下之治，必由乡始。而今知县选之既不择人望，任之兼责以六曹，下则巡检、典史一二人，皆出杂流，岂任民牧？上则藩臬、道府，徒增冗员，何关吏治？若京官则自枢垣、台谏[1]以外，皆为闲散。各部则自掌印主稿以外，徒糜廪禄[2]。堂官则每署数四，而兼差反多。文书则每日数尺，而例案繁琐。至于鬻及监司，而吏治坏滥极矣！今请首停捐纳，乃改官制，因汉世太守领令长之制，唐代节度兼观察之条，每道设一巡抚，上通章奏，下领知县，以四五品京堂及藩臬之才望者充之。其知县升为四品，以给御、编检、郎员及道府之爱民者授之。其巡抚之下，增置参议、参军、支判，凡道府同通改授此官。其知县之下，分设公曹、决曹、贼曹、金曹，以州、县进士分补其缺。其余诸吏皆听诸生考充，渐拔曹长，行取郎官。其上总督，皆由巡抚兼管，各因都会，以为重镇。使吏胥之积弊，化为士人；三老之乡官，各由民举。整顿疏通，乃可为治。其京官则太常、光禄、鸿胪可统于礼部，大理可并于刑部，太仆可并于兵部，通政可并于察院，其余额外冗官，皆可裁汰，各营一职，不得兼官。章京领天下之事，宜分以诸曹；翰林为近侍之臣，宜轮班顾问。部吏皆听举贡学习，以升郎曹；通政准百僚奏事，以开言路。骈枝既去，宦途甚清，以彼冗糜，增此廪禄。令其达官有以为舆马仆从之费，而后可望以任事；其小吏有以为仰事俯畜之用，而后可责以守廉。

若用魏、隋之制，予以世禄之田[3]，既体群臣，庶多廉吏。

注释

［1］枢垣、台谏：分别指军机大臣、御史。 ［2］廪禄：由官仓发给的禄米。此指俸禄。 ［3］世禄之田：田地世袭，以产出为俸禄。

内弊既除，则外交宜讲。春秋子羽，能知四国之为[1]；汉武下诏，求通绝域之使。苏武不辱[2]，富弼能争[3]。列国交争，其任重矣。而今使才未养，不谙外务，重辱国体，为夷姗笑。今宜立使才馆，选举贡生监之明敏辨才者，入馆学习，其翰林部曹愿入者听。各国语言、文字、政教、律法、风俗、约章，皆令学习。学成或为游历，或充随员，出为领事，擢为公使，庶几通晓外务，可以折冲。考俄、日之强也，由遣宗室大臣游历各国，又遣英俊子弟诣彼读书。俄主彼得[4]，乃至易作工人，躬习其业，归而变政，故能骤强。我亲藩世爵大臣，与国休戚，启沃圣聪者，而不出都城，寡能学问，非特不通外国之故，抑且未知直省之为。一旦执政，岂能有补？大臣固守旧法，习为因循。虽利国便民，力阻罢议，一误再误，国日以替。宜选令游历三年，讲求诸学，归能著书，始授政事。其余分遣品官，激厉士庶，出洋学习，或资游历，并给凭照，能著新书，皆为优奖，归授教习，庶开新学。则上之可以赞圣聪，下之可以开风气矣。

注释

[1]“春秋子羽”二句：语见《左传·襄公三十一年》，谓公孙子羽能知诸侯之动向。 [2]苏武不辱：汉苏武出使匈奴，坚贞不屈，守汉节不辱。 [3]富弼能争：宋仁宗时富弼出使契丹，同意增加岁币，但不同意割地。 [4]俄主彼得：指俄国彼得大帝，曾化名到欧洲学习，归国后推进俄国近代化改革，使俄国全面欧化。

夫中国大病，首在壅塞，气郁生疾，咽塞致死。欲进补剂，宜除噎疾，使血通脉畅，体气自强。今天下事皆文具而无实，吏皆奸诈而营私。上有德意而不宣，下有呼号而莫达。同此兴作，并为至法，外夷行之而致效，中国行之而益弊者，皆上下隔塞，民情不通所致也。夫以一省千里之地，而惟督抚一二人仅通章奏，以百僚士庶之众，而惟枢轴三五人日见天颜。然且堂廉迥隔[1]，大臣畏谨而不敢尽言。州、县专城，小民冤抑而末由呼吁。故君与臣隔绝，官与民隔绝，大臣小臣又相隔绝，如浮屠[2]百级，级级难通，广厦千间，重重并隔。夫天下万物之繁，封圻[3]千里之广，使督抚枢轴[4]皆是大贤，然是数人者，心思耳目所及，必有未周，才力精神之运，必有不逮，以之运骤四海，措置百务，已狭隘不广矣。况知人之哲，自古为难，唐帝失之于共、兜[5]，诸葛失之于马谡[6]，任用偶误，一切乖方，而欲倚之以扶危定倾，经营八表，岂不难乎？天下人民四万万，庶士亿万，情伪百端，才智甚广，皇上仅寄耳目于数人，而数人者又畏懦保禄，不敢竭尽，甚且炀灶[7]蔽贤，壅塞圣聪，皇上虽欲通中外之故，达小民之厄，其道无由。名虽尊矣，实则独立于上，遂致有割地弃民之举。皇上亦何乐此独尊为哉？

注释

［1］堂廉迥隔：与朝廷隔绝。堂廉，指殿堂的侧边，借指朝廷。迥隔，指远远隔绝。［2］浮屠：梵语音译，佛塔。［3］封圻（qí）：指疆土。［4］督抚枢轴：督抚，指地方大员，总督、巡抚。枢轴，指军机大臣。［5］唐帝失之于共、兜：唐尧曾错误地重用共工、欢兜二臣。［6］诸葛失之于马谡：诸葛亮因错倚马谡，失街亭重地。［7］炀灶：在灶前烤火。《韩非子·梦灶》载，卫灵公宠弥子瑕，有侏儒说，昨夜梦灶，就见到了国君。灵公怒云，将见到国君，该当梦日，如何梦灶？侏儒答道，人君兼照一国，不能被一人遮挡，所以将见人主而梦日。在灶前烤火，一个人挡住了灶口，别人就见不到灶里的火了，恐怕是有一人在您跟前烤火吧。后以“炀灶”喻佞幸专权，蒙蔽国君。

夫先王之治天下，与民共之。《洪范》之大疑大事，谋及庶人为大同[1]；《孟子》称进贤，杀人，待于国人之皆可[2]。盘庚则命众至庭，文王则与国人交。《尚书》之四目四聪，皆由辟门[3]；《周礼》之询谋询迁，皆合大众[4]。当推先王之意，非徒集思广益，通达民情，实以通忧共患，结合民志。昔汉有征辟有道之制[5]，宋有给事封驳之条[6]。伏乞特诏颁行海内，令士民公举博古今，通中外，明政体，方正直言之士，略分府县，约十万户而举一人，不论已仕未仕，皆得充选，因用汉制，名曰议郎。皇上开武英殿，广悬图书，俾轮班入直，以备顾问。并准其随时请对，上驳诏书，下达民词。凡内外兴革大政，筹饷事宜，皆令会议于太和门，三占从二[7]，下施部行。所有人员，岁一更换，若民心推服，留者领班。著为定制，宣示天下。上广皇上之圣聪，可坐一室而知四海；下合天下之心志，可同忧乐而忘公私。皇上举此经义，行此旷典，天下奔走鼓舞，能者竭力，富者纾财，共赞富强，君民同体，情谊交孚，中国一家，休戚与共。以之筹饷，何饷不筹？以之练兵，何兵不练？合四万万人之心以为心，天下莫强焉！然后用府兵之法，而民皆知兵，讲铁舰之精，而海可以战。于以恢复琉球，扫荡日本，大雪国耻，耀我威稜[8]。

注释

［1］“《洪范》”二句：见前《日本书目志（节选）》注。［2］“《孟子》”二句：语见《孟子·梁惠王下》：“左右皆曰贤，未可也；诸大夫皆曰贤，未可也；国人皆曰贤，然后察之。见贤焉，然后用之。……左右皆曰可杀，勿听；诸大夫皆曰可杀，勿听；国人皆曰可杀，然后察之。见可杀焉，然后杀之。” ［3］“盘庚”四

句：语见《书·盘庚上》载：盘庚令众皆至于庭，而宣布政令；《大学》引《诗》“穆穆文王，于缉熙敬止”，解释说“与国人交，止于信”；《书·舜典》：“舜格于文祖，询于四岳，辟四门，明四目，达四聪。” [4]“《周礼》”二句：语见《周礼·秋官司寇》：“小司寇之职，掌外朝之政，以致万民而询焉。一曰询国危，二曰询国迁，三曰询立君。” [5]汉有征辟有道之制：汉代有征召未仕的士人为官的制度，谓之征辟。有道，指德行素著。 [6]宋有给事封驳之条：由给事中（官名）封还并对诏敕之不当者加以驳正。此制汉时已有，但无专职掌管。至唐始由门下省掌管，对有失宜诏敕可以封还，有错误者则由给事中驳正。五代废。宋太宗时复唐旧制。 [7]三占从二：语出《书·洪范》：“三人占，则从二人之言。” [8]威稜：声威、声势。

昔德国相臣毕士麻克[1]，尝以中国之大冠绝四洲，他日恐为欧罗[2]之患，思与诸国分之。后以中国因循不足畏，议遂中止。今若百度更新，以二万里之地，四万万之人，二十六万种之物产，力图自强，此真日本之所大患，毕士麻克之所深忌，而欧罗巴洲诸国所窃忧也。以之西挞俄、英，南收海岛而有余，何至含垢忍耻[3]，割地请款于小夷[4]哉？及今为之，犹可补牢。苟徘徊迟疑，苟且度日，因循守旧，坐失事机，则诸夷环伺，间不容发，迟之期月，事变必来。后欲悔而改作，大势既坏，不可收拾，虽有圣者，无以善其后矣。

且夫天下大器也，难成而易毁；兆民大众也，难静而易动。

故先王懔朽索之驭马，虑天命之无常，战战业业，若履渊冰。楚庄王之立国也，无日不训讨军实，虑祸至之无日，戒惧之不可怠；诸葛亮之佐蜀也，工械究极，用兵不戢[5]，屡耀其武。率皆君臣上下，振刮摩厉，乃能自立。稍有因循，即怀、愍蒙尘[6]，徽、钦见虏矣。近日土耳其为回教大国，不变旧法，遂为六大国割地、废君而柄其政。日本一小岛夷耳，能变旧法，乃敢灭我琉球，侵我大国。前车之辙，可以为鉴。

注释

[1] 毕士麻克：普鲁士著名的铁血首相俾斯麦。 [2] 欧罗：欧罗巴洲的省称。 [3] 含垢忍耻：忍受污浊、耻辱。 [4] 小夷：对日本的蔑称。 [5] 不戢：不检束、放纵。 [6] 怀、愍蒙尘：西晋怀帝、愍帝被匈奴部族铁弗部首领刘聪所俘，受尽屈辱，后遭杀害。

自古非常之事，必待大有为之君。自强为天行之健，志刚为大君之德。《洪范》以弱为六极，大《易》以顺为阴德。《诗》曰："天之方懠，无为夸毗。"说者谓夸毗，体柔之人也[1]。伏惟皇上英明天亶，下武膺运[2]，历鉴覆辙，独奋乾纲[3]，勿摇于左右之言，勿惑于流俗之说，破除旧习，更新大政。宗庙幸甚！天下幸甚！

夫无事之时，虽勋旧之言不能入；有事之时，虽匹夫之言或可采。举人等草茅疏逖[4]，何敢妄陈大计，自取罪戾；但同处一家，深虞胥溺[5]。譬犹父有重病，庶孽[6]知医，虽不得汤药亲尝，亦欲将验方钞进。《公羊》之义，臣子一例[7]。用敢竭尽其愚，惟皇上采择焉，不胜冒昧陨越[8]之至，伏惟代奏皇上圣鉴。谨呈。

注释

［1］“自强”以下诸句：语见《易·乾》：“天行健，君子以自强不息。”《易·履》：“武人为于大君，志刚也。”又《书·洪范》以为六种极不幸事为六极，弱为其一；《易大传》谓坤，顺也，坤为女德，故曰阴德。《诗·大雅·板》说，上天正发怒施威，不要再柔弱顺从了。懠（qí），怒也。 ［2］英明天亶，下武膺运：语见《书·泰誓上》：“亶聪明，作元后。”亶为实在。下武，《诗·大雅》篇名，所谓下武，是指武王继文王复受天命。此二句劝光绪帝效法周武王，抓住时代的运会。 ［3］独奋乾纲：意谓勿听慈禧之言，振奋君权。 ［4］草茅疏逖：草茅，指草野；民间。疏逖，指荒远地方的人。 ［5］胥溺：相继陷溺。胥，相。语出《诗·大雅·桑柔》：“其何能淑，载胥及溺。” ［6］庶孽：妃妾所生之子。 ［7］“《公羊》”二句：事见《公羊传·僖公元年》，鲁僖公继闵公位，服用斩衰，与闵公子无异。《传》称“臣子一例”，何休注：“以臣之继君，犹子之继父也，其服皆斩衰，故《传》称臣子一例。” ［8］陨越：古时上书皇帝时的套语。谓犯上而表示死罪之意。

评析

本文即著名的《公车上书》。康有为著文洋洋洒洒，动辄万言，看似臃肿，实则内在脉络极其清晰。全文第一句就明确了主旨："塞和款而拒外夷，保疆土而延国命"，而建议光绪皇帝"行大赏罚，迁都练兵，变通新法"。时当甲午战争失败后，清廷拟割台湾等地予日本议和，康有为挺身而出，邀得同年入京的举人，共同署名，史称"公车上书"。他先对光绪帝言明，弃台民即散天下，因天下人皆以为朝廷可弃台民，即可弃我，割地事小，而亡国事大，此纵横游说之士的惯伎，再提出解决之方：下诏鼓天下之气，迁都定天下之本，练兵强天下之势，变法成天下之治。又分别就此四者详论之：

下诏所下为何诏？一曰罪己之诏，二曰明罚之诏，三曰求才之诏。以此而鼓天下之气。

定天下之本，康有为提出的见解是迁都到西安，认为西安才有战略纵深可言，不比京师近于天津，一旦外国自海上侵略，"彼虽小丑，无求不得；吾虽大胜，终必请和"，又举道光、咸丰前事为证，甚至用"独不畏徽、钦之辱乎"这样重的话，以期打动光绪帝。后来庚子国变，慈禧太后、光绪帝仓皇逃往西安，似乎证明了康有为的先见之明。

至于强天下之势，康有为开出的药方是选将购械，并接引海外侨民归国。

以下话锋一转，又谓凡上所陈，皆权宜应敌之谋，非立国自强之策。故当变法以成天下之治。则又有富国之法六：曰钞法、曰铁路、曰机器轮舟、曰开矿、曰铸银、曰邮政。此皆霸术。康有为当然不只是纵横家，他更秉持儒家的立场，指出"百姓匮乏，国无以为富也"，指出民为国本，惟当养民才能富国。养民之法，则又有务农、劝工、惠商、恤穷四术。尽管当时的康有为没有读过亚当·斯密的《国富论》，对于积累财富的认识尚处在中国传统四民社会的框架中，而不能认识到资本的力量，市场的作用，但已经展现出他见事明切的长处了。

孔子以为富而后便当教之，康有为陈毕富民之策，更进一步指出惟有广开民智，才能实现真正的富强。故建议将弓刀步石之类早已无用之学，改为艺学，令各省、州、县遍开艺学书院，以教习天文、地矿、医律、光重、化电、机器、武备、驾驶、测量、图绘、语言、文字诸实学。他设想艺学书院选学童十五岁以上入堂学习，仍专一经，以为根本，而各有所业之专业，并建议朝廷以此为考试范围，选拔人才。清廷在戊戌变法之后，于1905年诏定废科举而兴学校，其变革之力，远较康有为所设想的来得更猛烈；1912年民国成立后，更在各学校取消读经，这些都是康有为在当时所未能预见的。

由选举制度而及于官制之改革，再阐述外交之重要，最后指出“中国大病，首在壅塞，气郁生疾，咽塞致死”。这实际上已触及中国近代落伍的根源——君主专制。康有为指出，“天下人民四万万，庶士亿万，情伪百端，才智甚广，皇上仅寄耳目于数人，而数人者又畏懦保禄，不敢竭尽，甚且炀灶蔽贤，壅塞圣聪，皇上虽欲通中外之故，达小民之厄，其道无由。名虽尊矣，实则独立于上，遂致有割地弃民之举”。他认为惟有令民情上达，国政与民共之，才可令民心推服。他虽然不曾开出民主的药方，却是在尊重中国政治传统的前提下，提出最可行的方案，这样的卓识，确乎是领先于时代的。

此文逻辑缜密，组织严明，而又文气纵横，末段真情流露，最为动人。

京师强学会序

俄北瞰，英西睒，法南瞵，日东眈[1]，处四强邻之中而为中国，岌岌[2]哉！况磨牙涎舌，思分其余者，尚十余国。辽、台茫茫，回变扰扰[3]，人心皇皇，事势儳儳[4]，不可终日。

昔印度，亚洲之名国也，而守旧不变，乾隆时英人以十二万金之公司，通商而墟五印[5]矣。昔土耳其，回部[6]之大国也，疆土跨亚、欧、非三洲，而守旧不变，为六国綦其政，剖其地，废其君矣。其余若安南，若缅甸，若高丽，若琉球，若暹罗，若波斯，若阿富汗，若俾路芝[7]，及国于太平洋群岛、非洲者，凡千数百计，今或削或亡。举地球守旧之国，盖已无一瓦全者矣。

我中国孱卧于群雄之中间，鼾寝于火薪之上，政务防弊而不务兴利，吏知奉法而不知审时，士主考古而不主通今，民能守近而不能行远。孟子曰："国必自伐，而后人伐之。"[8]蒙盟、奉、吉、青海、新疆、卫藏土司圉徼[9]之守，咸为异墟。燕、齐、闽、浙、江、淮、楚、粤、川、黔、滇、桂膏腴之地，悉成盗粮[10]。吾为突厥、黑人不远矣。

注释

［1］"俄北瞰"诸句：瞰，从高处往下看；睒（shǎn），窥视；

瞵（lín），注视；眈，注视。［2］岌岌：危险的样子。《孟子·万章上》云：“天下殆哉，岌岌乎！”［3］回变扰扰：回变，指同治年间发生在陕、甘两省的回民叛乱。扰扰，纷乱的样子。［4］儳（chán）儳：错杂、动荡不安的样子。［5］墟五印：使印度成为废墟。五印即印度。古印度区划为东、西、南、北、中五部，故称。［6］回部：此指信奉伊斯兰教的地区。［7］“其余”诸句：安南即越南，1885年成为法国的殖民地。缅甸1886年被英国吞并。高丽即朝鲜，1895年日军占领汉城，高丽建立了亲日派政府。琉球，原为中国属国，1879年被日本吞并，改为冲绳县。暹罗即泰国，1885年，英国胁迫其签订不平等条约，沦为半殖民地。波斯即伊朗，19世纪后，为英、俄瓜分。阿富汗1878年后成为英国的附属国。俾路芝即巴基斯坦，1880年被英国侵占。［8］“孟子曰”句：语出《孟子·离娄上》：“夫人必自侮，然后人侮之；家必自毁，而后人毁之；国必自伐，而后人伐之。”意思是国政先内部腐败，别人才得以入侵。［9］圉徼（yǔ jiào）：边疆。［10］盗粮：强盗所抢之物。《史记·范雎蔡泽列传》云：“攻齐所以大破者，以其伐楚而肥韩、魏也，此所谓借贼兵而赍盗粮者也。”

西人最严种族，雠[1]视非类。法之得越南也，绝越人科举富贵之路，昔之达宦，今作贸丝[2]也。英之得印度百年矣，光绪十五年而始举一印人以充议员，自余土著，畜如牛马。若吾不早图，倏忽分裂，则桀黠[3]之辈，王、谢沦为左衽[4]；忠愤之徒，原、郤夷为皂隶[5]。伊川之发，骈阗于万方；钟仪之冠，萧条于千里[6]。三州父子，分为异域之奴[7]；杜陵弟妹，各衔

乡关之戚[8]。哭秦庭[9]而无路，餐周粟[10]而匪甘。矢成梁之家丁，则螳臂易成沙虫[11]；觅泉明[12]之桃源，则寸埃更无净土。肝脑原野，衣冠涂炭。嗟吾神明之种族，岂可言哉！岂可言哉！

注释

[1]雠：同“仇”。　[2]贸丝：指做买卖的平民。出自《诗·卫风·氓》：“氓之蚩蚩，抱布贸丝。”　[3]桀黠：凶悍狡黠的样子。　[4]王、谢沦为左衽：王、谢，皆东晋士族。后世引申指贵族世家。左衽，比喻为异族同化。　[5]原、郤夷为皂隶：原、郤，本指春秋时晋文公重臣原轸、郤谷。此指贵族世家。皂隶，古时的贱役。　[6]“伊川”以下：谓心慕戎狄之辈，遍于中国，守中国之道者日见萧条。伊川之发，事见《左传·僖公二十二年》：周平王东迁洛阳后，大夫辛有到伊川，见到有人像戎族一样披着头发在郊野祭祀，叹息说，不要百年，这里就会戎化了。骈阗（tián），众多、聚集貌。钟仪，春秋楚人。曾为郑获，被献于晋。事见《左传·成公九年》，晋侯见钟仪，问之曰：“南冠而絷者谁也？”有司对曰：“郑人所献楚囚也。”释而慰问之，问其族，对曰：“泠人也。”晋侯曰：“能乐乎？”对曰：“先人之职官也，敢有二事？”使与之琴，操南音。后多以“钟仪”为拘囚异乡或怀土思归者。　[7]“三州”以下：三州，指荆州、江州、郢州。庾信《哀江南赋》云：“三州则父子离别。”形容亡国的人民家庭破碎的惨状。　[8]“杜陵”二句：唐代诗人杜甫常自称杜陵布衣、杜陵野老。《乾元中寓居同谷县作歌七首》云：“有弟有弟在远方，三人各瘦何人强。……有妹有妹在钟离，良人早殁诸孤

痴。”此处同样用来指代战乱年代家人失散的惨状。 [9]哭秦庭：请兵抒国难的典故。事见《左传·定公四年》：公元前505年，吴攻楚，楚将灭。楚大夫申包胥求救于秦，立于秦廷，昼夜哭，七日七夜不绝其声。秦哀公怜之，曰：“楚虽无道，有臣若是，可无存乎！”乃遣车五百乘救楚击吴。 [10]餐周粟：指伯夷，叔齐不食周粟，饿死于首阳山，形容忠诚坚定的爱国之节。事见《史记·伯夷列传》：“武王已平殷乱，天下宗周，而伯夷、叔齐耻之，义不食周粟，隐于首阳山，采薇而食之。” [11]“成梁”以下：成梁，即辽东总兵李成梁，见《上清帝第二书》注。矢，同“誓”。沙虫，语出《抱朴子》：“周穆王南征，一军皆化，君子为猿为鹤，小人为虫为沙。”后用来比喻从军战死的士卒。 [12]泉明：指晋陶渊明，他在《桃花源记》中，描绘了一个理想中的乐土。因唐高祖讳李渊，渊字尽改为泉。

夫中国之在大地也，神圣绳绳[1]，国最有名，义理制度文物，驾于四溟[2]。其地之广于万国等在三，其人之众等在一，其纬度处温带，其民聪而秀，其土腴而厚，盖大地万国未有能比者也。徒以风气未开，人才乏绝，坐受陵侮。昔曾文正与倭文端诸贤[3]，讲学于京师，与江忠烈、罗忠节[4]诸公，讲练于湖湘，卒定拨乱之功。普鲁士有强国之会，遂报法雠。日本有尊攘之徒[5]，用成维新。盖学业以讲求而成，人才以摩厉而出。合众人之才力，则图书易庀[6]。合众人之心思，则闻见易通。《易》曰：君子以朋友讲习[7]。《论语》曰：“百工居肆以成其事，君子学以致其道。”

海水沸腾，耳中梦中，炮声隆隆，凡百君子，岂能无沦胥非类[8]之悲乎？图避谤乎？闭户之士哉！有能来言尊攘乎？岂惟圣清，二帝三王孔子之教，四万万之人将有托耶！

注释

［1］绳绳：绵延不绝的样子。［2］四溟：四海。［3］曾文正与倭文端诸贤：曾文正即曾国藩，谥文正；倭文端即倭仁，推崇程朱理学，与曾国藩友善，擢任副都统、工部尚书、文渊阁大学士，兼同治皇帝师傅职。［4］江忠烈、罗忠节：江忠源，晚清名将，举人出身，后兴办团练，镇压雷再浩，太平军起，江忠源组建楚勇，到广西参战，并在蓑衣渡之战中击毙冯云山。咸丰三年（1853）江忠源到达庐州，陷入太平军的包围。同年十二月投水自杀，时年四十二岁，追赠总督，谥忠烈。罗忠节即罗泽南，晚清湘军将领、理学家、文学家，湘军重要创始人之一，参与了镇压太平天国。［5］尊攘之徒：日本明治维新前，提倡“尊王攘夷”口号的改革派人士。［6］庀（pǐ）：聚集，完备。［7］讲习：即讲论研习。出自《易·兑卦》卦辞：“象曰：‘丽泽兑，君子以朋友讲习。’”［8］沦胥非类：相率沦丧为不同族类。

评析

京师强学会是1895年在康有为的组织下成立的具有近代政党性质的政治团体，本文名为“序”，实不啻一篇政党宣言。康有为先从国家外患孔亟，内忧不断说起，以强调保国的紧迫性，再举印度、土耳其为例，说明地球守旧之国，已无瓦全者，接着更进一步强调，如不变法图强，亡国灭种之祸，即在眼前。他举例说印度、越南沦为殖民地后，人民备受歧视，预想中国如遭列强瓜分，衣冠沦为皂隶，平人畜如牛马，用了一段极富感染力的骈文：“桀黠之辈，王、谢沦为左衽；忠愤之徒，原、郤夷为皂隶。伊川之发，骈阗于万方；钟仪之冠，萧条于千里。三州父子，分为异域之奴；杜陵弟妹，各衔乡关之戚。哭秦庭而无路，餐周粟而匪甘。矢成梁之家丁，则螳臂易成沙虫；觅泉明之桃源，则寸埃更无净土。肝脑原野，衣冠涂炭。”再反复感慨：“嗟吾神明之种族，岂可言哉！岂可言哉！”极见感情之浓烈、慨叹之深沉。

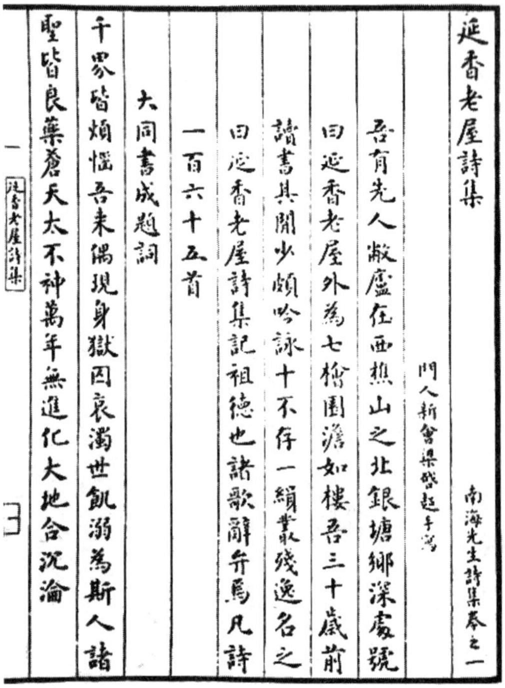
延香老屋詩集 南海先生詩集卷之一
門人新會梁啟超手寫
吾有先人敝廬在西樵山之北銀塘鄉深處號曰延香老屋外為七檜園潞如樓吾三十歲前讀書其間少頗吟詠十不存一緝叢殘逸名之曰延香老屋詩集記祖德也諸歌辭并焉凡詩一百六十五首
大同書成題詞
千界皆煩惱吾來偶現身獄因哀濁世飢溺為斯人諸聖皆良藥蒼天太不神萬年無進化大地合沉淪
延香老屋詩集 一

梁启超手书康有为诗集书影

前文铺陈国难，是为了警醒世人，接下来则勉励士大夫讲求学业，维新图强。他聪明地举曾国藩为例，以争取体制内同道的支持。最后则以极富煽动力的语言，广邀维新志士及开明官僚加入。他提倡的基本政治主张是“尊攘”，即尊王攘夷，通过加强清帝的权力，变法图强，应对外患。而其终极目的，则是发扬中国固有之教，令四万万人有所依托。

据他的弟子梁启超《戊戌政变记》记载，很多读者读了此文，忍不住血气鼓荡，至于下泪，康有为文章的感染力可见一斑。

答人论议院书

承见教，责以不建言请开议院，所以督责者甚至，此诚大君子忧国救民之盛心，而爱人以德[1]之高节也。然仆之愚，讲求变通宜民之故，窃有所斟酌焉，非苟为采袭[2]已也。

夫议院之义，为古者辟门明目达聪[3]之典，泰西尤盛行之，乃至国权全畀[4]于议院而行之有效。而仆窃以为中国不可行也，盖天下国势、民情、地利不通，不能以西人而例中国。泰西自罗马教亡后，诸国并立，上以教皇为共主，其君不过如春秋之诸侯而已。其地大者，如吾中国两省，小者如丹、荷、瑞、比，乃如吾一府。其臣可仕他国，其民可游外邦，故君不尊而民皆智，其与我二千年一统之大，盖相反矣。故中国惟有以君权治天下而已。顷皇上聪明神武，深通外国之故，戒守旧之非，明定国是，废弃八股，举行新政，目不暇给[5]，皆中旨独下，不假部议[6]，一诏既下，天下风行。虽有老重大臣，不敢阻挠一言，群士不敢阻挠一策，而新政已行矣。若如足下言，则定国是、废八股、开学堂、赏新书新器、易书院、毁淫祠诸事，足下故欢忭鼓舞、喜出望外者也。然下之九卿、翰詹、科道会议，又下公车诸士[7]会议，此亦西人之上下议院也。三占从二，然后依行。试问驳者多乎？从者多乎？方今士大夫能知变法维新以保危局者，百不得一；其稍有所知者，亦皆模棱两端，然已不可见矣。虽以皇上之毅然变法，然犹腹诽[8]者众，泄沓[9]如故。门人梁启超被召对，直言八股守旧之士乃敢诽皇上为秦始皇之焚书坑儒者。皇上笑而言曰：彼等误以废八股即废四书也。圣明天亶[10]，一言中的。然以此辈充议员，凡此新政，必阻无疑。然则议院能行否乎，不待言矣。故今日之言议院、言民权者，是助守旧者以自亡其国者也。

注释

［1］爱人以德：按照道德标准去爱护人。语出《礼记·檀弓上》："君子之爱人也以德，细人之爱人也以姑息。" ［2］采袭：采，采纳，采取。袭，照样做。 ［3］辟门明目达聪：语出《书·舜典》："辟四门，明四目，达四聪。"意指广开贤路，访求人才。 ［4］畀（bì）：给；给以。 ［5］目不暇给（jǐ）：美好新奇的事物太多，眼睛来不及看。 ［6］中旨独下，不假部议：指皇帝直接下诏，不经过各部议事。 ［7］公车诸士：各地举子。公车，汉代负责接待臣民上书和征召的官署名，后也代指举人进京应试。［8］腹诽：嘴上不说而心里讥谤。 ［9］泄沓：怠惰涣散的样子。［10］天亶（dǎn）：指帝王天性。语出《书·泰誓上》："亶聪明，作元后。元后作民父母。"蔡沈《书集传》："亶，诚实无妄之谓。言聪明出于天性然也。"后因谓帝王的天性为"天亶"。

夫君犹父也，民犹子也；中国之民，皆如童幼婴孩。闻一家之中，婴孩十数，不由父母专主之，而使童幼婴孩主之、议之，能成家自养否乎？必不能也。君犹师长也，民犹徒属弟子也；中国之民，皆如蒙学[1]。试问蒙馆之中，童蒙数千，不听师长主之、教之，而听童蒙共主之、自学之，能成学否乎？必不能也。敬告足下一言，中国惟以君权治天下而已，若雷厉风行，三月而规模成，三年而成效著。泰西三百年而强，日本三十年而强；若皇上翻然而全变，吾中国地大人众，三年可成。况圣上天锡[2]勇智，千载罕逢。有君如此，我等但夙夜[3]谋画，思竭涓埃[4]，以赞圣明足矣。

顷以维新之故，天下通才，好勇过我[5]，每多贻书相责者。阳湖汪君[6]，责仆以不请废科举，而专用学校者。其余言改策论与八股同为空言者，贻书相责者尤多。仆以修书故不暇一一覆。然八股所以须废者，恶其禁人用后世书、后世事，故率天下于空疏不学，不知古今中外。故改用策论，以宽其八比连上犯下[7]、不用后世书之缚[8]，而肆其讲求中外古今之故，则人人得竭其才、得纵其学而已。如遽废科举，则直省童生数百万，诸生数十万，举人万数，中多长老，学堂必不能收。中亦多有聪明异才，视国家所驱之如何耳，岂可尽弃之？且安置此数百十万人，亦安有此政体乎？又有谓老旧之臣不能行新政者，仆谓《传》称“故旧不遗，则民不偷”[9]。变法维新，尤以人心风俗为尚。且盘庚之作新邑，魏文帝之迁都改制，皆与其元臣大家[10]再三诰诚，更以优礼厚禄待彼耆旧。凡行政皆以人心为主，王荆公[11]未知此义，是以败绩。仆虽至愚，然讲求变法之故，皆有斟酌焉。然仆今日则为守旧者所大攻，在他日又必为开新者所痛诋，今日已萌芽矣。仆惟俯首两面受过而已。但忧国事之危急，哀民生之多艰，不能自已。张江陵谓[12]有补益于世，虽以身为蝼蚁之藤荐，亦所不辞。仆常慕斯言，岂敢巧避守旧一通之攻，又岂敢徇[13]开新一时之举哉！足下不弃，幸谅其愚而教匡之。

注释

［1］蒙学：此指童蒙初学者。　［2］天锡：上天赐予。锡，同“赐”。　［3］夙夜：早晨和夜晚。　［4］涓埃：小的水流和尘埃。比喻微小的力量或贡献。　［5］好勇过我：语出《论语·公冶长》：“由也好勇过我，无所取材。”这是孔子评价学生子路（子由）的话。　［6］阳湖汪君：疑为汪洵，字渊若，一字子渊，江苏阳湖人。光绪十八年（1892）进士，改庶吉士，授编修。　［7］八比连上犯下：八股各种规定。八比，八股文的别称。连上犯下，本是由截搭题的命题方式衍生出来的八股文修辞禁忌，主要是针对破题而言。连上，即侵上。　［8］不用后世书之缚：八股文拟圣人口气，故禁止直接引述后世事及书名。　［9］故旧不遗，则民不偷：君子不遗弃过去的朋友，百姓就不会刻薄无情。偷，浅薄，不厚道。语出《论语·泰伯》：“子曰：‘君子笃于亲，则民兴于仁，故旧不遗，则民不偷。’”［10］元臣大家：元臣，重臣，老臣。大家，犹巨室，古指卿大夫之家。　［11］王荆公：王安石，字介甫，号半山。晚年封荆国公，故称荆公。宋神宗熙宁年间拜相，推行新法，为司马光、文彦博等所反

对，终于失败。［12］张江陵谓：见《与沈刑部子培书》正文所引。［13］徇：本指巡行周密，引申指谋求，谋取私利。

评析

本文作于1898年7月9日，时康有为第六次上书光绪帝，暂时放弃了《上清帝第五书》中定宪法、开国会、设议院的激进主张，而代之以设立由光绪帝主导的制度局。这在当时一些坚信只有变革一切旧有制度，才能让中国富强的志士看来，康有为的转变无异于对理想的背叛。其实，康有为在行动上，既有基于理想主义的坚忍卓绝，又时有实用主义的行权之举。孔子说："可与共学，未可与适道，可与适道，未可与立，可与立，未可与权。"权是反道而合于善的行为，康有为在"适道"的政治实践中，还是懂得因应形势，调整自己的主张的，如本文所论，即是他的行权之举。

任何政治制度，都必须植根于文化传统。柏拉图认为，君主制、民主制都是不错的善政，而君主制的反面则为僭主，民主制的反面则是多数人的暴政。符合民情、文化传统的民主可以是善政，而缺乏宗教、道德约束的民主，只能是多数人的暴政。西方至今的政治实践，证明基督教新教传统与民主制度相契。比如今日之美国，人口结构发生了天翻地覆的变化，基督教新教伦理不再是社会主流意识形态，民主也就逐渐变成了政客收买选票的游戏，甚至舞弊盛行，民众诉告无门。中国古代向无民主传统，民但知有君父而已，在文化传统未有根本转变之前，遽尔实行西式民主制度，只会通向多数人的暴政。清代皇帝须与军机处议事，本来就不是绝对的君主专制，如按康有为所论，将议事权下达至九卿、翰林、詹事、科道等，即西方之上议院，又能令举人议事，即西方之下议院，这样的想法是十分有创见的。

康有为能认识到"变法维新，尤以人心风俗为尚"，这是了不起的思想进步。但是，康有为在当时对民主的理解尚处在耳食阶段，并无后来游历西方诸国，深入了解各国的民情、风俗、文化传统后理解得那样深刻，所以本文还未能称得上是对民主的深切反思，而只是他渴望君权总揽，想要依靠强权推行变法的心理的反映。

请禁妇女裹足折

奏为请禁妇女裹足，以全肌肤而维俗化，恭折仰祈圣鉴事[1]：

窃惟汉臣贾谊上《治安策》，谓“大臣以簿书期会[2]为大，故至俗流失，世败坏则不知怪”，此诚知治乱之体要者也。夫为政之道，本末兼该，而莫大于保民；圣化之隆，纤悉[3]备举，而莫先于正俗。方今万国交通，政俗互校，稍有失败，辄生讥轻[4]，非复一统闭关之时矣。吾中国蓬荜[5]比户，蓝缕[6]相望，加复鸦片熏缠，乞丐接道，外人拍影传笑，讥为野蛮久矣。而最骇笑取辱者，莫如妇女裹足一事，臣窃深耻之。

注释

［1］“奏为”以下：清代高级官员上奏，一件奏折只说一事，于奏折开头讲明事由，这是行文的标准格式。　［2］簿书期会：簿书，记录财物出纳的簿册。期会，谓在规定的期限内实施政令。多指有关朝廷或官府的财物出入。　［3］纤悉：细微详尽。　［4］讥轻：讥讽与蔑视。　［5］蓬荜：“蓬门荜户”的省略语。指贫陋的居室，比喻穷困人家。　［6］蓝缕：即“褴褛”，破烂的衣服。

夫刖足[1]者，为古肉刑之一。刑者成也，一成不变，后王恐波及无辜，犹为废之，史称其美。女子何罪，而自童幼加以刖刑，终身痛楚，一成不变，此真万国所无，而尤为圣王所不容者也。夫父母抚子，以慈为义，女子体弱，尤宜爱护。乃乳哺甫离，髫发未燥，筋肉未长，骨节未坚，而横絷[2]弱足，严与裹缠。三尺之布，七尺之带，屈指使行，拗骨使折，拳挛蹜蹜[3]，局地蹐天[4]，童女苦之，旦旦啼哭。或加药水，旦夕熏然，窄袜小鞋，夜宿不解，务令屈而不伸，纤而不壮，扶床乃起，倚壁而行。富人苦之，贫家尤甚，亲操井臼，兼持馈浣[5]，下抚弱息[6]，上事病姑[7]，跛往报来[8]，走无停趾，临深登高，日事征行，皆扪足叹嗟，愁眉掩泣，或因登梯而坠命，或因楚病[9]而伤生。若夫水火不时，乱离奔命，扶夫抱子，挟物携衣，绝涧莫逾，高峰难上，乱石阻道，荆棘钩衣，多有缢树[10]而弃生，坠楼而绝命者，不可胜数也。即使治世承平，富家大吉，婢妪盈前，安坐而食，而人伦有礼，疾病不时，仰事俯畜，接亲应友，能无劳苦乎？且劳苦即不足道，而卫生实有所伤。血气不流，气息污秽，足疾易作，上传身体，或流传孙子，奕世[11]体弱。是皆国民也，羸弱[12]流传，何以为兵乎？

试观欧美之人，体直气壮，为其母不裹足，传种易强也。回观吾国之民，尪弱纤偻[13]，为其母裹足，故传种易弱也。今当举国征兵之世，与万国竞，而留此弱种，尤可忧危矣。夫父母之仁爱，岂乐施此无道之虐刑于其小儿女哉？徒以恶俗流传，非此不贵。苟不缠足，则良家不娶，妾婢是轻，故宁伤损其一体，而免摒弃其终身。此为一人一家之事，诚有茹苦含辛而无如何者。若圣世怀保小民，一夫之有失时，引以为予辜[14]；一物不得所，引以为己罪。而令中国二万万女子，世世永永婴[15]此刖刑，中国四万万人民，世世永永传此弱种，于保民非荣，于仁政大伤。皇上能无恻然矜之，惄然[16]忧之乎！

注释

［1］刖（yuè）足：断足。古代肉刑之一。［2］横絷（zhí）：蛮横地用绳子拴捆。［3］拳挛（luán）蹜（sù）蹜：屈曲不伸。促狭之貌。［4］局地蹐（jí）天：形容走起路来缩手缩脚的样子。出自《诗·小雅·正月》，有形容谨慎恐惧的样子的意思。［5］馈浣：指做饭、洗衣等劳动。馈，语出《易·家人卦》："无攸遂，在中馈。"［6］弱息：幼弱的子女。［7］姑：古称丈夫的母亲。［8］跋往报来：语出《礼记·少仪》："毋拔来，毋报往。"拔，同"跋"；报，同"赴"，读为赴疾之赴。拔、报，都是疾的意思。意为速来速往。后也指往来频繁。［9］楚病：指痛楚、疾病。［10］缢树：以绳索穿树上吊。［11］奕世：累世，代代。［12］羸弱：瘦弱。［13］尪（wāng）弱纤偻：尪弱，指瘦弱、衰弱；纤偻，纤弱且身体伛偻。［14］辜：罪过。［15］婴：同"缨"，系，此处意为"为……所束缚"。［16］惄（nì）然：忧思的样子。

臣尝考裹足恶俗，未知所自。《史记》利屣[1]，不过尖头；唐人诗歌，尚未咏及；宋世奄被，遂至方今。或谓李后主创之，恐但恶风所扇耳。宋人称只有程颐一家不裹足，则余风可知。古今中外，未有恶俗苦体[2]，非关功令，乃能淹被天下，流传千年，若斯之甚也。其可骇莫甚焉。以国之政法论，则滥无辜之非刑；以家之慈恩论，则伤父母之仁爱；以人之卫生论，则折骨无用之致疾；以兵之竞强论，则弱种展转之谬传；以俗之美观论，则野蛮贻诮于邻国。是可忍也，孰不可忍！

且国朝龙兴，严禁裹足，故满洲妇女，皆尚天足。凡在国民，同隶覆帱，率土[3]妇女，尤宜哀矜。且法律宜一，风俗宜同。皇上怜此弱女，拯此无辜，亟宜禁此非刑，改兹恶俗。乞特下明诏，严禁妇女裹足，其已裹者一律宽解。若有违抗，其夫若子有官不得受封，无官者其夫亦科锾罚。其十二岁以下幼女，若有裹足者，重罚其父母。如此，则风行草偃[4]，恶俗自革；举国弱女，皆能全体；中国传种，渐可致强。外人野蛮之讥，可以销释。其裨圣化，岂为小补！伏惟皇上圣鉴。谨奏。

注释

［1］利屣：即舞屣。头小而尖的薄底鞋，缀珠，多有花纹。语见《史记·货殖列传》："今夫赵女郑姬，设形容，揳鸣琴，揄长袂，蹑利屣。"　［2］苦体：指摧残人的身体。　［3］率土："率土之滨"的省略语。谓境域之内。语出《诗·小雅·北山》："率土之滨，莫非

王臣。”　［4］风行草偃（yǎn）：《论语》说，君子之德如风，小人之德如草，风行草上，草必偃伏。比喻道德或政令易于接受。偃，倒伏。

评析

此文述缠足女子之惨痛，刻画栩然，令人动容。康有为先从缠足为地球万国所无，贻外人之笑说起，激发光绪帝的民族自尊心，再细述缠足女子之惨状，以打动光绪帝的恻隐之心。并指出女子缠足，不利健康，也生育不出强健的子女，于万国竞争之际，只能沦为弱种。康有为又从历史考据的角度立论，说明缠足是一种恶俗。他从道德、功利、历史三个层面着手，希望光绪帝能从善如流，推行禁裹足令，用心十分忠厚急切，体现出康有为的仁者之心。

请断发易服改元折

奏为请断发、易服、改元，以与国民更始，恭折仰祈圣鉴事：

窃维非常之原，黎民所惧；易旧[1]之事，人情所难。自古大有为之君，必善审时势之宜，非通变不足以宜民，非更新不足以救国，且非改视易听，不足以一[2]国民之趋向、振国民之精神。故孔子于《礼》通三统之义，于《春秋》立三世之法，当新朝必改正朔、易服色、殊徽号、异器械。而汉武帝当守文之中世，定礼乐而改历服；魏文帝承祖宗之强威，迁都邑而易服色，皆以更新善治，为法后世。若夫当列国争强之世，尤重尚武。欲举中国儒缓[3]之俗，一变致强，其道尤难。故赵武灵王将有事于灭胡，则变服而骑；齐桓公将欲有事于中原，则易短衣而霸；而魏文帝、赵主父[4]变其国俗，易其祖旧，父兄群臣，守旧之彦[5]，哗言力争，而二主终独断行之，遂治致强。英风霸烈，焜耀[6]无尽，岂非善得通变之宜哉？然是四主者，所遇之世，尚非迫于必变之时也。

今则万国交通，一切趋于尚同。而吾以一国衣服独异，则情意不亲、邦交不结矣。且今物质修明，尤尚机器，辫发长垂，行动摇舞，误缠机器，可以立死。今为机器之世，多机器则强，少机器则弱，辫发与机器，不相容者也。且兵争之世，执戈跨马，辫尤不便，其势不能不去之。欧美百数十年前，人皆辫发也，至近数十年，机器日新，兵事日精，乃尽剪之。今虽举国皆兵，断发之俗，万国同风矣。且垂辫既易污衣，而蓄发尤增多垢；衣污则观瞻不美，沐难则卫生非宜，梳刮则费时甚多。若在外国，为外人指笑，儿童牵弄。既缘国弱，尤遭戏侮，斥为豚尾[7]，出入不便。去之无损，留之反劳。断发虽始于热地之印度，创于尚武之罗马，而泰伯至德[8]，端委[9]治吴，何尝不先行断发哉？

注释

［1］易旧：旧俗。　［2］一：此指统一。　［3］儒缓：宽柔，柔弱。　［4］赵主父：即赵武灵王，主动把王位让给儿子赵何，废长立幼，自称“主父”。　［5］彦：古代指有才学、德行的人。　［6］焜（kūn）耀：明照、照耀。　［7］豚尾：猪尾巴。　［8］泰伯至德：语见《论语·泰伯》：“子曰：‘泰伯，其可谓至德也已矣。三以天下让，民无得而称焉。’”泰伯姬姓，周太王古公亶父长子。一作太伯。相传其得知太王欲传位于少子季历，便与弟仲雍一起逃至荆蛮，改从当地习俗，断发文身，建立国家，成为吴国始祖。　［9］端委：古代礼服。

夫五帝[1]不沿礼，三王不袭乐，但在通时变以宜民耳。故俄彼得游历而归，日明治变法伊始，皆先行断发、易服之制。岂不畏矫旧易俗之难哉？盖欲以改民视听，导民尚武，与欧美同俗，而习忘之，以为亲好，故不惮专制强力以易之也。且夫立国之得失，在乎治法，在乎人心，诚不在乎服制也。然以数千年一统儒缓之中国，褒衣博带[2]，长裾雅步，而施之万国竞争之世，亦犹佩玉鸣琚[3]，以走趋救火也，诚非所宜矣。窃闻德之胄子[4]，以拔刀为戏，以面瘢[5]为荣；虽好勇斗狠，不足为训，然其尚武至于如是也，夫是以强。然吾兵服，亦复宽衣博袖，悬于各国博物院，与金甲相比较，岂不重[6]可怪笑哉?

夫西服未文，然衣制严肃，领袖白洁，衣长后衽，乃孔子三统[7]之一；大冠似箕[8]，为汉世士夫之遗；革舄[9]为楚灵王之制，短衣为齐桓之服。故发尚武之风，趋尚同之俗，上法泰伯、主父、齐桓、魏文[10]之英风，外取俄彼得、日明治之变法，皇上身先断发、易服，诏天下同时断发，与民更始，令百官易服而朝，其小民一听其便，则举国尚武之风，跃跃欲振，更新之气，光彻大新。虽守旧固蔽之夫，览镜顾影，亦不得不俯徇维新之令，而无复敢为公孙成[11]等之阻挠矣。其于推行维新之政，犹顺风而披偃草也。

抑臣更有请者。将行实政，尤在先播声灵[12]，元历何关实事，而人心尤多系之。昔日本明治元年大誓维新，定布五条，今皇上决行维新，亦宜大誓改元，以昭国是、定民志。伏乞大集群臣誓于天坛太庙，上告天祖[13]，下告臣民，亦若日本布告五事，即以今年改元为维新元年，与天下更始。俾举国臣民回首面内[14]，改视易听，同奉圣意，咸与维新[15]。其于振动举国之精神，必有大效。伏惟圣意裁察，维新幸甚，中国幸甚！伏乞皇上圣鉴。谨奏。

注释

［1］五帝：黄帝、颛顼、帝喾、尧、舜。 ［2］褒衣博带：着宽袍，系阔带。指古代儒生的装束。褒、博均形容宽大。 ［3］佩玉鸣琚：谓佩戴着组玉，互相撞击，发出悦耳的声响。琚，组佩中的一种玉。 ［4］胄子：古代称帝王或贵族的长子。 ［5］面瘢（bān）：脸上的创痕。 ［6］重（zhòng）：更加。 ［7］三统：西汉时期董仲舒提出的黑、白、赤三统循环的神秘主义历史观。此处指西服之白色与三统说崇尚白色相一致。 ［8］大冠似箕：语出《战国策·齐策六》："（田单）遂攻狄，三月而不克之也。齐婴儿谣曰：'大冠若箕，修剑拄颐。攻狄不能，下垒枯丘。'"又《后汉书·光武帝纪上》："及见光武绛衣大冠，皆惊曰：'谨厚者亦复为之'，乃稍自安。"李贤注引董巴《舆服志》曰："大冠者，谓武冠，武官冠之。"箕，簸箕。 ［9］革舄（xì）：生皮做的鞋子。 ［10］魏文：此指北魏孝文帝拓跋宏。 ［11］公孙成：当为公子成之误。战国时赵国贵族，赵武灵王叔父。他起初反对胡服骑射，后经武灵王晓以大义，转为支持。 ［12］声灵：声势威灵。 ［13］天祖：上天和祖先。［14］回首面内：语出《史记·司马相如列传》："昆虫凯泽，回首面内。"凯泽即恺怿，欢悦之状。面内即向内。 ［15］咸与维新：一切都要改革更新。语出《书·胤征》。

评析

清人入关后要求汉人剃发易服，甚至于留发不留头，留头不留发，以极度的酷政，强迫汉人屈服，其目的是将汉人对明朝的文化记忆彻底铲除，安稳地做清人的奴隶。清末风气渐开，康有为能向光绪帝提出断发易服的主张，说明当时的舆论环境之宽松。当然，康有为提出的主张是，在工业时代辫子不利机器操作，宽衣博带的长衫也不利于战争，他不是要恢复汉制，而是要光绪帝向西方人看齐，并未触及清政府的底线。

答南北美洲诸华商论中国只可行立宪不可行革命书

顷得书，以回銮[1]半年，皇上不得复辟[2]，西后、荣禄仍柄大权，内地纷纷加税，民不聊生，以赔荣禄通拳匪[3]围使馆之款，广西变起，众情积愤，怒不可遏。恐皇上长为荣禄所挟，永卖中国。且吾会[4]备极忠义以保皇，而政府反以为逆党，反以为匪会，捕逮家属，死者数人，监者累年。以竭忠为逆，以保皇为匪，今虽再竭忠义，亦恐徒然耳。事势如此，不如以铁血行之，效华盛顿革命自立，或可以保国民。览书惶骇，何乃至此？想诸君热心太盛，以为回銮之后，西后必归政，荣禄必逐故也。一旦失望，愤怒交并，忧国诚切，迫而出此。近者天下纷纷怨怒，皆在此事，岂独诸君哉！夫以荣禄为通拳匪、围使馆之罪魁，而能欺弄八国，不独不杀，且柄政如故，此由各国公使因其曾馈瓜果所致。荣禄巧营二面，一面命董福祥[5]围使馆，一面馈使馆瓜果；于事成则受其功，若事败时则不受其过。今竟得售其奸，脱然事外，挟权加税以虐吾同胞，伪为变法以欺各外国。今则并不变法，逍遥高卧而执政权。诸君之愤之怒之，宜也。然愤激之余，遽欲为革命自立，独不念舍身救民之圣主乎？不独与保皇会宗旨相悖，且考时度势，则仆窃以为不可。盖有数说焉，惟仁人志士察之。

今欧美各国所以致强，人民所以得自主，穷其治法，不过行立宪法、定君民之权而止，为治法之极则矣。其先起者莫如强英[6]，自崇祯十五年争乱，至康熙二十七年始立议院、予民权，凡四十八年而后定，然尚未有选官之权。至道光十二年、二十八年，伦敦民党[7]大变两次，大将军威灵顿[8]调兵二十万，仅而获成。故英国之民权，二百年而后得。中间虽杀一君[9]，流血无数，然不过求民权、定立宪，英君主之世守如故，未尝革命也。奥国[10]自道光二十年禁报纸、禁私会，不予民权，民党大起，求议政权，逐奥王，围奥相；又遇普、法侵割。乃始予民议政权，至同治十年，凡二十三年而大定。然虽逐王，奥君之世守如故，亦未尝革命也。法国则自巴喳利亚[11]国民逐其宰相罗拉蒙退丝[12]而求权，普鲁士则自道光二十八年民求变法，大乱作，既得议政权而止；然毕士墨克[13]尚以伸王权、开尊王会，而合二十五邦为一霸国，强于大地，未尝革命也。意国则自嘉庆时拿破仑予民权后，复遭维也纳约之压制；民党积数十年，凡七十万人，乃起大变。萨谛尼王[14]独主张民权，大为民所归，于是合十数小国而成意国，且立帝权，更未革命矣。西班牙自嘉庆二十三四年民变求权，至今君主之世守如故，亦未尝言革命也。他若葡萄牙国、嗹国、荷兰国、瑞典国，皆累经民变，皆得议政自由之权，而君主皆世守如故。日本虽日言民权自由，而君主世守如故，亦未尝有革命者。统计欧洲十六国，除法国一国为革命，实与俄之一国为专制者同，皆欧洲特别之情。其余十余国，无非定宪法者，无有行革命者。然法倡革命，大乱八十年，流血数百万，而所言革命、民权之人，旋即借以自为君主而行其压制，如拿破仑者，凡两世[15]矣。然使法国之制独善，法国之力独强，法民之乐更甚，由之可也。今各国之宪法，以法国为最不善，国既民主亦不能强，能革其君而不能革其世爵之官，其官之贪酷压民甚至，民之乐利反不能如欧洲各国。此则近百年来，欧洲言革命不革命之明效大验矣。然各国民党之起，皆在其京师，故能迫其君相而成大事；其间有自边省起者，亦皆去京师不远，然皆少为势援，大要不在是也。若不在京师起者，则调大兵立平之，未见一国民权党能在边省成功者。此不可不取以为鉴也。

若夫民主大国，惟美与法。美为新造之邦，当时人民仅四百万，与欧洲隔绝，风气皆新，无一切旧制旧俗之拘牵[16]。其后渡海赴之者，皆厌故国，乐自由，故大更大变，事皆极易；故法革命而无效，美自立而见功。若我中国万里地方之大，四万万人民之众，五千年国俗之旧，不独与美迥绝不同，即较之法亦过之绝远。以中国之政俗人心，一旦乃欲超跃而直入民主之世界，如台高三丈，不假梯级而欲登之；河广十寻，不假舟筏而欲跳渡之，其必不成而堕溺，乃必然也。

注释

[1] 回銮：旧时称帝王及后妃的车驾为“銮驾”，因称帝、

后外出回返为“回銮”。［2］复辟（bì）：失位的君主复位。［3］拳匪：对清末义和团的蔑称。［4］吾会：指保皇会。［5］董福祥：清末将领，1900年率部围攻各国领馆，纵兵屠掠。八国联军攻占北京后，被指为“首凶”而遭革职。［6］强英：其时英国国力最强，故曰强英。［7］伦敦民党：对英国资产阶级辉格党人和后来的工人阶级自发组织的统称。1832年英国工厂主、商人通过挤兑黄金的方法，迫使英国议会改革。1848年，英国工人要求取得普选权，将自己的主张以“人民宪章”的形式发表，但遭到议会拒绝。史称宪章运动。［8］威灵顿：阿瑟·韦尔斯利，第一代威灵顿公爵，英国陆军将领，著名保守派，英国第21位首相。1815年联合普鲁士军队在滑铁卢战役彻底击败拿破仑，战后相继被俄罗斯、奥地利、普鲁士、汉诺威、西班牙、葡萄牙和尼德兰七国授予元帅军衔。［9］一君：指1649年被送上断头台的查理一世。［10］奥国：指奥地利帝国，后发展为奥匈帝国，一战后解体。［11］巴喳利亚：亦译作巴哇利亚，今译作巴伐利亚，指巴伐利亚王国，曾是莱茵邦联、德意志邦联及德意志帝国组成国。康有为说是法国属国系误记。［12］罗拉蒙退丝：今译罗拉·蒙特斯，原为巴伐利亚国王路德维希一世的婢女，1847年与路德维希一世结婚，被封为女伯爵，并任首相。1848年2月，巴伐利亚人民受法国革命影响，发动了反对她的暴乱，次月她被解职。［13］毕士墨克：即俾斯麦，普鲁士首相，德意志帝国首任宰相，有“铁血宰相”之称。［14］萨谛尼王：撒丁王国之王。撒丁王国是19世纪中期意大利境内唯一独立的王国，位于意大利西北部。在它的基础上，1861年实现意大利统一。［15］两世：指路易·波拿巴·拿破仑（拿破仑一世）及夏尔·路易–拿破仑·波拿巴（拿破仑三世）。［16］拘牵：拘束牵绊。

夫孔子删《书》，称尧、舜以立民主[1]；删《诗》，首文王以立君主[2]；系《易》，称见群龙无首，天下治也，则平等无主[3]。其为《春秋》，分据乱、升平、太平三世[4]。据乱则内其国[5]，君主专制世也；升平则立宪法，定君民之权之世也；太平则民主，平等大同之世也。孔子岂不欲直至太平大同哉？时未可则乱反甚也。今日为据乱之世，内其国则不能一超直至世界之大同也；为君主专制之旧风，亦不能一超至民主之世也。不然，国者民之所积者也，国者民之公产也；孔子言天下为公，选贤与能[6]，固公理也。欧洲十余国，万战流血力争而得民权者，何不皆如法之革命，而必皆仍立君主乎？必听君主之世守乎？甚且无君主则迎之异国乎？此非其力之不能也，有不得已之势存焉。故礼时为大，势为大，时势之所在，即理之所在，公理常与时势相济，而后可行；若必即行公理，则必即日至大同无国界、无家界然后可，必妇女尽为官吏而后可，禽兽之肉皆不食而后可，而今必不能行也。

仆在中国实首创言公理、首创言民权者，然民权则至在必行，公理则今日万不能尽行也。盖今日由小康而大同，由君主而至民主，正当过渡之世，孔子所谓升平之世也，万无一跃超飞之理。凡君主专制、立宪、民主三法，必当一一循序行之；若紊[7]其序，则必大乱，法国其已然者矣。既当过渡之时，只得行过渡之事，虽有仁人志士欲速之而徒生祸乱，必无成功，则亦可不必矣。不然，以欧洲十余国之志士才人万亿千计，累吏百年，何以皆至君主立宪法而即止，不复更进至民主大革命哉？乃者英君后之丧，民戴之如此；英新皇之加冕，民尊之如彼；凡有礼会，必免冠起立，同颂祝其君。彼欧人之明智，岂伪为如是哉？诚以审时势而为义理，不可不如是也。若使百年来欧洲十余国之亿兆志士才人皆愚冥也，则是不足称也；如使积百年欧洲十余国之亿兆志士才人稍有知也，然而彼十余国不为革命而国日强，但求立宪而民日乐，则是岂可不深长思也。故百年来欧洲十余强国，亿兆才人志士，但求立宪法，定君民之权耳。虽别称君主之国，其为立宪民权无异，但得自由自主之乐，斯已矣。君主民主皆虚位耳，民之实权不可失，故必求之；君主民主之虚位，无关要事，则可听之。实考欧美治强之故，人民之权利若此。若未尝深思其故，反复其势，绎按[8]其时，徒见美国独立之盛，但闻法国革命之风而慕之行之，妄言轻举，徒致败乱，此仆之所未敢从也。

注释

［1］孔子删《书》，称尧、舜以立民主：《尚书》是上古三代以至夏商周文献的汇编，由孔子编定。首为《虞书》，有《尧典》《舜典》等。因尧禅位于舜，舜禅位于禹，故曰“称尧、舜以立民主”。　［2］删《诗》，首文王以立君主：指孔子编定《诗经》，以《关雎》为首，毛亨以为诗中君子指周文王。　［3］平等无主：语见《易·乾卦》：“用九，见群龙无首，吉。”康有为解释为平等之象。［4］三世：春秋公羊学认为，有“所传闻世”“内其国，外其夏”；

"所闻世""内诸夏，外夷狄"；"所见世""夷狄进至于爵，天下远近大小若一"。康有为据此提出据乱世、升平世、太平世之说。［5］内其国：《公羊传》以为《春秋》的记载体例是"内其国而外诸夏，内诸夏而外夷狄"。比如《春秋·成公十五年》："冬十有一月，叔孙侨如会晋士燮、齐高无咎、宋华元、卫孙林父、郑公子鳍、邾娄人，会吴于钟离。"叔孙侨如是鲁国人，写在最前面，谓之"内其国"，晋、齐、宋、卫、郑、邾是诸夏，谓之外诸夏，而吴是夷狄，又置于晋、齐、宋、卫、郑、邾之后，谓之内诸夏而外夷狄。［6］天下为公，选贤与能：语出《礼运·大同》。意思是天子之位不为一家私有，诸侯之位，也不能世袭，而应选择贤能者而用之。与，待也。［7］紊：使紊乱。［8］绎按：抽绎、稽察。

今日天下滔滔[1]，志士发愤，或舍弃身命而为之，岂非欲中国变法自强、不受分割哉？岂非欲吾旅外同胞不受欺辱、独立不羁哉？岂非欲吾国民自由、有立宪法、有议政权哉？凡此皆天下之公理，万国之大效，而仆生平之素论定志，舍身为之，与天下志士有同心者也。故仆昔在京师，曾合各直省举人与京师士夫开强学会、保国会争民权矣，盖不得于上，则欲争于下也。然前言英、法变争百数十年，流血数百万而后得之，其余各国虽不至是，然皆几经争变流血而后得。惟戊戌之年，皇上赫然变法，百日维新；薄海[2]额手[3]而望自强，万国变容而为起敬。已然之效，天下所知，非同虚想也。皇上既云一夫失职，自以为罪，亟亟欲与民议政之权、自由之乐，亟亟欲开议院，使国民咸操选举之权，以公天下。满学士阔普通武[4]，新学爱民者也，首请开议院予民权自由，上即擢为侍郎，主令开院。大学士孙家鼐[5]谏曰：“若开议院，则民有权而君无权矣。”上曰：“吾但欲救中国民耳，君权有无，何与焉！”张之洞力言未可，乃少待而后行，然已令天下上书，官吏有格[6]不上者，谕旨称必革惩之。礼部尚书怀塔布六堂官，卒以格上书获罪，上亦因是幽废[7]。

夫上不顾己之害，不待民之请，又非鉴万国之变，而以救民之故，亟亟予民权自由。其心至仁如天，其公如地，其公天下而无少私，视天位如敝屣[8]，此欧洲各国所未有，中国数千年所未闻也。夫万国力争流血所不得者，而皇上一旦以与民；我四万万不待流血、不待力争，而一旦得欧洲各国民自由民权之大利，此何如其大德哉！有君如此，岂忍负之？皇上以救民变法，不幸被废，事竟不行。然以寻常言之，人以救我而至大祸，我乃不能救之，于报施[9]之理已为不公；况因恩人不幸在祸，被缚于贼之时，而反戈攻之，曰革命，曰扑满[10]，是以怨报德、以仇报恩也。吾国人岂可出此！夫皇上有虚位而无实权者也。今之割台湾、旅顺者，非皇上也，乃西后、荣禄也；推翻新政以虐我民者，非皇上也，乃西后、荣禄也；通拳乱国，赔款加税，以虐民者，非皇上也，乃西后、荣禄也。吾国人之恨政府卖我、辱我、奴隶我、剥削我，而仇而怨之宜也。然今之政府，是皆幽废皇上之贼也。吾国人恶贼、逐贼、杀贼可也，是则宜勤王敌忾而讨贼者也。奈之何不辨皂白，不择人类，因恶西后、荣禄之故，而概攻之曰满清政府，是岂非并舍身救民之皇上而攻之乎？因恶西后、荣禄之故，而慨言革命，是岂非并舍身救民之皇上而并革之乎？人有恶鼠之窟[11]其室而自焚其屋，恶贼之质其子[12]而并杀其子，尚为不智；何有于恶虐我之贼，而牵及救我之恩人哉？西后、荣禄满人也，皇上亦满人也。汤、武之革命，乃诛无道之桀、纣耳，非诛有道之夏启、武丁也[13]。以一二人之罪而恶及一国，乃并其爱我恩我之人并除之，此岂为公理乎？故仆实不欲闻革命扑满之言，非徒为感皇上之知遇也，非为曾仕国朝[14]也，实以公理不安，不忍闻也。又假皇上既不幸遇变，吾民绝望于自强自由，则不能不思所以自救，则不能不思所以自立，则援汤、武诛暴之义，用欧美求权之争，由之可也。

今皇上虽尚无权，然数年以来，经历万劫，履险如夷，至今无恙；溥儁[15]立而复见废，旧党乱而几尽亡，不可谓非天命矣。始则囚于瀛台，郊庙、朝觐皆不得预；今则复能郊庙、朝觐，比之向者，已有进矣。凡此弑而未成，幽而复出者，皆天命也。吾保皇会诸公心力之为之也。内地四万万人，莫不同戴。而或者谓天命不存，人心尽去，足证其谬矣。太后、荣禄年六十余，危于朝露；皇上年仅三十，春秋鼎盛[16]，相较显然。一旦有变，皇上可复辟，一也。荣禄自知通拳匪围使馆为罪魁之罪魁，得罪各国，岌岌不保，虽用诡谋，假于瓜果馈公使，仅以自免。然其部将董福祥犹在，荣禄督董围使馆，乃董革而荣存，董甚怨之。若各国诘问之，实情终露，奸雄诈术岂能久存？不久当败露。荣若败露，上即复辟，二也。又各国咸知皇上圣明，今惑于荣党之言，以为皇上复能朝觐，已复权矣，故各报纷纷言上复权，久之知上并未复权，太后仍复专政，必请归政矣，皇上即可复辟，三也。即不然，而各国咸认皇上、敬皇上，诸贼亦必不敢复行废弑，是皇上尚可从容而待复辟，四也。皇上一复辟，可立行变法自强，立与民权议政，立与国民自主。诸君何不少俟之！与其忍公理、肆自屠求革命而必不能成，甚者且以资[17]敌，何如仍誓保皇，发愤敌忾，以冀皇上之复辟，而民权自由为必可得耶？

注释

［1］滔滔：形容混乱。《论语·微子》："滔滔者天下皆是也，而谁以易之。"　［2］薄海：泛指海内外各地。　［3］额手：举手齐额，表示敬礼或祝贺。　［4］阔普通武：满洲正白旗人，他塔拉氏，字安甫，戊戌变法时任礼部左侍郎，赞成维新。　［5］孙家鼐：安徽寿县人，咸丰朝状元，曾与翁同龢同为光绪帝师。戊戌变法时主办京师大学堂。　［6］格：阻碍，隔阂。　［7］"礼部尚书"以下：时有礼部主事王照，欲上书言事，建议光绪帝奉皇太后圣驾，巡幸中外，礼部满汉两尚书怀塔布、许应骙皆拒绝接受和代呈，光绪帝知道此事后，将怀塔布、许应骙及与此事相关的六堂官即行革职，此事加剧了高层的分裂，使得很多官僚走向了变法的对立面。最终光绪帝被剥夺了权力。　［8］敝屣：破旧的鞋子。　［9］报施：报答、施予。　［10］扑满：消灭满人。　［11］窟：意指在其室营窟。　［12］质

其子：以其子为人质。［13］“汤、武之革命”三句：商朝开国之君商汤、周朝开国之君周武王，分别推翻夏桀、商纣这两个残暴的末代之君。夏启，夏禹之子，建立夏朝。武丁，即殷高宗，任用傅说为相，使得商朝中兴。［14］国朝：指本朝。［15］溥儁（jùn）：爱新觉罗·溥儁，端郡王爱新觉罗·载漪次子，母亲为慈禧的弟弟叶赫那拉·桂祥之女。戊戌变法失败后，以慈禧太后为首的顽固派想废黜光绪帝，于是在1900年1月24日召集王公大臣会议，决定立溥儁为“大阿哥（皇储）”，预定庚子年元旦光绪帝举行让位礼，改元“保庆”。此举遭到国内外各派势力的强烈反对，慈禧被迫停止废立计划。［16］春秋鼎盛：指年轻。［17］资：帮助。

夫革命非一国之吉祥善事也。就使革命而获成矣，为李自成之入燕京矣，为黄巢之破长安矣，且为刘、项之入关中矣。然以中国土地之大，人民之众，各省各府，语言不相通，各省各府，私会不相通，各怀私心，各私乡土，其未大成也，必州县各起，省府各立，莫肯相下，互相攻击，各自统领，各相并吞，各相屠灭，血流成河，死人如麻，秦、隋、唐、元之末季，必复见于今日。加以枪炮之烈，非如古者刀矛也，是使四万万之同胞死其半也。董卓既除宦官，则吕布杀卓，郭傕、樊稠、张济更迭相争相杀，曹操、袁绍、袁术、公孙瓒、孙权、刘备更迭并争[1]。或如晋八王之互攻[2]，而五胡乱华[3]，中国偏安者三百年。或如尔朱乱魏[4]，而高欢、宇文[5]更迭竞争，名分不定，则逐鹿并起，争杀无已，血流如糜。以中国今日之人心，公理未明，旧俗俱在，何能如欧洲民变之公。势必大者王，小者侯，如恒河沙，自攻自残，日寻干戈，偷生不暇。何能变法救民？何能整顿内治？夫欧美一切之美政、美学、美术，皆承平暇豫[6]，而后能为之。岂有国内乱据仓皇，民不聊生，工商俱废，奔走不暇，而能兴内治乎？法国之地与民，不得中国十分之一，而革命一倡，乱八十年。第一次乱，巴黎城死者百廿九万。中国十倍其地，十倍其民，万倍于巴黎，而又语言不通，山川隔绝，以二十余省之大，二百余府之多，三千余县之众，必不能合一矣。若有大乱，以法乱之例推之，必将数百年而复定，否亦须过百年而后定。方列强竞争，虎视逐逐[7]，今方一统，犹危殆岌岌，若吾同胞相残毁，其能待我数百年平定而后兴起内治乎？鹬蚌相持，渔人得利，必先为外人有矣，若印度是也。谁生厉阶[8]，演此惨剧？夫今志士仁人之发愤舍身命而倡大变者，其初岂非为救国民哉？乃必自杀数万万人，去中国人类之半而救之，孟子言杀一不辜而得天下不为，况于屠戮同种数万万人哉？且杀子而救其孙，既不为智，况并孙而不能救，终于相持而赠他人。试问中国同胞何仇于彼，而造此无量之苦海恶孽乎？庄子言："作始也简，将毕也巨。"[9]能发之者，谁能收之？若火之一发，既燎于原，不可扑灭，有救民之圣主在，乃不少待而妄发此巨焰，焚人以自焚，且焚及其同胞数万万人。焉有仁人志士而如此乎？孟子曰："贼人者谓之贼。"[10]托于救国者，岂愿为民贼乎？夫始为变法自强而来，终为内乱自亡而去；始为救国保种而来，终为鬻民灭国而去。在安发者，岂料其末祸至是！然放火之人，无能知火之所止者，彼放小火耳。风之所来，谁能定之？测火风犹若是，而况倡革命者？放大火、燎炸药以烧中国，又当四邻窥伺之时，彼虽号为智者，能料其所终乎？即智者妄谓能料之，其可信乎？方印度诸自立国，倡言背蒙古朝时，岂料不数十年国种全灭而隶英[11]哉？言革命者，必谓非经大杀戮，不能得大安乐，故杀人数万万，乃其本怀，原不足动其心。然使杀之而必能救中国，犹可也；然自相屠杀，剪其种族数万万，而必至鹬蚌相持，渔人得利也。志士仁人，何忍出此！

注释

[1]“董卓”以下：意指东汉末年之乱。康有为的意思是名分不定，天下大乱不已。 [2]晋八王之互攻：八王之乱是发生于西晋时期的一场皇族为争夺中央政权而引发的内乱，历时十六年。八王之乱使得社会经济遭到严重的破坏，导致西晋亡国以及近三百年的动乱，后遂有五胡乱华之惨烈。 [3]五胡乱华：西晋时期塞外众多游牧民族趁西晋八王之乱，陆续建立数个非汉人政权，形成与南方汉人政权对峙的时期。五胡主要指匈奴、鲜卑、羯、羌、氐五个胡人大部族。 [4]尔朱乱魏：北魏权臣尔朱荣，将胡太后及幼主元钊溺杀于河阴（今洛阳西北），又借口丞相高阳王元雍谋反，围杀王公、百官两千余人。 [5]高欢、宇文：指北齐与北周之争。北齐后为北周所灭。 [6]承平暇豫：国家持久太平，人民生活安闲舒适。 [7]逐逐：急于得利的样子。 [8]厉阶：致祸的阶梯。《诗经·大雅·桑柔》：

“谁生厉阶，至今为梗。”后比喻祸端，肇祸之源。　［9］“庄子言”句：语出《庄子·内篇·人间世》：“其作始也简，其将毕也必巨。”意思是，一个事物开始时单纯细微，临近结束时变得纷繁巨大。［10］“孟子曰”句：语出《孟子·梁惠王下》，原文是“贼仁者谓之贼”。　［11］隶英：隶属于英国。

何谓中国革命？内乱相残，必至令外人得利也。闻今之言革命者，动引法军助美国自立之例，或言托外人运械，或言请外人练军，或言与外国立约，或言与外国借兵，盖无不操是说。然吾阅历已久，测验已多矣。夫欲假外援，亦必已能自立，人乃援之。今闻请外人运械者，则外人据其资；请外人练军者，则言语不通；土地无所，而糜费已巨矣。若请外国借兵，与外人立约，则试问洪秀全之时，英国之戈登[1]助谁乎？波兰欲自立，无助之者；埃及以藩镇自立，英、俄、法、普、德且助土耳其而攻埃。必将如俄人之据伊犁、据东三省，藉口保护其商人，藉口定乱，因而据之耳。国朝入关，平李自成而取明鼎[2]，亦用此法，此实为中外古今公理定例矣。各国皆堂堂大国，可取之则取之，谁肯与乱党结盟哉？何必待与乱党结盟哉？以台湾观之，当时欲以与英、法，尚不肯取，此最近事矣。又吕宋之阿坤鸦度[3]，始与美国立约相助，乃发兵称自立，以拒西班牙；及阿坤鸦度既背西班牙，美即背约而取阿坤鸦度矣。夫阿坤鸦度之至诚得民，才略绝众，苦战累年，其精诚才志，真可倾服者矣。然究其成就，不过代吕宋人作中人卖与美国耳，于美诚有功矣；虽能脱西班牙之轭[4]，而终不过涂炭其种类，以卖吕宋之土地人民与美国耳。究何益乎？此乃最近而可鉴者也。又近者波亚[5]欲脱英国之轭，立国既固，苦战累年，德皇尝致电贺胜，荷兰益以同种而哀之，法总统首见其统领古鲁家[6]矣；而前后数年，各国未闻一兵之助，卒以致灭。近观吕、波，远观埃、兰[7]，可为殷鉴[8]矣。吾审查各国之情已熟，公法具在，国交甚严，必无立约借兵者；若其有之，则如美之与吕宋耳。况革命之军动者必于江海之间，各国通商之地，或在某范围之域，即军令甚严，而西商之未易保，及教堂之必易扰，此实将兵者必无暇保全之也。外人必以保护商旅为名，教士必以教堂被扰为名，警报一动，兵船纷至，即以定乱为名而据之也。既无英、法之相忘，岂肯听吾人从容自定之乎？故今之言革命扑满者，其极不过如菲律宾之阿坤鸦度、波亚之古鲁家而止。顷德国以俄学生之在德谋乱俄也，且逐其党十人。近者广西之变，法人已告外务部，谓于其安南[9]商务有碍，如六月不平，必遣兵代平之，而西抚丁振铎[10]已电告法马兵闯入龙州[11]。而革命自立者，犹望外人之助，岂不哀哉！故无论革命者能假外国之力与否，要终于自鬻国民，以速其割亡而已。以救国之故，而终至鬻国，又岂仁人志士而甘出此乎？

注释

［1］戈登：英国人。同治二年（1863）率常胜军进攻太平军，官清军江苏总兵，赐提督品级章服，后归国。死于埃及。［2］明鼎：自禹铸九鼎以象征九州，古人即以九鼎为天下的象征。明鼎即明之天下。［3］阿坤鸦度：菲律宾独立运动领导人。今译阿奎纳多。［4］轭：本指驾车时套在牲口脖子上的曲木，后引申为束缚，控制。［5］波亚：即今之南非。［6］古鲁家：疑为祖鲁王国国王Dinizulu。［7］吕、波、埃、兰：分别指吕宋、波亚、埃及、波兰。［8］殷鉴：语出《诗·大雅·荡》："殷鉴不远，在夏后之世。"意为殷人灭夏，殷人的子孙，应该以夏的灭亡作为鉴戒。［9］安南：即今之越南。［10］丁振铎：字声伯，号巡卿，河南罗山人，同治十年（1871）进士，授庶吉士，累官至广西巡抚、云贵总督，协理资政院事兼弼德院顾问大臣。［11］龙州：今广西崇左市龙州县。

且倡革命者，必以民权自立为说，公举民主官吏为言，近引法、美，切乎时势，合乎人心；当水深火热之余，莫不信之望之。夫民权自由之与革命，分为二者也。欧洲十余国，皆有民权，皆能自由者，除法国革命外，余皆有君主。然则必欲予民权自由，何必定出于革命乎？革命未成，而国大涂炭，则民权自由且不可得也。是故真有救国之心、爱民之诚，但言民权自由可矣，不必谈革命也。然则革命者之言民权自立，不过因人心之所乐而因以饵之，以鼓动大众，树立徒党耳。假令革命果成，则其魁长[1]且自为君主，而改行压制之术矣。不见法之拿破仑乎？始则专倡民权，每破一国，辄令民背其主，既为民主，事事皆俯顺民情，而挟其兵力以行之，于是复自为君主矣。又不见拿破仑第三[2]乎？始为议员，则事事必言利民，新为民主，则誓守旧章，三年之先，凡卫民、厚民、保民之事，无不力行，且补旧章之不及，以买人心。已而夜宴，一夕伏兵擒议员百数，民党头目及知名士千数，尽置于狱，流于而美嵌监[3]绝地中，拥兵五十万而称帝矣。盖能以革命成大事之人，其智术必绝伦，又必久拥兵权者。

中国枭雄积于心脑者，人人有汉高、明太[4]之心，吾见亦多矣。古今天下，安得遇尧、舜、华盛顿？法国累更革命，积化百年，定章极严，而拿破仑第三犹如此，况中国向来本无议论，更无立宪定章。彼枭雄能指挥十八省者，其拥兵权何止五十万，如此则何为不可！夫华盛顿之时，美国人仅四百万，中国乃百倍之，其人之才能控制十八省四万万人、破万里之全国者，非有秦政、刘邦、曹操、刘裕[5]、朱元璋之枭雄术略，好杀自私，必不能也。夫秦政、刘邦、曹操、刘裕、朱元璋再出，方出新法，以大肆屠戮而行其压制，而立其君权，其先言民权者，亦不过为拿破仑第三之买民心耳。今所见革命之人，挟权任术，争锱铢[6]小利而决裂者，不可胜数。如此之人，使其有天下而望其行尧、舜、华盛顿之事，是望盗跖[7]之让国也。故即有华盛顿之仁，盖其人亦只能抚四百万人，而必不能定四万万人。盖以人心未化之国，非极枭雄术略之人，肆其杀戮专制之权，必不能定之也。故今日中国，必无骤出华盛顿之理，不必为此妄想也。孟子曰："有伊尹之志则可，无伊尹之志则篡也。"[8]故子哙[9]之禅让，岂非绝世高义哉？而孟子日称尧、舜而不许子哙者，以人心未至，时候未及，徒酿篡夺之祸也。故尧、舜之为民主、大同之公天下，孔子倡之，而不能即行之。今民主之法、大同之道，乃公理之至义，亦将来必行者也。而今中国，实未能行民主也，世界实未能大同也。譬人方婴孩，将来必至壮老。然方当婴孩之时，当有父母抱育之、师长教督之，实未能待以壮老之礼也。今中国新论甫萌芽，乃当童年就傅[10]之时，尚非七十老傅[11]之日。一二文学好异求速之人，日读法、美之书，而不审中国之势，妄为此说，此以四万万之人命为戏场也。余人不深审本末，但乐闻其民主自立之说、改革新政之言，而嫉于西后、荣禄之割地，暴民遂发愤而从之，徒弃身命、沉宗族而自鬻其宗邦。即幸于万一，必无而仅有之事；至于有成，亦不过助秦政、刘邦、曹操、朱元璋之帝业，然则岂其本心哉！

注释

[1]魁长：首领。 [2]拿破仑第三：今称拿破仑三世，拿破仑一世的侄子和继承人，是法国历史上第一位民选总统和最后一位君主。 [3]而美嵌监：今译作阿姆监狱。 [4]汉高、明太：汉高

祖刘邦、明太祖朱元璋，登位后都大肆杀功臣。［5］刘裕：南朝刘宋开国皇帝。在刘裕代晋建宋前，前代的禅位君主都得以保全性命。而至刘裕称帝后，晋恭帝司马德文被降为零陵王。仅在一年后，刘裕便派亲兵将其用棉被闷死。元人胡三省评道：“自是之后，禅让之君，罕得全矣”。［6］锱铢：旧制锱为一两的四分之一，铢为一两的二十四分之一。比喻极其微小的数量。［7］盗跖：传说中春秋后期的人物。古人以为至恶者。［8］“孟子曰”句：出自《孟子·尽心上》。［9］子哙：战国中期燕国国君。因受尧舜禅让学说影响，将王位让给国相子之。［10］就傅：从师。《礼记·内则》：“十年，出就外傅，居宿于外，学书计。”［11］老傅：学问有成者。

善乎满人瓜尔佳[1]之言也。瓜尔佳曰：“民主者，天下公理也。能爱民变法，天下莫如皇上；若举民主，莫如皇上也。”吾以为今之言革命民主者，糜烂四万万之人，大战数十百年，而必不能成革命，必不能保中国。假而有成，而得一秦政、刘邦、曹操、朱元璋、拿破仑为民主，则益水深火热矣。即不可谓薄待天下人，或冀幸于万一，而有华盛顿者出；然与其望之空虚必无有、未可信、未出现、未著效之华盛顿，何如望之已有、已现、已效之皇上乎？皇上天生仁圣之美质，爱民如子；又有变法之大力，推破旧习；少即帝位，与人间绝，翁师傅教之数十年，无丝毫满人议论在其胸，且深恶满人之守旧不通；而又身历艰难，视天位如敝屣；久习富贵，则忘而生厌，故有天下而不与[2]。不如起自田舍者，有艳[3]大位之心。刘邦曰：“今日乃知天子之贵。”[4]曹丕曰：“舜、禹之事，吾知之矣。”[5]杨再思曰：“但得一日为天子，死亦无憾。”[6]今士人为诸生时，动谈高义，克己厉行；及一登第筮仕[7]，即尽变面目，只谈宦达，不言学行。吾自田间至立朝，阅人多矣，其有穷达一节，不变塞焉[8]，盖有之矣，我未之见也[9]。孔子亦称，“隐居求志，行义达道，吾闻其语，未见其人”[10]。区区科第微末官位，犹足变易志士之素志，况于统一天下、手定山河者乎？曹操自称身死之后，墓文为汉故将军；而赞大业之荀文若[11]，则以争受九锡赐死矣。此与议员之朝拥戴拿破仑第三，而夕则下狱远流，正同矣。言革命者乎，果能翊赞[12]成功乎？不为斗鹌鹑者之互相斗死，即为勾践、刘邦、曹操、朱元璋之诛戮功臣而死耳。故望之必无之华盛顿之民主，不如望之已效之华盛顿之皇上也。

以皇上之仁圣英武，通于外事，足以变法而强中国；以皇上之久历艰难，能公天下，足以立宪而与民权。天生皇上之圣仁，令其阅历变难，正所以救中国生民者也。夫使众议纷纭，革命大乱而后能变法，则待之数百年而后成，夫中国为黄种之独国，与法、美迥异；方今外人侵压之力，岂能从容以百年之乱待之乎？若欲速变，非君主之权不能也。即如八股之案，建自王安石，行之千年；漕运之案，始自萧何，行之二千年。若非以君主行之，岂能一朝而扫除之哉！吾昔游英京伦敦，未到则极慕之，及游其中，则尚未有电灯、电车也。盖以众议办事之难也。若以君权变法，则举欧美至美之政器艺术，可数年而尽举之。故吾尝妄谓中国强犹反掌也，三年而规模立，十年而治化成，实藉数千年君权之力而行之。戊戌之时，上未有权，而百日维新成效如此。此仆亲办之事，天下公认之效，非以美言欺人者也。加以是时太后本不愿变法，有事必待臣下陈奏而后请于后而裁之，皇上不能自出一新意。吾所请开之十二局，四下军机、外部[13]议，而皆驳之，故制度局、律例局皆未立。刚毅[14]日挟太后之力，以尼[15]新法；荣禄日造谣言，以耸人心；各督抚累经严旨，皆观望而不办。皇上乃无逐军机、督抚之权，一革礼部六堂而帝位即废。以此无权，尚能转移浩大如此；若使皇上有全权以行之，法例先草定全体而后颁行，诛窜一二守旧之大臣以耸其余，则令下如山，风偃如草，不期月而举国上下皆变矣。故论政法之理，莫不善于君主；开明专制，莫善于民权公议。而当中国沉疴深重之时、望黄种独立之日，上适有舍身救民之圣主，则莫善于用君主开明专制之权以变之，如雷霆霹雳，天地昭苏。药莫善于参朮[16]，莫毒于天雄[17]；然起沉疴而泻积疾，则天雄、大黄乃为最效。及既泻之后，乃以参朮补之。今有圣主而用专制之权以变法，乃今最适时之灵药、曾效之验方，吾亲服之而致效。今德国骤强，亦天下所共见也。亦愿抄此验方，与诸君共服之。故为保皇之会，所以保国保民也，皇上既早欲开议院、与民权矣，先以专制之君权变法，徐以公议之民权守成，不待革命糜烂之争，而可安享民权自由、变法自强之乐。吾为中国计，为四万万之同胞计，妄谓莫善于此！

注释

［1］瓜尔佳：疑为文悌。文悌，字仲恭，满洲正黄旗人，戊戌变法时为御史，曾上疏参劾康有为。《清史稿》有传。［2］与：亲也。［3］艳：羡慕。［4］“刘邦曰”句：典出《史记·刘敬叔孙通传》。汉五年已并天下，礼乐未备，群臣在殿上常饮酒争功，高祖患之。叔孙通为定礼乐，秩序井然，高祖感慨说：“吾乃今日知为皇帝之贵也。”［5］“曹丕曰”句：曹丕即魏文帝，逼汉献帝禅位于他，礼毕，回头对大臣说了“舜、禹之事，吾知之矣”这句话。［6］“杨再思曰”句：此处当为康有为误记。杨再思是唐代著名的佞臣，巧媚逢迎。这句话应是隋末宇文化及说的，原话是：“人生故当死，岂不一日为帝乎？”［7］筮仕：古人将出做官，卜问吉凶。指初出做官。［8］不变塞焉：守道不变，德行充实。语出《中庸》：“国有道，不变塞焉，强哉矫。国无道，至死不变，强哉矫。”塞，实。［9］盖有之矣，我未之见也：此用孔子语，“有能一日用其力于仁矣乎？我未之见力不足者。盖有之矣，我未见也。”［10］“孔子亦称”以下：语出《论语·季氏》，原文是“隐居以求其志，行义以达其道。吾闻其语矣，未见其人也”。［11］荀文若：荀彧，字文若，颍川颍阴（今河南许昌）人，曹操统一北方的首席谋臣和功臣，被曹操称为“吾之子房”。建安十七年（212），曹操欲进爵国公、加封九锡（九锡是古代帝王对大臣的九种赏赐，有车马、衣服、乐器、武士、弓矢等，这是对大臣的最高礼遇）。通常加封九锡即是迫君主禅让的前奏。荀彧认为：“（曹公）本兴义兵以匡朝宁国，秉忠贞之诚，守退让之实；君子爱人以德，不宜如此。”曹操因此“心不能平”。不久曹操征孙权，荀彧病，曹操赠送食物给荀彧，荀彧打开食器，见器中空无一物，因此被迫服毒自尽。事见《魏氏春秋》。［12］翊赞：辅

佐，辅助。 ［13］外部：指总理各国事务衙门。 ［14］刚毅：字子良，满洲镶蓝旗人。笔帖式出身，累升刑部郎中、按察使、布政使。［15］尼：阻止，阻拦。 ［16］参朮（zhú）：中药名。人参和白朮。 ［17］天雄：中药名。乌头块根上不生侧根者，性味主治与附子略同，而性更烈。《淮南子·缪称训》："天雄乌喙，药之凶毒也，良医以活人。"

盖因水陆而行舟车，视病情而施医药；地各有宜，物各有适；有宜于彼而不宜于此者，有适于前而不适于后者。今革命民主之方，适与中国时地未宜，可为理想之空言，不能为施行之实事也。不然，中国之人，创言民权者仆[1]也，创言公理者仆也，创言大同者仆也，创言平等者仆也；然皆仆讲学著书之时，预立至仁之理，以待后世之行耳，非谓今日即可全行也。仆生平言世界大同，而今日列强交争，仆必自爱其国，此《春秋》据乱世所以内其国而外诸夏[2]也。仆生平言天下为公，不可有家界，而今日人各自私，仆必自亲其亲、自私其子，此虽孔子，亦养亓官夫人[3]伯鱼[4]，而不能养路人也。仆言众生皆本于天，皆为兄弟，皆为平等，而今当才智竞争之时，未能止杀人，何能戒杀兽？故仆仍日忍心害理[5]，而食鸟兽之肉、衣鸟兽之皮，虽时时动心，曾斋一月而终不戒。此阿难戒佛饮水，而佛言不见即可饮[6]，孔子所以仅远庖厨[7]也。仆生平言男女平等、婚姻自由、政事同权，而今日女学未至、女教未成，仆亦不遽言以女子为官吏也。仆生平言民权、言公议，言国为民公共之产，而君为民所请代理之人，而不愿革命民主之事，以时地相反，妄易之则生大害，故孔子所以有三世三统之异[8]也。医生之治病，不能持独步单方以行之；志士之治国，亦岂可以革命民主之单方行之乎？《中庸》曰："溥博渊泉，而时出之。"[9]故孔子既广张三世以待后人之审择而用之，仆亦兼学多方而细审病情而发之，尽备冬夏裘葛[10]之衣，以顺时令而服之，非称狐貉[11]之美而五月尚必披裘、称絺绤[12]之美而九月尚必衣葛也。故审时者，无皇上之圣仁而绝望于西后、荣禄，言革命可也；有皇上之圣仁，则不必言也。有皇上之圣仁而已遭毒弑之大变，而绝望于高丘之无女者[13]，言革命犹可也；有皇上圣仁而历劫不坏，则犹有可望中国自强、生民自由之日，则不可言也。

注释

[1]仆：康有为自称。 [2]内其国而外诸夏：见《答南北美洲诸华商论中国只可行立宪不可行革命书》"内其国"注。[3]亓官夫人：孔子夫人，孔鲤之母。 [4]伯鱼：孔子的儿子孔鲤的字。生时，适鲁昭公以鲤赐孔子，名与字皆缘于此。比孔子早故。[5]忍心害理：心地残忍，伤天害理。 [6]阿难戒佛饮水，而佛言不见即可饮：昔者佛命阿难以钵取水，阿难言水有微生物，不当取而饮之，佛谓不见即可饮。 [7]远庖厨：语见《孟子·梁惠王上》："君子之于禽兽也，见其生，不忍见其死；闻其声，不忍食其肉。是以君子远庖厨也。"康有为误记为孔子。 [8]三世三统之异：三世即指"据

乱世”“升平世”“太平世”，是儒家公羊学派关于历史进化的一种理论。已见前注。三统，也称三正，意思是夏、商、周三代的正朔。西汉董仲舒提出的黑、白、赤三统循环的神秘主义历史观，董仲舒认为，每个相继的朝代都要改正朔，易服色，就起居饮食和制度的具体形式作一些改变，自成一统，以应天命。［9］“《中庸》曰”句：指人的智慧像不断涌动的泉水和无底的深渊，又像辽阔的天空。［10］裘葛：泛指衣服。裘，冬天的皮衣。葛，夏天的布衣。［11］狐貉（mò）：亦作“狐狢”，指狐、貉的毛皮制成的皮衣。［12］絺绤（chī xì）：葛布的统称，葛之细者曰絺，精者曰绤，引申为葛服。［13］高丘之无女：比喻国君失位。《楚辞·离骚》：“朝吾将济于白水兮，登阆风而緤（xiè）马。忽反顾以流涕兮，哀高丘之无女。”

谈革命者，知大事之本难，则又言割据自立。夫观于台湾割与他人也，旅顺、大连湾、胶州、广州湾之割与他人也。夫国者民之国也，地者民之公地也。朝廷不能保，则民自保之。即在朝廷，与其馈之外人，岂若还之吾民乎？故言自立者，义较可行。诸君之所居在美，其所感触亦在美，以属地成自立者，惟美一国最著也。然考其事势，与中国大相反者有三焉。第一则迁美之民，本由不乐故国政府，好行自由而迁新地，已有与本国反对之心。是时英重税既苛，压制既甚，而十三州本有议院，事可自立；故一日独立，合十三州而公布之，即成敌国之体。若中国人服从政教、结合为一已二百年，除一二秘会[1]外，内地官民皆戴服朝廷，间无异志；各省郡县，皆无议院。言自立者，盖无尺土一民，与作乱者无异，从何布告？从何对抗？此地势、人心、政体之殊也。第二则法深怨英，与美结盟，遣兵赠械，以抗英军，而拉法伊脱[2]之徒，仗义助战；西班牙、俄、丹、瑞、兰、普、奥、葡，皆为美结同盟而助之；故华盛顿得以成功。试问中国边方自立，无地无械，安得有此众大国遣兵助械、皆结同盟乎？第三则美洲远隔英伦，重洋万里，当华盛顿时未有轮船，英国仅帆船为渡，调兵运饷，事势甚难。中国则十八省皆为内地，江海相通，轮船飞渡，一处有警，旬日即调兵到；其与美国时势地势至相反者也。

且假令华盛顿生美国今日而称兵，事亦难成。不观于非洲之波亚乎？力战四年，流血千里，而今卒亡。不观于菲律宾乎？力战四年，流血千里，而今卒亡。夫以波亚之古鲁家、菲律宾之阿坤鸦度，其人可谓忠义诚勇、才略绝人矣。而华盛顿之功效如彼，古鲁家、阿坤鸦度之败亡如此，非必其才有高下也，时势之殊故也。又更观欧美各国自立之情，皆与中国相反者也。葡萄牙、西班牙、嗹、荷兰各国，皆立于拿破仑既流之后。此则见灭数年，各复故国，不与中国同。若道光十年比利时之自立，因与荷兰教不同、权不等之故。荷兰立国仅十余年，其基极浅，其地四五百方里，地又极小。欧洲各国视之本甚平等，法方逐君，未暇兼顾，故一动而英、法、俄、奥、普皆认之，故独立得成。今满之与汉，故同教也。自沈文定、李文忠、曾文正、左文襄、翁常熟、孙毓汶以来[3]，汉人常秉政权；同治时疆臣几尽汉人，无几微之芥蒂也。立国二百余年，结合为一，地广万里，岂与荷兰比哉？自立者若起，英、法、俄、奥、德其肯认之乎？此又不能引比利时为例也。希腊之能自立也，以欧人咸为文明之始基故也，既咸馈军资，而俄方欲挫土耳其之势，与英、法同盟，以兵船助之，俄军深入土境，于是三国立王而认之。若中国与欧人异种，言语文字不通，有何感动而助军资？又安得三大国遣兵船相助？若果得此，事固可成，然必不可得也。

注释

［1］一二秘会：如以反清复明为职志之天地会。 ［2］拉法伊脱：法国拉法耶特侯爵。曾助美抗英。 ［3］“沈文定”以下：沈文定即沈桂芬，李文忠即李鸿章，曾文正即曾国藩，左文襄即左宗棠，翁常熟即翁同龢。与孙毓汶一样，皆为朝廷重臣。

南美秘鲁、墨西哥等各国之自立也，则以西班牙、葡萄牙既灭于拿破仑，殖民不服，各自立国。拿破仑既不能越数万里海岛而征之，立国既定，及西、葡复立，亦不服从，乃其自然之势，非别谋自立者也。近者罗马尼亚、门的内哥、布加利牙[1]之自立，则以耶、回之教不同，而耶教被杀，俄、英、奥、法、德、意六大国以同教而助之，故能有成。若今言自立，必无督抚之自起，又无同教之六大国相助，更安得成乎？埃及之自立，缘藩镇因战功拥大兵而后成之，此与吴三桂无异矣；其力能连破土耳其，至于土国乞兵诸大，英、俄、奥、普且助土而攻埃及矣。今欲自立，既无藩镇，然其成也，且犹有英、俄、奥、普之攻。然则以白徒[2]倡义，安可得成？匈牙利虽自立矣，然奥合俄而攻之，不及数月卒败。

又至近者波亚欲自立也，蓄力十余年，密购枪弹，埋地如山，其同种人亦暗助之。吾见一英官自非洲战还者，称波亚人之蓄积坚忍、苦力苦战，以散队避炮弹，英兵出则没，英兵去则出，地险而多山谷林箐[3]，人自小儿皆习枪法，善能命中，愤不畏死，真不可及也，故能以小国抗英累年。然德皇虽尝发电贺之，荷兰虽暗哀之，法总统虽尝见之，然何尝能出一兵救助也哉？彼有同种者犹若是，况中国黄种自斗，异种之人正可坐视之而取渔人之利，其何助乎？又若吕宋之阿坤鸦度之脱西班牙而自立也，精诚果毅，苦战累年，而卒见卖于美，降为隶属，徒死国民百数十万而已。波兰自有议院，民多秘会，新被灭于俄，因法之变，举国上下发愤同心，然累起累败。印度当蒙古末造之时，亦尝各省自立，不数十年而尽属英人。今英守其孟迈、加拉吉打、密者拉士[4]三大镇之海，严禁枪械。印人二万万帖然受治，无复能为。台湾自唐薇卿[5]谋自立矣，民心新灭，其热心至甚，更及简大狮[6]之徒累起，皆自郐以下[7]，无庸议也。

注释

［1］门的内哥、布加利牙：分别指摩纳哥、保加利亚。［2］白徒：未经训练的兵卒；临时征集的壮丁。［3］林箐：成片生长的竹木。［4］孟迈、加拉吉打、密者拉士：今译孟买、加尔各答、马德拉斯。［5］唐薇卿：唐景崧，字维卿，一作薇卿，广西灌阳人。同治进士。历官吏部主事，调福建台湾道台，后台湾置省，旋升台湾布政使，署理台湾巡抚。《马关条约》割让台湾给日本，士绅拥之为总统，宣告自立。日军攻基隆，微服遁归厦门。［6］简大狮：又名简太师。台湾台北人。本为绿林中人。光绪二十一年（1895）于台北聚众起义抗日。后在台北、淡水等地与日军作战。光绪二十五年（1899）内渡，居同安。两年后为日本勾结清吏所捕杀。［7］自郐（kuài）以下：吴国的季礼在鲁国看周代的乐舞，对于各诸侯国的乐曲都有评论，但从郐国以下他就没有再表达意见。比喻从某某以下就不值得评论。事见《左传·襄公二十九年》。

夫以远之波兰、匈牙利之热心而不能成，近之波亚、吕宋之已成国体、蓄力苦战而不能成；若印度之背蒙古莫卧尔朝[1]而各省自立，适以召英人而自灭耳。至考之欧美之能自立有成者，则与中国无一而相类。其地势既非航海之绝域，其植基又无藩镇之厚力，三百余年人心未变，团合久一；有所动作，内外皆视为乱民。今人之开口辄慕美洲言自立自立，而考之各国情势，无一似者，何其谬耶！此岂儿戏乎？且能起者必在南方通商之地，有兵事必扰西商及教堂，虽极力保护，而乱事既起，必不能保。西商岂肯为一日之亏？教堂岂肯听风火之惊哉？若其起事之难，党争之情，军械之乏，兵队之散，亦如上所言矣。以区区之地，而敌万里全国，其力必不逮；既乱通商之地，外人必不肯认，当必仍借定乱以取之。狡焉思启[2]，何国蔑有？故起难，成尤难，事即成矣，亦徒资敌国，如印度而已。

又今真能自立，则必各省相争；即令不争，而十八省分为十八国。此日本人之所常言，而旅日者之所深惑者也。然使果分十八国，则国势不过为埃及、高丽而已，更受大国之控制奴隶而已，如印度之各省自立而授之外人而已。比为今日大中国之民犹有所望者，其相去亦远矣。夫今地球竞争，为何时乎？自吾身所见，弱小之邦，岁月被灭，不可胜数。若琉球之灭于日本，若安南、突尼斯、马达加斯加之灭于法，若缅甸、波亚之灭于英，若阿霸科尔[3]、土尔尼特[4]之灭于俄，若古巴、檀香山、小吕宋[5]之并于美，皆近二十年间事。非洲既全分矣。二十年中，变灭之急如此。自尔之后，霸国之义大倡，日人称为帝国主义者也，小国必为大国所并，殆于必然。观春秋时二百余国，至战国所余仅七国耳；虽有鲁、卫、中山，不过如安南之隶入藩属。盖自今以后，第二等国以下，亦必不能存。弱肉强食，鲸之吞鲵，乃理势之自然也。计百数年后，所存必仅数大国，自英、美、俄、德、法五国外，其余皆不可知者矣。我中国人民之众，居地球三分之一，土地等于欧洲，物产丰于全美，民智等于白种，盖具地球第一等大国资格，可以称雄于大地，可以自保其种者也。吾同胞何幸生于此文明之大国，当如何自喜、自奋、自合、自保，以不至侪于高丽、暹罗之列，而为印度、安南、缅甸之续乎！凡物合则大，分则小；合则强，分则弱，物之理也。毕士墨克生当欧洲盛言革命之后，近对法国盛行革命之事，岂不知民立独立之义哉？而在普国独伸王权，开尊王会，卒能合日耳曼二十五邦而挫法，合为德国，称霸大地。嘉富洱[6]乃力倡民权者，而必立萨谛尼为共主，备力设法，而合十一邦以为意国，故能列于众大，为欧洲之强国。使二子者但言革命民主，则日耳曼、罗马纷乱数十年，必永为法、奥、俄所分割隶属而已，岂能为强霸之国哉！夫普、意本以小国，而毕士墨克、嘉富洱则苦心极力，合众小为大，以致强霸。吾中国本为极大国，而革命诸人号称救国者，乃必欲分现成之大国，而为数十小国，以力追印度、求致弱亡，何其反也！使毕士墨克而绝无知识也则可；使毕士墨克之合众小而得霸而为有识也，则革命者力为分裂，其愚何可及也！使印度各省自立而能保全也，则可法也；印度不数十年而全灭，则是岂不可鉴也？人不分割我，而我自分割之；天不弱亡我，而我自弱亡之。奈之何号称志士救国者，而出此下策哉？幸于一时之自立，而忘同种之分崩；顾于目前之苟安，而不计百年之必灭，何其无远虑也！宁攻数百年一体忘怀之满洲，以糜烂其同胞，而甘分一统大同之中国，以待灭于强国；若此之谋，一何与毕士墨克、嘉富洱相去远也！发愤舍身不为大中国，而为小埃及、布加利牙乎？以仆之愚，窃爱大中国、爱一统；若其如印度焉，分为众小以待灭，此则仆之愚所不敢知、不敢从也。与强国合者昌，与亡国合者亡，仆宁从毕士墨克之后耳，安能法印度乎？

且假如自立乎，亦必当四境沸腾之时，而后为割据之事，又必当外敌未侵之日，而预为风雨绸缪之谋，然后可也。未有四境无虞而喧然唱此，百事未备而径欲举行，此无论理势之何如，而仆之愚又不敢闻也。诸志士而果忧外国之来分割，恐临时之政府不能保也，实情理之至也。当为波国[7]之预蓄远谋，预筹大款，预办军械，以十年之力，密密谋之，舍家为之，待时乃动，乃为成事之人。岂有如此大言高唱、无端举行，少有所捐即日望办事，日责成效而能成大事乎？此又仆所不敢附和者也。

注释

［1］莫卧尔朝：蒙古人在印度建立的王朝。今译莫卧儿。［2］狡焉思启：见《上清帝第二书》注。［3］阿霸科尔：疑为阿布勒海尔汗国，又称小玉兹汗国，是西哈萨克的地方割据政权。其汗王1730年宣誓效忠俄国。哈萨克有大玉兹、中玉兹、小玉兹，大、中玉兹1757年后皆为清朝藩属，然其大部，于1864年为俄国吞并。很可能清人以阿霸科尔统称哈萨克三玉兹。［4］土尔尼特：即土尔扈特。［5］小吕宋：古人以菲律宾为大吕宋，吕宋岛为小吕宋。1898年为美国占领。［6］嘉富洱：卡米洛·奔索·加富尔伯爵，是意大利政治

家、外交家，意大利统一运动的领导人物，意大利王国的第一任首相。意大利开国三杰之一。［7］波国：即前之波亚。

谈革命者，又谓中国积弊既深，习俗既久，静性既甚，守旧实深，虽皇上复辟，亦难大变之；非大震雷霆，大鼓风雨，以洗荡扫除其旧人旧性，如法之大举革命然，必不能真变也。故不望其成，但欲其大动大变以警醒之，甘为大火，甘为炸药，甘为大疫，宁杀三分有二之人，以望将来之大乐。若其筑室以庇之，行医以药之，则将来自有其人，今不暇计也。远引法、美之效，近法欧洲之风，谓变法自强，必无安然可致之理；一统大同，不如鼎峙竞争之各出智力、各出议论。此其决裂破坏，无所顾虑，但求欲速以成功名，可谓勇锐残忍以图事者矣。仆以为易动而难静者，民之性也，岂中国人独不然哉？方当地球大通、东西互遇、文明交易、新旧相搏之时，在天运为穷变之日，在大地为进化之秋。变亦变，不变亦变；顺变亦变，逆变亦变；上变亦变，下变亦变；内之自变亦变，外之迫变亦变。时机既动，人心已迁，无论如何权力，必不能以遏天机、逆时运，如转石于高山之上，经危崖，蹂林曲，或小停移缩，要之必至麓而后止焉。如沸泉于星宿之源［1］，为涓流，为小川，为伏流，为倒流，要之必入海而后止焉。

近观数年之变，自甲午败后，变法议倡，积极而有戊戌维新之事；其反潮则翻新政、废君上、诛党人，而积极[2]成庚子拳匪之祸；及都邑破、乘舆出、巨款赔[3]，积极而复有近者勉强变法之诏[4]。然而学堂既开，报馆既出，译书既盛，游学既众，民智日开，新说日出，即如戊戌之春，湖南已发自立易种[5]之论，幸而皇上赫然维新，故异说稍释。及己、庚[6]之间，溥儁立，京城失，人心骚动，革命之说复起。及去年旧党渐诛，回銮日闻，天下人人侧望，咸以为皇上立即复辟，异说渐静。及回銮后，不闻复辟，至今半年，天下复嚣然愤然而谈革命自立矣，广西之乱又起矣。顷闻撤帘[7]有信，而贼臣阻之。呜呼！此皆李莲英[8]、荣禄二人并力以亡国也。各宗室大臣、各疆臣环视而不动，是助荣禄、李莲英以亡之也。

注释

[1] 星宿之源：古人认为黄河发源于星宿海。 [2] 积极：此指积累已极之意。 [3] “都邑破”以下：指八国联军攻入北京，西太后、光绪帝逃往西安，次年签订《辛丑条约》，赔偿巨款。 [4] 勉强变法之诏：光绪二十七年（1901），在慈禧太后的默许下，清政府进行改革，改革内容多与光绪二十四年（1898）的戊戌变法近似，但比戊戌变法更广更深。 [5] 易种：改易种族。 [6] 己、庚：指1899年己亥、1900年庚子。 [7] 撤帘：封建时代，皇帝年幼，由其祖母或母亲执政，谓之垂帘。归还政权谓之撤帘。 [8] 李莲英：慈禧时期的总管太监。

夫人心之变，岂有极哉？民主之制，出自公举，可谓公之至矣；美国之治效，可谓盛矣；麦坚尼[1]之为总统，东定古巴，西收菲律宾，可谓殊勋矣，而尚有无君党[2]以刺之。近年工党[3]之变日起，均产之论[4]日多。夫论转石流川之势，则千数百年后，必至太平大同之世、群龙无首之时、公产平均之日；若在今日，则无君、均产之事，中国固未萌芽，而欧美亦岂能行哉？夫美之不能遽行无君、均产，犹中国之未可行革命、民主也。欧洲须由立宪君主，乃可渐致立宪民主；中国则由君主专制，必须历立宪君主，乃可至革命民主也。自夏徂冬者，必历秋之凉和，乃可由盛暑而至严冬，岂有一日能成者哉！若夫异说之倡、新说之出，则四万万人之众困于八股则已耳；既浸以欧美之说，导以自由之路，则为人心之趋，好异厌常，人之情也。聪俊特达之士，魁奇[5]跅弛之人，既乐脱范围，又喜树名誉，其必好奇语怪，标新领异，无所不至，乃必然也。荀卿纯儒者也，而其弟子李斯乃至焚诗书、坑儒士[6]，韩非乃至以孝弟、贞廉、诚信为虱[7]；吴起[8]，曾子弟子也，杀妻以求将。好奇立功名之士，亦何所不为？不待十五年之内，极奇之异论必横出无数，可逆料也。深识之士，当反复其利害，比较其得失，斟酌而维持之，变则当变，新则当新，保全国粹，扶翼大教，养育公德。岂如浅夫一得自矜[9]，一切不顾，维新是求，维异是尚[10]哉？是乡人初游五都[11]之市，矜诧异闻而侈谈之耳！今之极新极异之说，吾廿年前皆已穷思之，然而不敢张言之者，诚以不必教猱升木[12]

也；又未至其时，言亦无益，徒生大害也。

且既动之后，不能复静，变乱滋生，不可复止。不观于法国乎？法之初革命也，废尊称，更新历，起尊崇道理之教[13]，举旧政旧俗扫弃而尽改之，举国若狂，言愈发而愈激，愈激而愈偏。限行政之权，至于事不能举；行空想之论，使人皆无产，献工金之半于政府；既无名分以统一之，于是诸党争权而相杀，各省称兵而反斗。其革命裁判所，自王后以下，乃至杀戮名士贵爵数千人；遍派侦探，疑似辄杀，人人疑惧。此则秦始皇之坑儒、桓灵之钩党[14]、魏忠贤之诛东林[15]，凡帝国专制之酷政，无此惨矣。已而异党复起，展转相攻，党魁[16]数百，皆被诛戮，凡各党之争，甚类晋八王故事，死者百廿九万人。名为公议，而其专制过于无道之帝政；欲求治安，而其毒乱过于列国之互攻。盖革命之余，必至如此。诸党大乱之后，惩艾[17]其乱，则厌民主之说，于是拿破仑复立为君。拿破仑既逐，布尔奔[18]继立，法议员则公议严刑，以罚民主之说。既而有七月二月两大革命[19]，连逐两君，复思拿破仑而立其后[20]。及拿破仑第三见擒于德[21]，乱民争位之时，前后三次[22]，巴黎扰乱，死亡载道，贸易皆无，工贾俱绝，谋食无所；其幸生者，或贫穷而无归，或积郁而致乱。于是相与为乱，劫掠官民，盘踞宫殿，流血成渠，积骸成山。故民党之意，虽日倡自主平等同胞，终无济而益乱矣。英国鉴之，故宁迟迟变法，而力戒革命民主之说，果得渐进之益。

夫以区区之法、区区之巴黎，一唱革命，变乱无厌已如此；况于十倍法国、万倍巴黎之中国者哉！其惨状变态，益难思议矣。且谓中国安然变法亦非也，戊戌篡废之举，庚子拳匪之祸，皆始自京师，已从流血百万而来矣。各国皆变自京师，岂必边省并变哉！若暹逻以君权变法，则未闻有一人流血之事，又岂必引法事为变法铁案乎？吾则恐大动之后，湍流直奔，大火延烧，不知几百年而无以善其后也，况敢作俑乎？

注释

［1］麦坚尼：威廉·麦金莱，美国第25任总统。共和党人。1897年当选为总统。执政后，美国的经济大有起色，遂被称为“繁荣总统”。对外发动美西战争。在布法罗被无政府主义者刺杀，享年58岁。　［2］无君党：指无政府主义者。　［3］工党：指无产阶级政党。　［4］均产之论：此指社会主义理论。　［5］魁奇：亦作“魁畸”，杰出，特异。　［6］焚诗书、坑儒士：秦始皇三十四年，李斯为丞相，上书始皇，“请诸有文学诗书百家语者，蠲除去之。令到满三十日弗去，黥为城旦。所不去者，医药卜筮种树之书。若有欲学者，以吏为师。”坑儒始皇自为之，与李斯无关。　［7］以孝弟、贞廉、诚信为虱：《韩非子·五蠹》以学者、言谈者、带剑者、患御者和商工之民为五蠹，认为君主必须除之。曾有一鲁国人，“从君战，三战三北。仲尼问其故，对曰：‘吾有老父，身死，莫之养也。’仲尼以为孝，举而上之。”韩非由此认为，夫父之孝子，君之背臣也。他又说：“今兄弟被侵，必攻者，廉也；知友被辱，随仇者，贞也；廉、贞之行成，而君上之法犯矣。”又认为，“明主之道，一法而不求智，

固术而不慕信，故法不败，而群官无奸诈矣。”总之，他完全站在君主的立场上考虑问题，一切都要为君主的专制服务，把所有人都视为工具。［8］吴起：春秋时卫国人，好用兵，尝学于曾子，事鲁君。齐人攻鲁，鲁欲用吴起为将，吴起取齐女为妻，而鲁疑之。吴起于是遂杀其妻。鲁用其以为将，大破齐军。［9］一得自矜：因一点学问上的所得而自大。［10］维新是求，维异是尚：只崇尚新奇异说。［11］五都：古代的五大都市，汉、魏、唐各不相同。此指繁华之大都市。［12］教猱升木：教猴子爬树。猱，猴子的一种。语出《诗经·小雅·角弓》：“毋教猱升木，如涂涂附。”［13］尊崇道理之教：指崇尚理性的教化，今曰启蒙运动。［14］桓灵之钩党：东汉桓帝时宦官专权，士大夫李膺、陈蕃等联合太学生郭泰、贾彪等，猛烈抨击宦官集团。宦官诬告他们结为朋党，诽谤朝廷，李膺等二百余人遭捕，后虽释放，但终身不许做官。灵帝时，李膺等复起用，与大将军窦武谋诛宦官。事败，李膺等百余人被杀，并陆续处死、流徙、囚禁六七百人。钩党，谓相牵引为同党。［15］东林：指东林党，明朝末年以江南士大夫为主的官僚阶级政治集团。由明朝吏部郎中顾宪成创立，直到明朝灭亡，共存在近40年时间。［16］党魁：政党的首领。［17］惩艾：惩戒；惩治。［18］布尔奔：今译波旁。指复辟波旁王朝的路易十八。［19］七月二月两大革命：分指1830年7月，法国人民推翻路易十八的弟弟查理十世的革命；1848年2月，人民推翻当时的国王，原奥尔良公爵路易菲力浦的革命。［20］拿破仑而立其后：指拿破仑的侄子拿破仑第三。他于1848年12月当选为法兰西第二共和国总统，1852年12月2日宣布成立帝国，称皇帝，号拿破仑三世。［21］见擒于德：指1870年普法战争中，拿破仑三世御驾亲征，在色当之战失败后被擒。次年获释。［22］乱民争位之时，前后三次：第一次指1870年9月4日，巴黎人民起义推翻法兰西第二帝国，宣布建立共和国，史称第三共和国。第二次是1870年10月到1871年1月的巴黎居民起义。第三次是1871年3月至5月的巴黎公社运动。

谈革命者，开口必攻满洲，此为大怪不可解之事。夫以开辟蒙古、新疆、西藏、东三省之大中国，二百年一体相安之政府，无端妄引法、美以生内讧，发攘夷别种[1]之论以创大难，是岂不可已乎？夫革命之义，出于孔子之称汤、武[2]，而孟子以诛纣为诛贼，不谓之弑君[3]；此法之杀路易[4]，英之杀查理士[5]，号称国之公敌者也。故君而无道虐民，虽在汉人乎，逐周厉王于彘而立共和[6]、诛纣于太白[7]而封亳社[8]可也。英之查理士，法之路易，岂非英、法之人乎？若其有道，舜为东夷之人，文王为西夷之人[9]，入主中国，古今称之。《史记》称“匈奴之先祖曰淳维，夏后氏之苗裔。”[10]张晏注曰：“淳维以殷时奔北边。逐水草，随畜移徙，故中国谓之匈奴。”然则北方之人，皆吾同种。若泰伯[11]为周文王之子，以居吴断发文身，则不以为诸夏耳。楚之先鬻熊[12]为文王师，以在楚百蛮之中，荜路篮缕以启山林，故亦不以为诸夏耳。其实春秋之所谓夷，皆五帝三王之裔也。及战国时，无以楚为夷者。汉高祖亦楚人也，而亡秦为帝，天下古今，无斥其为夷狄异种者，盖楚行华夏之礼久矣。然则满洲[13]、蒙古，皆吾同种，何从别而异之？其辫发、衣服之不同，犹泰伯断发文身耳。且中国昔经晋时，氐、羌、鲜卑入主中夏，及魏文帝[14]改九十六大姓，其子孙遍布中土，多以千亿。今中土之姓刘、姓石、姓符、姓高、姓姚、姓容、姓杨、姓段，乃若侯莫陈崇[15]分为陈姓、侯姓、莫姓，纥狄干[16]之分为狄姓、干姓，库连之为连姓[17]，若此之姓，不可胜数。又大江以南，五溪蛮[18]及骆越[19]、闽、广，皆中夏之人，与诸蛮相杂，今无可辨。当时中国民数，仅二三千万，计今四万万人中，各种几半，姓同中土，孰能辨其真为夷裔夏裔乎？若必并此而攘之，恐无从检姓谱而行之也。若如此，则莽、操[20]革命，可攻汉高为楚夷；而北省引义，可鄙江、浙、荆、广之人为蛮种矣。

夫夷夏之别，出于《春秋》。然孔子《春秋》之义，中国而为夷狄则夷之，夷而有礼义则中国之。故晋伐鲜虞，恶其伐同姓则夷晋[21]矣；郑伐许，恶其伐丧则夷郑[22]矣；鲁伐邾，恶其凌诸夏之小国则并夷鲁[23]矣；楚庄王入郑不取，邲之战[24]，则夷晋而中国楚矣。春秋当此之时，惟德是亲。然则孔子之所谓中国、夷狄之别，犹今所谓文明、野蛮耳。故中国、夷狄无常辞，从变而移。当其有德，则夷狄谓之中国；当其无道，则中国亦谓之夷狄。将为进化计，非为人种计也。楚先称荆而后称楚此即公羊传所谓州不若国之义。荆为州，贬之，称楚为国，稍尊之。定、哀[25]之世，吴子爵而不殊[26]。盖据乱之世，内其国而外诸夏；升平之世，内诸夏而外夷狄；至于太平之世，内外大小若一。故曰“王者爱及四夷”[27]，又曰“王者无外”[28]，又曰“远方之夷，内而不外”[29]也。国朝入关二百余年，合为一国，团为一体。除近荣禄、刚毅挑出此义，已相忘久矣。所谓满、汉者，不过如土籍、客籍，籍贯之异耳。其教化文义，皆从周公、孔子；其礼乐典章，皆用汉、唐、宋、明，与元时不用中国之教化文字迥异。盖化为一国，无复有几微之别久矣。若衣服辫发，则汉人化而同之，虽复改为宋、明之服，反觉其不安。又历朝皆少失德，无有汉桓、灵，唐高、玄，宋徽、光，明武、熹[30]之昏淫者。若夫政治专制之不善，则全由汉、唐、宋、明之旧，而非满洲特制也。然且举明世廷杖[31]、镇盗大户加税[32]、矿政[33]之酷政而尽除之。圣祖仁皇帝定一条鞭法[34]，纳丁于地，使举国数万万人，数百年子子孙孙，永除差徭，无复有车辚马萧，弓箭在腰，爷娘妻子走送，哭声直上干霄之苦[35]。此则唐、虞至明之所无，大地各国所未有也。亦可谓古今最仁之政矣。

注释

[1] 攘夷别种：攘斥外夷，分别种族。 [2] “夫革命之义”二句：孔子在《易·革·彖辞》中说的：“汤武革命，顺乎天而应乎人。” [3] “孟子以诛纣”二句：语出《孟子·梁惠王下》，齐宣王问曰：“汤放桀，武王伐纣，有诸?”孟子对曰：“于传有之。”曰：“臣弑其君，可乎？”曰：“贼仁者谓之贼，贼义者谓之残，残贼之人，谓之一夫。闻诛一夫纣矣，未闻弑君也。” [4] 路易：指法国大革命中被杀的路易十六。 [5] 查理士：指1649年被杀的查

理一世。［6］共和：大臣们共同执政。《史记·周本纪》："召公、周公二相行政，号曰'共和'。共和十四年，厉王死于彘。"［7］太白：周武王灭商汤，破殷，将纣王枭首，悬挂在太白旗上。［8］封亳社：周灭殷商后，于诸侯国立亳社，以戒亡国。亳社，亡国之社也。殷都亳，故称。［9］舜为东夷之人，文王为西夷之人：语出《孟子·离娄下》。孟子曰："舜生于诸冯，迁于负夏，卒于鸣条，东夷之人也。文王生于岐周，卒于毕郢，西夷之人也。地之相去也，千有余里；世之相后也，千有余岁。得志行乎中国，若合符节，先圣后圣，其揆一也。"［10］"《史记》"以下：匈奴为夏后氏之裔之论，语见《史记·匈奴列传》。［11］泰伯：见《请断发易服改元折》注。［12］鬻（yù）熊：芈姓，名熊，又称鬻熊子、鬻子，西周人。周代楚国先祖，季连之苗裔，为周文王师。其曾孙熊绎在周成王时封于楚，姓芈氏，居丹阳。［13］满洲：这里指满族。［14］魏文帝：此指北魏孝文帝。［15］侯莫陈崇：字尚乐，代郡武川（今内蒙古武川县）人，鲜卑人。西魏时累功进位柱国大将军，封少傅，拜大司空。北周孝闵帝即位，进封梁国公，加太保。历大宗伯、大司徒。保定三年（563），为权臣宇文护逼杀。［16］纥狄干：即厍（shè）狄干。北朝武将，娶北齐神武帝高欢妹乐陵长公主。为人不知书，写干字一竖，由下而上，时人谓之穿锥。［17］库连之为连姓：今按据《通志·氏族略·以名为氏》，上党是连氏，改为连氏。无库连之姓。［18］五溪蛮：亦称"武陵蛮"。东汉至宋时对分布于今湘西及黔、渝、鄂三省市交界地沅水上游若干少数民族的总称。［19］骆越：秦汉时期活动于今越南红河三角洲地区及广西沿海等地区的古代民族。越南人自称是古骆越人的后裔。［20］莽、操：新朝建立者王莽、魏武帝曹操。［21］夷晋：《公羊传》有七等进退之义。庄公十年"秋，九月，荆败蔡师于莘，以蔡侯献舞归。荆者何？州名也。州不若国，国不若氏，氏不若人，人不若名，名不若字，字不若子。”解云：“言荆不如言楚，言楚不如言潞氏、甲氏，言潞氏不如言楚人，言楚人不如言介葛卢，言介葛卢不如言邾娄仪父，言邾娄仪父不如言楚子、吴子。”《春秋》设此七等名号，以进退当时之诸侯，文明者进之，虽夷狄而比于中国；野蛮者退之，虽中国而比于夷狄。昭公十二年，书“晋伐鲜虞”，直书国名，是以夷狄视晋。 [22] 夷郑：语见《公羊传·成公三年》书“郑伐许”，直书国名，是以夷狄视郑。 [23] 夷鲁：语见《公羊传·哀公六年》，书“城邾娄葭”，直书鲁国名，是以夷狄视鲁。 [24] 邲之战：语见《左传·宣公十二年》：“楚子围郑。夏，六月，乙卯，晋荀林父帅师及楚子战于邲，晋师败绩。”书楚以爵，书晋以国，是以楚为诸夏，而晋为夷狄。董仲舒解释说：“《春秋》之常辞也，不予夷狄而与中国为礼。至邲之战，偏然反之，何也？曰：《春秋》无通辞，从变而移。今晋变而为夷狄，楚变而为君子，故移其辞以从其事。” [25] 定、哀：鲁定公、鲁哀公。 [26] 吴子爵而不殊：语见《公羊传·定公四年》书：“冬，十有一月，庚午，蔡侯以吴子及楚人战于伯莒。楚师败绩。”“吴何以称子？夷狄也而忧中国。”时蔡侯无罪而被楚伐，吴救之，是正义的，故以中国之礼称爵。又《左传·哀公十三年》书：“公会晋侯及吴子于黄池。” [27] 王者爱及四夷：这是董仲舒在《春秋繁露·仁义法》中的话。四夷，东夷、西戎、南蛮、北狄。古代指居于我国四周边缘地区的少数民族。 [28] 王者无外：《公羊传》中常说的话。意思是对天子来说，没有国内国外之分。 [29] 远方之夷，内而不外：这是《春秋繁露·奉本》中的话，原文是“远夷之君，内而不外”。 [30] 武、熹：明武宗、明熹宗。 [31] 廷杖：明代皇帝惩处官员，杖责朝臣于殿阶下，以示侮辱。《明史·刑法志三》：“刑法有创之自明、不衷古制者，廷杖、东西厂、锦衣卫、镇抚司狱是已。” [32]镇盗大户加税：指崇祯帝朱由检为了镇压当时农民起义加派在农民身上的练饷、剿饷等额外的捐税。 [33]矿政：明末的太监借开矿为名，向各地人民勒索金银铜锡。 [34]一条鞭法：明代嘉靖时期确立的赋税及徭役制度，张居正于万历九年（1581）推广到全国。新法规定：把各州县的田赋、徭役以及其他杂征总为一条，合并征收银两，按亩折算缴纳。这样大大简化了税制，方便征收税款。同时使地方官员难于作弊，进而增加财政收入。清代因之。 [35]“车辚马萧”以下：出自杜甫《兵车行》：“车辚辚，马萧萧，行人弓箭各在腰。耶娘妻子走相送，尘埃不见咸阳桥。牵衣顿足拦道哭，哭声直上干云霄。”

夫所谓奴隶者，若波兰之属于俄，印度之属于英，南洋之属于荷，吕宋之属于西班牙，人民但供租税，绝无政权，不得为高官长吏，国民一切不得平等者耳。否亦如元朝之置南人于色目汉人之下。元谓契丹为汉人、宋为南人。贱其品流，不得为宰相，不用中国文字，是则不能不愤而求自立耳。若国朝之制，满汉平等，汉人有才者，匹夫可为宰相。自同治年来，沈文定、李文正、翁常熟迭相柄政[1]，曾文正、左文襄、李文忠则为外相[2]，倚畀[3]极重。而若孙毓汶之奸邪，独当国十余年，满人侧目，无可如何。除近年荣禄以预废君之谋，独专大政外，举国四十年政权，皆在汉人之手。恭、醇二邸[4]，位虽最高，但拱手待成耳。即今除荣禄、庆邸[5]外，何一非汉人为政乎？军机除荣禄外，王文韶[6]、鹿传霖[7]、瞿鸿禨[8]三相，皆汉人也。若袁世凯[9]、刘坤一[10]、张之洞[11]三督之权，至于朝廷不敢去之。若将兵之权，尤国所倚，则袁世凯、马玉昆[12]、宋庆[13]、苏元春[14]、张春发[15]，何一非汉人乎？满人无一统大兵者，即为总督者，仅一崧蕃[16]耳。其极边将军大臣之用满人，则以用满、蒙文字，为汉人不识之故，而将来亦必改之，观新疆改省可见。即今步军警察改用汉人，东三省亦拟改行省矣。故除京官满、汉并设，满籍人少，迁移较易，似为占优，然当时分设满、汉者，已自有故。乾隆时，舒赫德[17]曾请删除满、汉，谓开国时圣祖本欲删除，后恐满大臣权大，至使汉人无官，有若元时，故特分满、汉之缺。然则所以分之之故，盖专为汉人计也。且江苏、广东人才相等，而广东进士额少至数十，天下事原不能极平，岂广东可以此攻江苏欤？若外官则惟才是视，绝无满、汉之分。至海关、织造等官，明世原用阉人，而士人不屑为之，今满籍之贪横，尚不如明世宦官之甚也。然若东三省、新疆、西藏、蒙古为本朝开辟之地，而汉人今得官其间，此宋、明汉之所无，亦足以少相补矣。此外惟八旗兵饷数百万，独为虚縻[18]，然自满大学士舒赫德、松筠[19]等，皆尝欲改为屯田以养之，袁太常昶[20]亦尝言之。昔盛祭酒伯熙[21]与吾言，满兵挟弓箭坐食，日益穷，不如改业农工商贾，反足自谋。除选练精强，仍充兵籍，余听为民籍谋生。其满籍人亦知其弊，以为宜改矣。仆昔亦尝言之，皇上然之，则此事之改必矣。皇上复辟，必妥筹良法安置而改之。然则国朝之开满洲、回疆、蒙古、青海、藏卫[22]万里之地，乃中国扩大之图，以逾唐、汉而轶[23]宋、明，教化既益广被，种族更增雄厚。俄罗斯所以为大国者，岂不以旁纳诸种之故？然则满洲之合于汉者，乃大有益于中国者也。苟未至民主之时，帝室统系必有一家，终非人人所能为，亦不过如前朝之汉刘、唐李、宋赵、明朱耳。且惟满、蒙乃称奴才，汉人则与宗室并称臣，皆比肩事主，无所屈下。今微论圣主变法自强，能公天下，即使西后、荣禄或后之当国者，更肆专横，亦岂能禁四万万人而不听其开议院参政权哉！以戊戌推翻新政，而辛丑已复行之，近且有满、汉通婚之谕，然则大势所趋，即顽锢权强[24]，亦不能不俯首而移变。然则吾四万万人之必有政权自由，必可不待革命而得之，可断言也。夫以平等权利如此，英、普、奥、意、荷、嗹、班、葡、日本人自为国政，不过如是，但不如法、美人之得为大统领耳。是岂可以奴隶言之哉？

注释

［1］柄政：掌握权柄；执政。 ［2］外相：谓在地方上的主政者。 ［3］倚畀：谓倚靠信任。 ［4］恭、醇二邸：恭亲王奕訢、醇亲王载沣。 ［5］庆邸：庆亲王奕劻。 ［6］王文韶：咸丰进士，中日甲午战争后，授直隶总督兼北洋大臣，光绪二十四年（1898），以户部尚书、协办大学士入军机处。 ［7］鹿传霖：直隶定兴（今河北定兴）人。同治进士。累擢至四川总督。因疏请改土归流，朝议不许，被解职。后再起为江苏巡抚兼署两江总督。八国联军侵占北京后，随扈慈禧到西安，官至军机大臣、东阁大学士。

［8］瞿鸿禨：湖南善化（今长沙）人。同治进士，授编修。光绪二十七年（1901）授外务部尚书，充中日议约全权大臣。三十二年（1906）授协办大学士、总司核定官制大臣。后罢斥归里。［9］袁世凯：时任直隶总督兼北洋大臣。［10］刘坤一：湖南新宁人，曾捐金列名强学会。光绪二十五年（1899）致书荣禄反对废黜光绪帝。义和团运动时与张之洞倡“东南互保”。二十七年又与张之洞联衔疏请变法，提出育才兴学、整顿朝政、兼采西法。被称为“江楚三折”，清廷多所采用。旋加太子太保。时为两江总督。［11］张之洞：时为湖广总督。［12］马玉昆：清朝将领。字景山，安徽蒙城人。光绪二十五年擢浙江提督。次年调回直隶。联军入寇，护西太后和光绪帝逃往西安。还京，加太子少保衔。［13］宋庆：山东蓬莱人，八国联军入侵时，曾率部战于北仓。［14］苏元春：广西蒙山人。在中法战争中与冯子材配合，屡胜。授提督，改勇号为额尔德蒙额，加太子太保，晋二等轻车都尉。［15］张春发：江西新喻（今江西新余）人。曾参与抗俄、抗法战争。升授广东陆路提督，赏双眼花翎。后调湖北、云南。光绪三十二年管理两江营务。［16］崧蕃：瓜尔佳氏，隶镶蓝旗满州。咸丰举人。时任陕甘总督。［17］舒赫德：舒穆禄氏，隶镶白旗满洲。乾隆初，历官御史、军机处章京、兵部尚书、户部尚书等职。乾隆三十八年（1773）晋武英殿大学士。主持纂修《蒙古源流》《临清纪略》等书，任总裁。谥文襄。［18］虚糜：白白地损耗、浪费。［19］松筠：玛拉特氏，隶正蓝旗蒙古。乾隆四十八年（1783）超擢内阁学士，兼副都统。两年后奉命往库伦（今蒙古国乌兰巴托）治与俄罗斯贸易事，宽严适度，维护主权，历八年圆满解决开市事宜。历官至武英殿大学士。［20］袁太常昶：字爽秋，一字重黎，号浙西村人，浙江桐庐人。光绪二年（1876）进士，官至太常寺卿。光绪二十六年（1900），直谏反对用义和团排外而被清廷处死。《辛丑条约》签订

后，清廷为其平反，谥“忠节”。［21］盛祭酒伯熙：即盛昱，清宗室。隶镶白旗满洲。光绪庶吉士，散馆授编修。历官至左庶子、国子监祭酒。［22］藏卫：清人称前藏曰卫，后藏曰藏，藏卫、卫藏有时也用来称呼全部西藏。［23］轶：超过。［24］顽锢权强：顽锢，愚钝鄙拙，不知变通。权强，指倚仗权势逞强作恶的人。

今者割地鬻民、赔款剥民，诚可痛恨，然此但太后、荣禄一二人之罪耳，于满洲全籍人无与也。且舍身救民之圣主，去千数百年之敝政者，亦满人也。其余仆所识宗室之英、士夫之秀，通达大义、乐于维新者甚多。何为因太后、荣禄、刚毅一二人之故而尽攻之哉？文明之国，科罪[1]不及妻孥[2]；野蛮之刑，诛连不过十族。今革命者日言文明，何至并一国而坐罪株连之？革命者日言公理，何至并现成之国种而分别之？是岂不大悖谬哉！夫以太平之理、大同之道言之，无论黄、白、棕、黑之种，同为天生，皆为兄弟，并宜亲爱之。今虽未能，然而大地既通，万国合较，凡蒙古、回部、西藏之人，言语未通，教化未同，犹当在内其国之例，与之加亲。吾游印度北边，遇廓尔喀[3]、西藏、哲孟雄[4]人，待吾加亲，开室以居吾，煮麦以食吾。凡遇中国人，尊之曰叔而敬礼之。以不通言语、不同教化之人，缘念同国，且及藩属，其敬恭亲爱如此，悠然动吾内其国[5]之想。何况满人之合为一朝，同化中国，教化、礼乐、言语、服食无一不同者乎？故满洲在明时则为春秋之楚，在今则为汉高之楚，纯为中国矣。或者动引扬州十日[6]之记、两王入粤[7]之事，皆当时之涂毒，若思复九世之仇[8]者，此盖古时文明未开、敌国相攻之常。项羽、白起亦中国人也，而项羽坑秦新安降卒[9]且二十四万，白起坑赵长平降卒[10]且四十万矣。故在开国之时、万国未通之日，分别内外，犹之可也。方今大地既通，诸种并遇，若匈牙利、土耳其，说者方引而亲之，以为同宗[11]，况满之与汉，虽非谓同母之兄弟，当亦比于同父异母之兄弟，犹为一家也。然以同父之子，乃恶异母之兄弟之袭爵，当群盗环伺之时，乃恶而欲逐之；且实因袭爵者之妾母之管家擅权，私自盗卖田舍于邻家，乃并其袭爵之兄弟，及其异母之群季[12]，一概欲尽诛逐之，不顾外患，惟事内讧；同室操戈，他人入室。无端生此大波、立此乱说，于伦理为悖而不顺，于时势为反而非宜，翩其反而何未思也[13]。

夫今日中国积弱，众强环视，苟汉之与满，割而为台湾，亡而为印度、波兰，则必不得政权平等自由之利，是则可忧也。然既非其比矣，则国人今日之所当忧者，不在内讧，而在抗外也。欲抗外而自保，则必当举国人之全力，聚精会神而注于是，或可免也。方当同舟共济之日，若为内讧，则兄弟阋墙，外御其侮[14]，恐为阿坤鸦度之能脱于西班牙，而适利美国之渔人；至时则永为奴隶，永无自立，求如今者，不可得也。乃国之志士，不能审此，而颠倒误用之，吾恐若印度真奴之不远矣。

注释

［1］科罪：定罪。［2］妻孥（nú）：妻子与儿女。［3］廓尔喀：今尼泊尔。［4］哲孟雄：清代中后期对锡金的称呼。［5］内其国：指入居其国。［6］扬州十日：1645年明大臣史可法临危受命，与扬州军民坚守扬州，抵抗清兵。清兵破城后，大肆屠杀十天，史称“扬州十日”。［7］两王入粤：顺治七年（1650），平南王尚可喜与靖南王耿继茂指挥的清兵，在围城近十个月后，攻破广州城，随后对据城死守的广州居民进行了长达十二天的屠城暴行。据清代官方史载，这场屠城，斩“兵民七十万余”，又“追剿余众至海滨，溺死者无算”，不论男女老幼，一律杀死，死亡人数根据收尸的和尚统计为七十万。［8］九世之仇：据《公羊传·庄公四年》记载，纪侯在周天子面前说齐哀公的坏话，周天子就烹死了齐哀公。经过九代，齐国国君襄公灭了纪国，复了九世之仇。［9］项羽坑秦新安降卒：事在公元前207年。［10］白起坑赵长平降卒：白起为秦将，长平之战，大败赵括，坑降卒四十万，事在秦昭襄王四十七年（前260）。［11］“说者……同宗”：当时一些学者认为匈牙利是匈奴后裔，与突厥（土耳其）同宗。［12］群季：诸弟。［13］翩其反而何未思也：语出《论语》所引逸诗，“唐棣之华，偏其反而。岂不尔思，室是远而。”翩，同“偏”。［14］兄弟阋（xì）墙，外御其侮：兄弟们虽然在家里争吵，但一致抵御外人的欺侮。比喻内部虽有分歧，但能一致对外。阋，争吵；墙，门屏；御，抵御。语出《诗经·小雅·常棣》：“兄弟阋于墙，外御其侮。”

昔戊戌在京时，有问政体者，吾辄以八字言之，曰“满汉

不分，君民同体”。皇上甚韪[1]之。因言魏文改姓迁都事，皇上决将满、汉二字删除，凡官之分满、汉缺者亦删去。其任官惟才，不问何籍，各地驻防，皆附其地，听其谋四民[2]之业。其满洲旧姓，皆取一字而行之，如魏故事。故只有所谓中国，无所谓满、汉；帝统宗室，不过如汉刘、唐李、宋赵、明朱，不过一家而已。不筑堤防，何有水涨？虽欲攻满，何从攻之？近者粤督陶模[3]，曾上满、汉不分之折。吾今论政体，亦是满汉不分、君民同体八字而已。故满、汉于今日无可别言者也，实为一家者也。且即以为别种，欧洲各国且有迎君于异国者，不可胜数。盖欧但求民权自由耳。若君则如一大席位耳，终有人领之，不必其同国也。如一省之官，不必本省绅士为之也，孟子所谓天子一位者耳，若其无道则去之。何谓并其全国一律攻詈[4]之乎？揣革命者之必为此言，外引华盛顿、印度、波之拒英，阿坤鸦度之拒西班牙自比，以谓保全其种，不为人奴也。今上推满洲种族，则出于夏禹；下考政教礼俗，则全化华风。帝位只如刘、李、赵、朱[5]，满族类于南阳、丰沛[6]，其余无不与汉人共之，与汉人同之。岂得以奴比之哉？汉人科第、仕宦、权任，亦与唐、宋、明同。岂若英之与印度，西班牙之与菲律宾，种族、教化、礼俗、服食、言语无一同者比哉？政权大官无一分授、权利自由无一平等者比哉？岂与美国本出各国合众者比哉？岂与波斯已灭比哉？岂与罗马尼亚、门的内哥、布加利牙不同国教比哉？而妄引比例，情事不同。君而无道，不能保民，欲革命则革命耳，何必攻满、自生内乱乎？实推其意，不过为起兵动众藉口耳。

然则革命、自立皆不可，而西后、荣禄常柄政，则吾同胞当安坐以待灭亡鬻卖乎？是又不然。试观数年以来，推翻新政，禁报馆，捕党人，停学堂，止译书，其暴横之举，与前百年欧洲诸国之压制其民相等；今不二三年，已废八股、弓刀、漕运，开学堂，译西书，派游学，满、汉通婚矣。风潮所卷，正反相承，其后不能复止。皇上而复辟，固能维新自强，以与民权；皇上而有变，必有变乱相随，焉有伪朝篡乱而可久者乎？况西后、荣禄，皆已老矣。昔戊戌之时，吾开保国会[7]于京师，合京朝士夫及各省举人为之，首言民权，以上无变政之心，则当由下变之，由下迫之。己亥上之几废弑[8]也，以海内外四十余电而不敢行矣。若能大集巨力，多开国会，多派游士，多开报馆，大启民心，大明民权，积以月日，民必风从，尽易内地，起自京师。然后为英国五十万人递禀而请议政之权可也，为英、奥、意杀相逐君之例，以迫君后、定立宪法可也，为皇上复辟可也。

注释

［1］韪（wěi）：是，对（常和否定词连用）。 ［2］四民：旧称士、农、工、商为四民。 ［3］陶模：浙江秀水（今浙江嘉兴）人。同治进士。光绪二十六年（1900）任两广总督。 ［4］詈（lì）：骂，责骂。 ［5］刘、李、赵、朱：分别指刘汉、李唐、赵宋、朱明四个王朝。 ［6］南阳、丰沛：南阳是汉光武帝起兵地，丰沛是汉高祖起

兵地。　［7］保国会：清末维新派的政治团体。光绪二十四年（1898）康有为等在北京成立。以“保国、保种、保教”为宗旨，在各地设立分会，开展维新活动。后在顽固派压制下自行停顿。　［8］废弑：指帝王被废黜或杀害。乙亥是1899年。时西太后有废光绪帝而立溥儁之意。

夫考之欧洲之事，则各国皆行立宪而国势安固、民权自由之乐如彼；法国独为革命，印度分省自立，而国势陵夷[1]、丧乱灭裂之害如此。审之中国之故事，则必秦、隋、蒙古之无道，又无洋枪、轮船、电线之精巧，乃有匹夫革命之事。今求之时地、事势而皆非，考之人心、义理而不协，而妄听一二人之辩言，以构滔天之大祸，而斩削分鬻四千年一万里之国土，毒戕涂炭四万万之同胞，此则仁人志士所不为，而仆万不敢闻者也。仆已破家沉族，无所不可为，而终以为不可者，时势、事理皆非宜也。诸君何苦沉七族[2]、捐父母而为此鬻国害种、必不成之事乎？保皇之会，开之累年，遍乎百埠[3]；己亥救主之电凡四十余，贼臣因以震慑，皇上赖以保全，此亘古莫大之功也。今累塔至尖，覆山欠篑[4]，而节变于中途，失忠于末路，舍保皇已成可望之功，而图革命必不成之举，甚非策也。若夫仆者，受圣主之知遇，赞百日之维新，亲受衣带之诏[5]，躬受筹救之责，数年以来，与诸公戮力，勤王无成，罪宜万死。夫朋友之交，犹贵久要不忘[6]；安有君臣之际，受人之知遇，因人之危难，中道变弃，乃反戈倒攻者乎？

注释

［1］陵夷：由盛到衰。衰颓，衰落。　［2］沉七族：语本《史记·鲁仲连邹阳列传》："荆轲之湛七族，要离之烧妻子，岂足道哉！"沉，同"湛"。《裴骃集解》引张晏曰："七族，上至曾祖，下至曾孙。"司马贞索隐："又一说云，父之族一也；姑之子，二也；姊妹之子，三也；女子之子，四也；母之族，五也；从子，六也；及妻父母凡七。"　［3］埠（bù）：旧与外国通商的城市。　［4］累塔至尖，覆山欠篑（kuì）：指伟巨的工作就差最后一步了。这是化用"聚沙成塔""为山九仞，功亏一篑"的成语。篑，古代盛土的筐子。［5］亲受衣带之诏：百日维新末期，光绪帝曾有密诏给杨锐，也曾传谕让康有为离京赴上海办报，康有为对杨锐所获密诏及光绪帝的口谕都做了篡改，宣称皇帝预知大位不保，着他与军机四卿商议，又有诏命他向友邦求救。衣带诏用汉献帝故事，详见下文注。　［6］久要不忘：久要即旧约、旧交。指不忘旧约或旧交。语出《论语·宪问》："见利思义，见危授命，久要不忘平生之言。"

来书频谓开保皇会、累电救上，可谓忠矣，而举朝咸目为逆党，指为匪会，逮捕相仍，谁能白之，虽忠无益。夫忠义者，人之自靖自献[1]耳，岂顾人之指目哉？且事实之真，可蔽乱于当时，未有久而不白者也。日本维新元勋，莫不数西乡隆盛[2]矣，而当时咸目以叛徒，今则上野公园铜像巍然。人之立志，当贯初终，岂因外之暑寒燥湿而少变之哉？某君来书，谓："刘元德亲与董承奉献帝衣带诏[3]，而乃经营荆襄蜀汉，以立王业，天下不非之，盖以存汉祚为大也；若使垂手坐望献帝之复辟，则是终为曹操之所有，是存小忠而失汉业也。今皇上挟于西后、荣禄之手，虽回銮而无权如故。荣禄自挟天子而令天下，于今五年矣。若如汉献故事，是中国永割，而吾黄帝四万万神明之胄终亡，则是不行革命所致也。夫君与国孰重？一人与四万万人孰重？孟子曰：民为贵，君为轻[4]。岂可徇小谅[5]而忘大事哉！”是其说甚辩，而亦不然也。当献帝时，群雄割据已成，大势瓦解已定，献帝必无复权之理；即使复权，而献帝既非英主，群雄既皆立定，亦无恢复之望，故先主不得不取荆、益以图存汉祚。若今者各省有已割据者乎？大势有已瓦解者乎？不过六十老翁之西后、荣禄二人擅朝耳。举国大小臣工，下及民庶，外及友邦，莫不归心皇上。一日归政，天子当阳[6]，焕然维新，以上定立宪之良法，下与民权之自由，在反掌耳！皇上既非献帝之比，今亦岂汉末之比哉？时并迥殊，亦不能附会古义也。愿诸君审度时势，力终其忠义，厚蓄其实力，姑少待之。无误于异论，无鼓动于浮言，无惑乱于少变，坚守保皇会义，圣主必复，中国必全，幸福必至。刻心写腹，幸察鄙言，不胜惓惓罣罣[7]之至！

注释

[1] 自靖自献：谓臣下尽忠于君，纯出于己。语见《书·微

子》："自靖，人自献于先王。" ［2］西乡隆盛：日本江户时代末期的萨摩藩武士、军人、政治家，他和木户孝允（桂小五郎），大久保利通并称"维新三杰"。 ［3］衣带诏：汉献帝时，曹操迎奉天子迁都许县，与汉献帝发生矛盾。汉献帝用鲜血写出诏书缝在衣带里，秘密传给车骑将军董承。董承对外宣称接受了汉献帝衣带中的密诏，与种辑、吴硕、王子服、刘备、吴子兰等谋杀曹操。建安五年（200）正月，事泄，董承等人尽皆伏诛。刘备投靠袁绍。袁绍奉衣带诏讨伐曹操。 ［4］民为贵，君为轻：出自《孟子·尽心下》。 ［5］徇小谅：曲从于小事上的信用。语见《论语·宪问》。意思是勿因小信而忘大义。 ［6］当阳：古称天子南面向阳而治。又指帝王登位。 ［7］罣（mù）罣：谨愿貌。

评析

康有为在流亡途中，仍心系政治，他在巴拿马、新加坡、加拿大、日本等地组设保皇会，坚持改良路线。1902年，康有为收到保皇会会员的来信，表示对立宪的理想已经失望，改为谋求以革命的手段推翻清朝。就连他的学生梁启超、欧榘甲也开始产生了动摇。康有为遂写下《与同学诸子梁启超等论印度亡国由于各省自立书》《答南北美洲诸华商论中国只可行立宪不可行革命书》两封公开信，苦口婆心，重申渐进改良的观点。康有为以其深刻的洞见、缜密的逻辑论证了当时中国"只能改良决不能革命"的观点，并天才地预见了贸然实行革命的最终结果是暴民的统治。

辛亥革命以后，康有为的预言成真了。他在《共和平议》一文中感慨："当辛亥以前，未得共和也，望之若天上；及辛亥冬，居然得之。以为国家敉宁，人民富盛，教化普及，德礼风行，则可追瑞士，媲美、法，可跻于上治，而永为万年有道之长矣。岂非吾人之至望至乐？嗟乎！宁知适得其反耶？”如何适得其反？其一曰“竭三年内之草菅人命，困穷四海，削蹙疆土，以行共和民主，实仅成袁世凯之篡帝而已”，是求共和反成帝制，原因则是“吾国人民，本无民主共和之念；全国士夫，皆无民主共和之学也。袁世凯与南方之魁杰，皆是帝制专制之心，绝无民主共和之志者也”。其二曰“我国民岂非欲民主而怨专制乎，乃其成效反得总统之专制，或总理之专制”，是所谓求民主反得专制，原因则在于“中国土地之大，人民之多，道路未通，种族不一，非有强力之政府，必不能统治之”。一切制度，都要先适应民情、文化传统。在康有为看来，中国当时的民情和文化传统最适合的就是君主立宪制。自清末以来，激进的意识形态掌握了话语权，人们很容易用简单的二分法给思想人物下断语，要么进步，要么落后，或者要么革命，要么反动，却不曾深入一步想：就算康有为这样的学者，对中国适合什么样的制度的问题，所给出的答案虽是错误的，但其重视民情、文化传统的思考，仍有不可磨灭之真价。

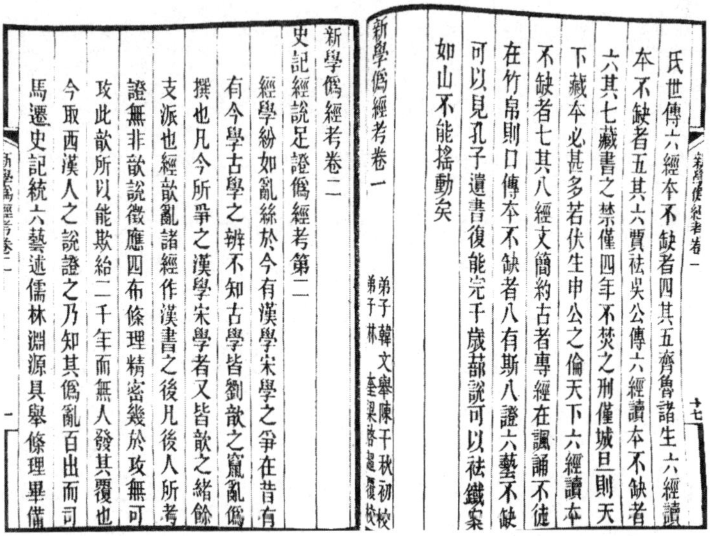
氏世傳六經本不缺者四其五齊魯諸生六經讀
本不缺者五其六賈祛吳公傳六經讀本不缺者
六其七藏書之禁僅四年不焚之刑僅城旦則天
下藏本必甚多若伏生申公之倫天下六經讀本
不缺者七其八經文簡約古者專經在諷誦不徒
在竹帛則口傳本不缺者八有斯八證六藝不缺
可以見孔子遺書復能完千歲蔀說可以祛鐵案
如山不能搖動矣
新學僞經考卷一
弟子韓文舉陳千秋初校
弟子林奎梁啓超覆校

新學僞經考卷二
史記經說足證僞經考第二
經學紛如亂絲於今有漢學宋學之爭在昔有
有今學古學之辨不知古學皆劉歆之竄亂僞
撰也凡今所爭之漢學宋學者又皆歆之緒餘
支派也經歆亂諸經作漢書之後凡後人所考
證無非歆說徵應四布條理精密幾於攻無可
攻此歆所以能欺給二千年而無人發其覆也
今取西漢人之說證之乃知其僞亂百出而司
馬遷史記統六藝述儒林淵源具舉條理畢備

《新学伪经考》书影

物质救国论（节选）

论再误于自由革命之说

既又深原夫政治之本，攻专制为不可，于是发明民权自由、立宪公议之说，引法、美以为证，倡徉[1]其词，煽动全国。于是今之床头之竖[2]，三尺之童，以为口头禅焉。夫“自由”二字，生于欧洲封建奴民之制、法国压抑之余，施之中国之得自由平等二千年者，已为不切。英博士斋路士[3]曰：“不知中国者，以为专制之国。乃入其境，则其民最自由。卖买自由，营业自由，筑室自由，婚嫁自由，学业自由，言论自由，信教自由，一切皆官不干涉，无律限禁，绝无压制之事。”真知言哉！其比之欧人之限禁繁多，过之远矣。或者不知人己，误以为欧美之强，其所服药必极补益，而妄用之，则无病服药，必将因药受毒而生大病。故今日中国自由之教，亦令人发狂妄行，子弟背其父兄，学者犯其师长而已。盖自由已极，无可再加。若欲加乎，舍此何进？

且英文非里泵Freedom者，仅为释放之义，尚含有法律之意。若日本所译为“自由”二字，则放手放脚、掉臂游行、无拘无管、任情肆意、不怕天不怕地之谓，则人道岂有此义理乎？此等名词，不特意偏而不举，亦且理穷而难行，而可公然标为名理，从之者举国若狂，不辨皂白。夫使中国而为野蛮无文学之国则可也，然而中国已为五千年文学之国，而此等无理不通之名词公然通行，视为圣人之金科玉律焉，岂不大愚哉？或明知其不可，而以其便于任情肆意也；或怵于西欧强盛之由、大哲之说，而不敢难也。《世说新语》曰，愍道人与一道人过江，惧不得食，乃定立义，曰心无二以动众。其说大行，愍道人寄语之曰，心无二岂是道，当时为啖饭耳[4]。欧人之言自由者，标一义欲立名以动众，盖亦心无二之类耳。今有愍道人在，则笑之矣。

注释

[1] 倡徉：徜徉，犹徘徊，盘旋往返。　[2] 床头之竖：床头的小子。　[3] 斋路士：今译翟里斯，或译贾尔斯，英国著名汉学家、剑桥大学中文教授。　[4] “《世说新语》曰”以下：事见《世说新语·假谲》：“愍度道人始欲过江，与一伧道人为侣。谋曰：‘用旧义往江东，恐不办得食。’便共立‘心无义’。既而此道人不成渡。愍度果讲义积年。后有伧人来，先道人寄语云：‘为我致意愍度，无义那可立？治此计，权救饥尔，无为遂负如来也！’”道人是当时对僧人的称呼。啖（dàn）饭，吃饭。借指工作或生活。

明季学者，好择二三字以树义。王阳明称致良知，湛甘泉[1]称随处体认天理，耿天台[2]称知止，聂双江[3]称寂然不动，刘蕺山称慎独，如此类者，不可更仆数[4]。夫道有万千，裘葛异时，舟车易地，兼备而后可行；有本有末，大小精粗，内外文实，阴阳夹持，乃可遍行。安有偏举单词偏语而可行者乎？即为至理，亦必偏而多弊，君子虑终计患，不敢妄称也。况自由之无理者乎？法国当时只以民人对君主之压制言之耳，非就普凡人伦事理言之也。即孟的斯鸠[5]之言自由，亦曰或言带刀自由，或言留须自由，或言抗暴主之专制、开民权公议之自由，或言革命之自由，要皆含有法律之意义。夫于自由之上，用“带刀”“留须”等字，则有限之自由，而非无限之自由矣。

即今各国宪法，所号为言论自由、宗教自由、迁徙自由、出版自由者，亦所谓一事之自由，而非普通之自由矣。姑无论其言论出版之自由尚有法律之限制、文部之检定，即以美之宽大，其得罪政府而无据者且下狱终身，或至杀，他义类是。夫既有法律，则是桎梏[6]。囚人而稍令游园，或仍有足镣而仅放手枷使之饮食，号称自由，何以异此？然犹著明某事之自由以限制之，则自此一事外，皆不得自由可见矣。此皆出于欧土封建之世，及天主之教压制之极，故志士大倡此以纾民。若不著明某事之自由，而仅提倡“自由”二字为义，则必上无法律，下无阻碍，纵意恣浪，绝无拘检，而后得完自由之义。然天下有此理乎？其可一刻行乎？

注释

［1］湛甘泉：明代大儒湛若水，字元明，号甘泉，广东增城甘泉都（今广州市增城区新塘）人。　［2］耿天台：耿定向，人称天台

先生。明儒。晚年辞官回乡，与弟耿定理、耿定力一起居天台山创设书院，讲学授徒，潜心学问，合称“天台三耿”。［3］聂双江：聂豹，字文慰，号双江。为王守仁心学正统传人。［4］仆数：谓一一详加论列。［5］孟的斯鸠：今译作孟德斯鸠，法国启蒙时期思想家、律师，西方国家学说以及法学理论的奠基人，与伏尔泰、卢梭齐名。［6］桎梏：脚镣和手铐，皆为刑具，比喻束缚人或事物的东西。

夫自由之义，孔门已先倡之矣。昔子贡曰：“我不欲人之加之我也，吾亦欲无加之人。”[1]不欲人加，自由也；吾不加人，不侵犯人之自由也。人己之界，各完其分，语意周至。然未至大同之世，尚未可行，故孔子谓非所及也。夫道非一言可举也，是故一阴一阳乃谓之道[2]。人之生也，若手足不能舒放，身体不得反侧展转，口鼻不许呼吸啼笑，则孩提已死，不得生矣。然若听孩提之童自由，任其持刀弄火，则又安得不死？故有听其自由之时，亦有礼法拘束之时，此乃人道之自然。终身由之，不在辨难，不能去取，不能加减者也，所谓一阴一阳之谓道也。故自其极端言之，虽在重囚，亦有能行立之自由；虽在隋炀、武后[3]，纵欲自恣，亦有不能行其志之一时。然则举天下之人，无一不少有自由，亦无一能自由者。特视其分数之多少耳。

若“自由”二字完全义，则虽万千年大同世后，亦无能致也，必若致之，则惟野禽兽能然。夫野禽兽者，无法律之限制，无教义之拘检，纵情恣欲，浪游任食，真能得自由之完全义者也。夫禽兽之所以能自由也，以其无群道故也。人道以合群为义，以合群而强。既有群，则有人己之对待。既欲合之，则许多调睦和就之法，而万不能行其猖狂浪行、肆情纵意之为。苟有此也，则性情乖戾，行事悖谬，所谓方命圮族[4]而必不能合于其群。故自由之与合群，其义至相反。故苟天地只我一人，无群可合，则不须法律，不须教化，则自由之义可立；苟有两人，即当有法律教化，自由义即不立。盖我欲自由，势必侵犯人之自由，若不侵犯人之自由，则我必不能自由也。故夫自由之完全义，必无可致也。苟云某事之自由，则已在限界之内，而他事不得自由，即不得立“自由”二字之义。是故吾先圣不立此义也，非不知立之也，以欲立之，而人群所不许有此义也。

注释

［1］“昔子贡曰”句：语出《论语·公冶长》。“子贡曰：‘我不欲人之加诸于我也，吾亦欲无加诸人。’子曰：‘赐也，非尔所及也。’” ［2］一阴一阳乃谓之道：语出《易·系辞上》：“一阴一阳之谓道，继之者善也，成之者性也。” ［3］隋炀、武后：指隋炀帝和武则天。 ［4］方命圮族：方命，不遵守命令。圮，毁坏。族，同族。这句话意为不遵守命令，危害同族的人。也用来指民族的败类。

若谓欧美人得自由，则大谬之论也。欧美人至重法律，调[1]及纤微，一切皆不得自便，少不中律，罚即及之。其拘困服从过于吾国人百倍，安得谓自由也？欧美人又至重礼法名誉，若起居、动作、服食皆无法律，然风俗所行，苟有不协，则非笑嘲讪而轻薄之。生其地者，懔之畏之为谨，安得自由也？至于官吏有官吏之法律风俗，学生有学生之法律风俗，工商有工商之法律风俗，皆戢戢[2]惟谨。是故动作有法，行事有度，谓之文明，而岂闻学生以不受师长之学规、污壁毁墙，以为自由也？若以从法律、服教化，则斥为服从、笑为奴隶，则行遍欧美，其良民善士，无一非从教化、服法律之人，无有以逆法律、背教化为美者，亦无有以服从为恶者。

且人生于群中，自言语、饮食、衣服、动作，何一不服从于前人？虽极自立，然不从此则从彼，究何能免乎？且服从乃与自立为对义，不与自由为对义也。人生群中，事事须服从，亦事事须自立。不自立，则不能成一器用；不合群，则不能成一群业。此如车之有双轮，屋之有两墙，并行而立而相成者也。譬如合群砖以成屋，苟散沙则不能为砖，然砖而不方平如式，圆凸尖肿，则亦必弃去而不能为用也。且观欧美人之行事，最尚专制，任立一事，皆必推立一长以主之，而下皆服从焉。故欧洲官制，有正长而无副官，故其事能行。盖苟不服从而言自由，则为庖厨者浪游而不作食，则众皆饥死；否则必致人人并耕而食、饔飧而治[3]，而后可也。如是则通工易事之义遂绝，亦人道可一日而息也。凡百作工者，不服从而言自由，皆舍业而嬉，而天下之事皆废，则大地可一日而榛芜[4]也。若此则无理之言，岂能树义？而举国若狂，几若以为救国之奇方大药，亦可怪也，其愚何可及也！吾国人在唐世前，无裹足之俗，甚怪自宋后，何能天下移风，以裹足之苦而人人从之，甚可怪也。今之妄倡自由者，而举国从之，曾何异乎？

注释

［1］诇（xiòng）：求。 ［2］戢（jí）戢：顺从貌。 ［3］饔飧（yōng sūn）而治：语出《孟子·滕文公上》：“贤者与民并耕而食，饔飧而治。”饔飧，指的是早餐和晚餐。秦汉以前人们一天只吃两顿饭。这句意为，贤德的国君应该和百姓一同耕种获得粮食，亲自做早晚餐并处理国事。 ［4］榛芜：草木丛杂。多形容荒凉景象。

推非里泵之义，但主开放，盖由法国风俗，压制既甚，故以开放为上义。譬之久在囹圄[1]者，一旦释枷解锁，得出狱耳，非谓可以胡行乱走，猖狂妄行，遇库支钱，逢店饮酒也。夫释枷解锁之与猖狂妄行、遇库支钱、逢店饮酒也，相去不可道里计也。而以释放误译为自由，此日本之误也。而不知者，误以日译之误而再演大之，又加中国已自由而加重其药矣，宜其见大害而不见丝毫之益也。故释放之义，在中国人施之于妇女、奴隶，则可也；施之于国民，则吾国二千年来，本已大受自由之乐，本无待于释放也。若以未有选举权以参政事，则索选举权可也。夫选举权之与自由，至相远也，选举权乃国政之一事，自由乃人身之无限，岂可混合之以生他病乎？凡立义皆有度量分界，何可于此大义以易世化民者而乱之。夫自立、释放之义，各有度界，尚不能与自由乱，何况选举权乎？

中国法律太疏，教化太宽，从此采用欧美，益当加密，今之游欧美者当知之。一饮一食，一行一坐，发声之高下，吐唾之回避，礼法益当整饬[2]，恐令后人益不能自由耳。若无病加药，日言自由，则必中风狂走，势必士背学，吏犯法，工不职，弟逆师，子叛父，尽弃规矩、法度、教化而举国大乱，不待大敌之来，而不能一朝居也。其可行乎？以此化民，此真如洪水滔天，生大祸以自溺也。吾游德国，整齐严肃之气象，迥与法国殊。呜呼！此德之所以强也，俾士麦之遗教远矣。方今中国之散漫无纪，正宜行德国之治，而欲以自由救之，所谓病渴而饮鸩[3]也，其不至死不得矣。若夫革命、民主之说，则万里文明古印度之亡已为吾覆辙也，中国万不可再蹈印度之辙，吾已别有书矣。故自由、革命、民主、自立之说，皆毒溺中国之药者也，其万不可从，不待言也。

注释

［1］囹圄（líng yǔ）：监牢。［2］整饬（chì）：整顿使有条理。［3］饮鸩：喝用鸩鸟羽毛泡制的毒酒，后泛指服用毒品。

评析

本文是一篇意义深刻不凡的政治哲学论文。严复翻译英人约翰·密尔的名著《论自由》（On Liberty）时，将书名译作《群己权界论》，认为自由的本质就是社会与个人各有权利，亦各有其界限，这是真得了自由的本义。但是，严复将freedom及liberty翻译成自由，恐怕未必准确。他当是想起了唐代诗人柳宗元的名作《酬曹侍御过象县见寄》："破额山前碧玉流。骚人遥驻木兰舟。春风无限潇湘意，欲采蘋花不自由。"但自由一词，在中文语境中，常含有放纵恣睢之意，与英文中的freedom或liberty并不契合。近世西方人来到中国，总对中国人的散漫无组织，不守法，缺乏公共精神，只知有己、不知有他人的习性印象深刻，这就是康有为所说的，中国人不患自由太少，而患自由太多。康有为又说英文Freedom不仅有释放之义，尚含有法律之意，译作自由，就变成放手放脚，掉臂游行，无拘无管，任情肆意，不怕天不怕地之谓，这是在任何地方都不可能实行的自由。康有为认为只有具体的自由，没有普遍的自由，他说自由之义，起于欧洲封建农奴制压迫和宗教压迫极端残酷，这实际上是说自由只是特定历史阶段的产物，不具有普适性。他更精当地指出："夫自由之义，孔门已先倡之矣。昔子贡曰：'我不欲人之加之我也，吾亦欲无加之人。'不欲人加，自由也；吾不加人，不侵犯人之自由也。"这不正是儒家所讲的絜矩之道吗？这不正是中庸之道吗？所以，freedom或liberty最恰当的翻译是"絜矩"或中庸，而不应该是自由。不知熟读经史的严复，何以明察秋毫之末，却对车舆失之目睫。

杂文第三

意大利游记（节选一）

孔子道无不备，以庄生之通放，于人无所不攻，而称孔子曰：“古之人，其备乎。配天地，本神明，育万物；原于本数，系于末度，小大精粗，六通四辟，其运无乎不在。”[1]推以为神明圣王，而置己为天人，在第二等；以老子为真人，在第三等；以墨子为君子，在第五等[2]。皆以为耳目口鼻，各明一义，不能具全[3]。今观孔子三世之道，至今未能尽其升平之世，况太平世、大同世乎？今欧洲新理，多皆国争之具，其去孔子大道远矣。一二妄人，好持新说，以炫其博。迷于一时之权利，而妄攻道德。乃辄敢攻及孔子，以为媚外之倡。必欲使已国数千年文明尽倒，国教俱无，而后快其猖狂纵欲之私，以助其成名之具，无论其力未能也。窃观今者欧美风俗人心，与中国正相若，其去性善自由，皆甚远也。国争若是，险诈横生，此正大行《春秋》之时，且一切据乱之义，尚合于今时，而万不能求之高远。吾昔者视欧美过高，以为可渐至大同，由今按之，

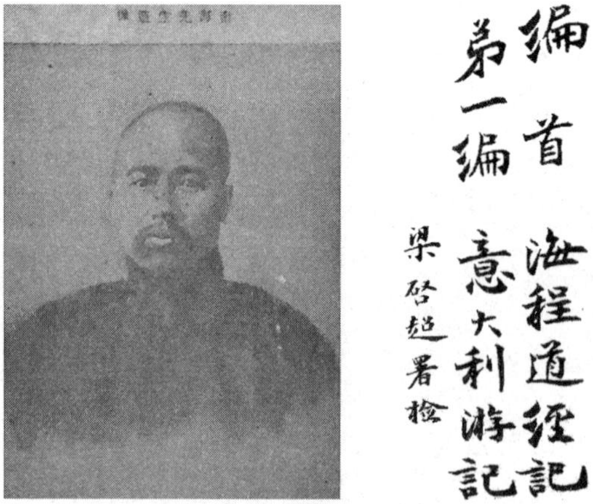

《欧洲十一国游记》书影

则升平尚未至也。孔子于今日，犹为大医王，无有能易之者。而病者乃欲先绝医，殆死矣！夫故妄人者，自以为能知新，实则尚未能审时也。而谬发非圣之论，以毒后生、害风俗，此其罪不在洪水猛兽下。今若有人焉，言伪而辨，学非而博，日以非圣为事，必当正两观之诛[4]，万无可赦者也。今之少年，求新太过，躐等[5]而驰，乱次以济[6]，固宜无所不有。十年后，必讲保国粹之义[7]，必有英俊之士，负荷斯道，大发教宗，以行于天下者。则视今日之妄人妄论，如瘴雾偶噎[8]，天日自清。则彼妄人之咒天射日，亦何足算哉！

注释

［1］“庄子之通放”以下：语出《庄子·天下》。原文是：“古之人其备乎！配神明，醇天地，育万物，和天下，泽及百姓，明于本数，系于末度，六通四辟，小大精粗，其运无乎不在。” ［2］“推以为神明圣王”以下：《庄子·天下》原文所设五等为天人、神人、至人、圣人、君子。 ［3］“皆以为”数句：语出《庄子·天下》：“天下大乱，贤圣不明，道德不一，天下多得一察焉以自好。譬如耳目鼻口，皆有所明，不能相通。” ［4］正两观之诛：语出《荀子·宥坐》。孔子为鲁摄相，上朝七日而诛少正卯。门人惑其杀鲁国闻人，孔子曰：“人有恶者五，而盗窃不与焉：一曰心达而险，二曰行僻而坚，三曰言伪而辩，四曰记丑而博，五曰顺非而泽。此五者，有一于此，则不免与君子之诛，而少正卯兼之。”两观，宫门前两边的望楼。特指春秋鲁阙，孔子诛少正卯之处。 ［5］躐等：据《礼记·学记》：“幼

者听而弗问，学不躐等也。”表示学习要循序渐进，不能超越次第。［6］乱次以济：打乱次序以渡水。［7］十年后，必讲保国粹之义：此为假设之辞，意谓假使十年后有人讲保国粹的思想，就一定会有英俊之士如何。［8］曀（yì）：本指天色阴沉。此指遮蔽。

或有谓宗教必言神道，佛、耶、回皆言神，故得为宗教；孔子不言神道，不为宗教。此等论说尤奇愚。试问今人之识有“教”之一字者，从何来？秦、汉以前，经、传言教者，不可胜数。是岂亦佛、回、耶乎？信如斯说，佛、回、耶未入中国前，然则中国数千年为无教之国耶？岂徒自贬，亦自诬甚矣！夫教之为道多矣，有以神道为教者，有以人道为教者，有合人、神为教者。要教之为义，皆在使人去恶而为善而已，但其用法不同。圣者皆是医王，并明权实而双用之，古者民愚，阴冥之中事事物物皆以为鬼神，圣者因其所明而怵之，则有所畏而不为恶，有所慕而易向善。故太古之教，必多明鬼；而佛、耶、回乃因旧说，为天堂地狱以诱民。今读佛典言地狱者，尚为之震栗。而常人循行城隍庙廊之地狱，亦多有所动而改过者。欧亚之人，俗皆略同，此耶、回所以成教宗而能大行。在中世愚俗，其有益于人心风俗，岂浅鲜也！管子曰：“不明鬼神，则陋民不悟。”[1]孔子亦言：“圣人以神道设教，百众以畏，万民以服。”[2]今六经言鬼者甚多，肃祭祀者尤严，或托天以明赏罚，甚者于古来日月食、社稷、五祀[3]亦不废之，此神道设教之法也。但春秋以前，民之信奉鬼神者太多，今以《史记》《汉书》考之，尚有参、辰、南北斗、荧惑、太白、岁星、慎星、辰星、二十八宿、风伯、雨师、四海、九臣、十四臣、诸布、诸严、诸逐之属[4]百有余庙，又有五社主、寿星、兵主、阳主、阴主、四时主、蚩尤[5]数十祠，长安祀天社、天水、房中、堂上之属，晋巫祠五帝、云中君、巫社、巫祠、族人炊之属，秦巫祠社主、巫保、族累之属，荆巫祠堂下、巫先、司命、施糜之属，九天巫祠九天[6]，如此不可胜数。观匡衡所奏罢三万七千祠[7]，可见旧俗，其传甚古矣。

注释

［1］“管子曰”以下：这是《管子·牧民》中的话。　［2］“孔子亦言”以下：语出《易·彖辞》。原文是：“观天之神道，而四时不忒；圣人以神道设教，而天下服矣。”　［3］五祀：语出《左传·昭公二十九年》：“故有五行之官，是谓五官，实列受氏姓，封为上公，祀为贵神。社稷五祀，是尊是奉。”社为地神，稷为谷神，五祀，即木、火、金、水、土五官之神，亦称句芒、祝融、蓐收、玄冥、后土。《国语·鲁语上》中则指禘、郊、宗、祖、报五种祭礼。　［4］“尚有……之属”：见《史记·封禅书》。皆雍地之神庙。　［5］“又有五社主……蚩尤”：《史记·封禅书》作“三社主”。《汉书·郊祀志》载祀八神：一曰天主，祠天齐。二曰地主，祠泰山梁父。三曰兵主，祠蚩尤。四曰阴主，祠三山。五曰阳主，祠之罘山。六曰月主，祠莱山。七曰日主，祠成山。八曰四时主，祠琅邪。　［6］“长安祀天

社”以下：皆见《汉书·郊祀志》。［7］匡衡所奏罢三万七千祠：匡衡是汉成帝时丞相，奏罢不应礼或重复之祠，至成帝末年又恢复不少，到哀帝时，尽复前世所常兴诸神祠官，凡七百余所，一岁三万七千祠。见《汉书·郊祀志》。

孔子恶神权之太昌而大扫除之，故于当时一切神鬼皆罢弃，惟留天地、山川、社稷、五祀数者，以临鉴斯民。虽不专发一神教，而扫荡旧俗如此，功力亦极大矣！其仍留山川、社稷、五祀者，俾诸侯、大夫、小民切近而有所畏，亦不得已之事也。若至人智大明，则泛扫之亦易事耳。孔子以扫荡旧时神俗，故罕语神[1]，又曰“敬鬼神而远之。”[2]若其尊天之丁宁[3]直捷，以《诗》《书》考之，几于语必称天。如《诗》之“明明在上，赫赫在下，天难忱斯，不易为王，天位殷适”[4]，五语四称天。又曰：“上帝临汝，无贰尔心。”[5]此虽耶、回之一神教，亦岂能过？况孔子实为改制之教主，立三统三世之法，包含神人，一切莫不覆帱，至今莫能外之。其三世之法，与时变通，再过千年，未能出其范围。朱子不深明本末，乃仅发明《论语》，以为孔子之道在是，则割地偏安多矣。此乃朱子之孔子，非真孔子也。或乃不知孔子实为儒教之祖，误以为哲学之一家，乃以梭格拉底[6]比之。则亦一朱子之孔子而已。但孔子敷教在宽[7]，不尚迷信，故听人自由，压制最少。此乃孔子至公处，而教之弱亦因之。然治古民用神道，渐进则用人道，乃文明之进者。故孔子之为教主，已加进一层矣。治较智之民，教主自不能太尊矣。

注释

［1］罕语神：语出《论语·子罕》：“子罕语：怪、力、乱、神。” ［2］敬鬼神而远之：语出《论语·雍也》：“樊迟问知，子曰：‘务民之义，敬鬼神而远之，可谓知矣’。”意即敬鬼神而莫轻渎之。 ［3］丁宁：犹言分明。 ［4］“如《诗》”以下：语出《诗·大雅·大明》。 ［5］“又曰”以下：同出《诗·大雅·大明》。 ［6］梭格拉底：即苏格拉底，古希腊思想家、哲学家、教育家，西方哲学的奠基者。 ［7］敷教在宽：语出《书·舜典》：“帝曰：‘契，百姓不亲，五品不逊。汝作司徒，敬敷五教，在宽。’”“敬敷五教，在宽”即谨慎地施行、布施五常教育，在于宽厚。

吾观今欧美之人心风俗，由分争而渐趋于一，由级别而渐趋于平，由好利而渐尚于名，由好礼仪而益底于[1]文明。其中非礼之礼、非义之义甚多。如国战不能弭[2]，而战时国际之条约，则不杀降，医痍伤[3]。半仁半义之事极多，乃极可笑！其自夸成为文明而异于野蛮者即在是。此与宋襄之“不重伤，不鼓不成列，不擒二毛”[4]何异？试读各国宪法及国际法，何一不同于《春秋》？如此粗浊乱世，乃正宜以《春秋》治之。又人智已渐开，神权亦渐失，孔子乃真适合于今之世者。惟女权渐昌，与《大同》[5]所言"男有分，女有归"之说亦渐近。岿者，岿然自立也[6]。今欧美女权仍未自立也。若君权有限，且渐立民主，则经、传之言限制君权，贬天子，制诸侯，"得乎丘民为天子"[7]"谋及卿士庶人"[8]"卿士从，庶人从，谓之大同"[9]，其义多矣。而学者乃必轻东家丘[10]而重海外之奇方大药以服之。新近之学科书，亦必裁弃六经，自攻弃其教主，而陷于无教，何其愚哉！

注释

[1]底于：到达。 [2]弭：消除。 [3]痍伤：创伤。 [4]宋襄之"不重伤，不鼓不成列，不擒二毛"：宋襄公是春秋五霸之一。在泓水之战中，宋襄公讲究仁义，要等楚兵渡河列阵后再战，结果大败受伤。宋人埋怨宋襄公，襄公却教训道："一个有仁德之心的君子，作战时不攻击已经受伤的敌人，也不攻打头发已经斑白的老年人，不去攻打没有布好阵的敌人。" [5]《大同》：《礼记·礼运》篇中的一章。描述了儒家理想社会的样子。 [6]"所言"以下：康有为在《礼运注》中提到："岿者巍也，女子虽弱，而巍然自立不得陵抑。"陵抑为欺凌、欺压的意思。 [7]得乎丘民为天子：见前《日本书目志（节选）》注。 [8]谋及卿士庶人：语出《书·洪范》。见前《日本书目志（节选）》注。 [9]卿士从，庶人从，谓之大同：语出《书·洪范》。见前《日本书目志（节选）》注。 [10]东家丘：孔丘。孔子的西邻不知孔子的才学出众，轻蔑地称之为"东家丘"。指对圣贤缺乏认识和了解。

评析

本文言及游意大利而思国教问题。清末以来多数中国知识人的共识是中国无宗教，理由如此文所说，“宗教必言神道，佛、耶、回皆言神，故得为宗教；孔子不言神道，不为宗教”。康有为先从追溯“经”“教”的字源入手，指出未有外来宗教传入之先，中国早已有经有教。他指出儒教即中国固有之宗教，且是比神道更高级的人道宗教。他说古者民愚，故太古之教必多托于鬼神，自孔子始扫荡旧俗，不但怪力乱神，子所罕言，尤曰敬鬼神而远之，孔子所开创之教，不尚迷信，听任自由，压制最少，是较神道的宗教更文明的高阶宗教。这样的宗教，在人智渐开，神权渐失的科学时代，是最适合人类宗奉的。康有为注意到西方现代文明符合孔子著《春秋》的理想，并把《礼运·大同》“男有分，女有归”一语中的“归”，释为“岿”的通假，意为女子岿然有所树立，以适应女权兴起之潮流。这种思维方式也直接启发了当代新儒家阐旧邦以新命的思潮。

康有为的孔教思想，后来被他的弟子广东高要人陈焕章所发扬。陈氏著有《孔教论》，系统阐明孔教为一宗教，孔子即为教主，中国今日必当昌明孔教之原因，孔教无碍于信仰之自由、科学之进步，并提出昌明孔教的办法。英国梅殿华为《孔教论》所写之序云：“宗教者，道德之本；而道德者，文明之原。凡是三者，层累而上，观其表面，虽各国不同，而其促人类之进步则一，未有无宗教，而道德与文明二者能独存者也。”有时候，外人看中国，的确比很多中国知识人看得深看得准。

意大利游记（节选二）

罗马时旧元老院[1]遗址犹存，意人名为斜罗罗马那，今存七柱，甚宏巨也。罗马当汉中叶，废王而立总统官二人及护民官、法官，而一切政权皆在元老院，推举总统、护民官、法官皆由之。其员以罗马都人充之。虽以恺撒[2]大功，犹谨奉元老院之命。至屋大维[3]立，元老院上尊号为“奥古士多”，乃命其部将充元老院议员，增至千人，于是元老院之权望轻而渐贱。然尼罗[4]之无道，元老院犹能宣令而废之，其后迭迎立诸武帅为帝，皆由元老院。乃西二百年时，亲卫军[5]跋扈，专废弑君[6]者二十五帝，与唐末五代同风，而一切尚假元老院之命。非元老院公许，不得为帝。选官之权，亦尚在元老院。至西二百十二年，塞维拉[7]帝乃专帝权，令元老院自认无主权。然三十暴君之时[8]，罗马大乱，置君如弈棋。当西二百七十五年，八月无君，一切政权犹在元老院也。西二百八十三年，地克里生[9]帝乃全行帝政，废元老院，其旧有之护民官、总统官皆从而裁之。于是元老院数百年之事权乃尽，而罗马亦由分而渐亡。

盖罗马帝政上半期，尚是君民共主者也。罗马初叶，即有加俞[10]、尼罗之淫暴。此后即迎武帅为君，贤者得世，绝则复迎君于诸将帅中。其后当卫军卖二十五帝之时，又当三十暴君之世，罗马无时不乱。而边外晏然者，则以民俗尚因民政之旧，帝位可由选举而来，而元老院为久远之权，百变而不改，得以居中坐镇之也。虽时有窃权之夫，时攘大位，乱离相继，不若中国帝政之安；而论罗马之美政，能久保其大一统之国土者，则实元老院为之。今欧洲各国议院之开，亦由元老院旧事入人脑中，故得激刺[11]而为之。然则希腊之议院，可谓为今大地议院之太祖，罗马之元老院，可谓为今大地议院之太宗，所关亦大矣。但罗马元老院议员只罗马都人充之，实同于贵族院寡人[12]之政治，非全国民心之公体也。意则甚佳，体则未备。今宪政青出于蓝，冰寒于水，过之远矣。但推念祖所自出，筚路篮缕以启山林者耳。

注释

［1］元老院：古罗马的政权机关，因由氏族的豪门贵族长老组成，故名。［2］恺撒：恺撒大帝，罗马共和国末期军事统帅、政治家，罗马帝国的奠基者。［3］屋大维：罗马帝国的第一位元首，元首政制的创始人。屋大维是恺撒的甥孙，被恺撒指定为第一继承人并收为养子。元老院赐封其为“奥古斯都”，意为神圣伟大，即下文之“奥古士多”。［4］尼罗：尼禄的旧译。罗马帝国克劳狄乌斯王朝末代皇帝，以暴虐、挥霍、放荡著称于罗马史。［5］亲卫军：即罗马禁卫军，是罗马皇帝统领的一支宫廷卫队，由屋大维所设立。自屋大维去世之后，禁卫军长期控制着对罗马皇帝的生死大权。后被君士坦丁大帝解散。［6］专废弑君：废黜杀害，皆由亲卫军所专。［7］塞维拉：今译塞维鲁，罗马帝国皇帝，塞维鲁王朝开创者。

［8］三十暴君之时：大致在253—268年，罗马各地称王的先后逾三十人，史称“三十僭主”时代。 ［9］地克里生：今译戴克里先，罗马帝国皇帝。 ［10］加俞：即卡利古拉，罗马帝国及朱里亚·克劳狄王朝第三位皇帝，在位期间大搞恐怖统治，神化皇权，行事荒唐、暴虐。好大喜功，大兴土木、欢宴不断，遂致帝国的财政急剧恶化。后被禁卫军刺杀身亡。 ［11］激刺：即刺激。 ［12］寡人：今译寡头。指掌握政治的少数人。

我昔尧、舜咨岳[1]，盘庚进民[2]，犹有其旨。而中国亘古乃无议院政体、民学之司者，国民非不智也，地形实为之也。盖民权之起，必由小国寡民，或部族酋长之世，君不甚尊，去民不远。而贵族争政，君位难久，迭代为君，则自有贵族之寡人政治出焉。而国太小、地太僻者，民智不开，亦必受治于一雄之下。惟欧洲在地中海、波罗的海之中，港岛槎枒[3]，山岭错杂，其险易守。故易于分国，而难于统一，乃欧洲之特形也。故远在希腊，区区蕞尔之地，不足当中国之一省，而已分为十二国，千年莫能一之。虽彼雅典之文明，亦不过比我今数县，而四面临海，舟船四达。其时南若埃及、腓尼西亚[4]，东若巴比伦、叙利亚，皆文明久启，商市互通。地既不远，希腊人士得以游学探险，虚往实归[5]，采各国之所长以文其国。民以通商而富，士以游学而智。智民富族既多，莫肯相下，故其势必出于公举贤而众议之。吾尝经希腊矣，群岛延回，峰峦秀耸，日有海波相激。

生其间者，民必秀出，而又集各国之长，有富族智士之多。故梭伦以富人四级立会议之法[6]，行之二百年。此民立议院之必开于希腊者，地形为之也。罗马开于春秋之始，人口不过数千，盖以三十族开基，罗慕路[7]之王五世，仅治罗马城之一隅，手辟草莱，回旋百数十里，旁无大国，日与近邻意大利中诸蛮竞争。其为王虽世也，仅同酋长，故其为治亦同部落，诸族分权而治，无名义以相统。其有不可，废而弃之。且鉴君权归一家一人之弊，不若众族众人分执之适。贵族本自平等，孰肯以君权归一人乎？此王权所以永废之原因也。其议会也，诸侯充兵者预焉。吾粤乡族村邑之间，凡小族小乡小邑，有一家独世为搢绅者，则一族一乡一邑之权，世为一绅家所主，而余人拱手听命焉。其乡族城邑大者，富家贵绅甚多，则众绅相与集议。若都邑中豪族贵家，久居其地，世柄其政，势力已定；其后来徙居之人，虽有贵势富力，亦必俯首让之，如顺德县大良城之龙、罗二族是也。罗马之元老会，限于罗马都中之贵族，亦若是则已耳。虽其后平民与贵族争权，平民终胜，亦以富分五级，各出兵队，共为百九十四队以出征他部。然所谓平民者，亦罗马都中之平民，于罗马全国无预焉。

注释

［1］咨岳：向四岳咨询。四岳，尧、舜时的四方部落首领。　［2］盘庚进民：盘庚是商朝第二十位君主，他在位时将都

城迁到殷（今河南安阳），民众不适，盘庚发表了三次演说，事见《书·盘庚》。进民，《盘庚》中篇里有“盘庚乃登进厥民”之语。［3］槎枒（chá yā）：本指树枝的分叉。此处可理解为指港岛的分布似树枝的分叉那样，凌乱且不规则。 ［4］腓尼西亚：腓尼基的旧译。［5］虚往实归：无所知而往，有所得而归。语出《庄子·德充符》。［6］梭伦以富人四级立会议之法：梭伦是古希腊时期雅典城邦著名的改革家、政治家、立法者、诗人，也是古希腊七贤之一。他按财产的多少将全体公民划分为四个等级，第一、二等公民可担任包括执政官在内的最高官职，第三等只能担任低级官职，第四等级不能担任任何官职。［7］罗慕路：罗慕路斯的旧译。是一个神话人物。根据编年体的记载，他是罗马的第一任王，而罗马也用他的名字Romulus命名的。

若夫日耳曼者，当吾汉、晋，尚为森林之野番。开创之始，攘辟山林，粗开部落，未成国土，未有君王。部落既多，群族相斗，必开会谋之。凡称戈[1]之卒，皆得预议；不能荷戈者，不得预会。所议者公举头目、将军及编兵之事，而预会者亦只有赞成可否之权，无发言之权。焚火射矢以集众，集于丘陵林丛或神前。可者舞蹈，不可者击器以乱之；其大不愿者，投戈于地。此屡集会，只可谓之部落械斗会。其定年开二次，有新月满月，利于举兵，则野番日以杀邻为事者，今人以后世文明，蒙之以“国会”二字，误谬甚矣！盖日耳曼当彼时代，仅为土番，部落杂沓[2]，政体不一。然各部无论有王无王，即有王者，亦如今土番之头目，再进则酋长耳，不过供战役之所举。其后或因战事屡胜，举为将军，或由将军而进为大酋，要皆非有大国王者之体制也。至西历四百年时，部落战争，互相吞并，积久渐大，凡成十余大部落，又与罗马日通，则始有君主，渐成酋长之世。至法兰克国[3]兴，采用罗马制度，立有君王，粗具文明，乃始为国，则此类集议已息灭矣。

今吾粤僻处各乡械斗，亦必鸣锣大聚乡人而公议之。其出斗者，皆得预会而公举统领之人、管粮之人、前锋接应之人。若苗、瑶、黎、僮[4]各种，分据山洞，各立酋长，至有战争，亦射矢举火为号，传集各洞，而公议其事，举其督战分战之人。至于云南、贵州各土司，千年战争，皆自小部落并吞为大部落，可以《宋史·土司传》考之。日耳曼史开创时，乃如一辙。即今爪哇、苏门答腊各土酋之争并，亦皆各部有会焉。此等部落互争，军事会议，人人直预，今各野番皆通行之。凡此等政体，皆由山海崎岖，川岭错落，部落分据，统一甚难，故各占险要，地方数十里、十余里不等，人民自千数百至数万，人多相识，亦甚平等。日以争战为业，故武士直接而预议兵事。至于国土稍大至千数百里，人民多至百数十万，即有君主执权，无复有此等会议之事。

注释

[1] 称戈：举戈。语出《书·牧誓》："称尔戈，比尔干，立尔矛，予其誓。" [2] 杂沓：纷杂繁多貌。 [3] 法兰克国：是481—843年由日耳曼人的一支法兰克人建立的封建王国，分为墨洛温

王朝和加洛林王朝，加洛林王朝全盛时期称“查理曼帝国”。843年，根据《凡尔登条约》分裂为三个部分，即西、中、东法兰克王国三个家。870年，东、西法兰克王国在墨尔森签订条约，瓜分中法兰克王国的大部分。《墨尔森条约》给中法兰克王国留下的那一小部分，成了现代意大利的雏形；东、西法兰克王国则是德意志和法兰西的国家基础。［4］僮：壮族的旧称。

至于欧洲中世封建之时，日耳曼帝仅以虚名拥位。其时国会皆豪族，如诸侯、大僧[1]之有领地者列席焉。所议为和战、教宗、嗣王[2]及国际大事，举既不常。此等会议，犹之春秋时列国诸侯大会，或遣大夫来会。则凡非大一统之世，众国并立，必有此等会议，固吾国行之二千年矣。惟法国当西一千三百二年显理布第四[3]时，为抗教王故，乃藉民力而开国会，选大学及各郡县举人为之，则有今会议之意，然行之三百年而中绝矣。惟英以条顿种与挪曼[4]人同漂泊于不列颠，传其旧俗而世行之。至西一千二百六十五年约翰王时，遂定大宪章[5]，日益光大，以至今日，而推行于天下。英固世有王而国会不废，久之且全夺王权，而成为立宪最坚之政体，而大地立宪政体皆法之。此为大地最奇特之事，亦绝无而仅有之事。

盖考英当威廉[6]由荷兰入主英国之时，当我朝康熙二十七年。而是时英全国人口不过五百万，区区小国寡民，故克林威尔[7]之革命，亦不过如春秋时列国之废逐其君，晋厉[8]、宋殇[9]之弑，鲁昭[10]、卫辄[11]之出，若是者不可胜数。卫人立晋[12]，乃出于众，贵族柄政，盖视为常。苏格兰、阿尔兰[13]之混一不久，上溯约翰世，又四百年，计其时英国仅英伦一隅，当西一千二百六十五年，人民必不过二百余万，如威廉第一[14]之世，不过百余万耳。立国于宋世，亦不过人口数万或数十万。名虽有王，不过如今滇、黔土司之酋长耳。盖民数甚少，则君不尊大。地僻海隅之一岛，则罗马及东方之制度亦不广播，故能传其旧俗而不至灭绝。及文明大启，则国会已坚，而又有希腊、罗马议会旧举以会合之，则国会益坚。故日耳曼之分国虽多，而独能传其旧俗者，不属他国而属英伦，则以边海之小岛寡民故也。若在欧洲大陆，则早为罗马大国之政制所束缚，君权久定，国会奚从发达焉？

注释

[1]大僧：指大主教。 [2]嗣王：指确定继位之事。 [3]显里布第四：腓力四世。他在位期间，致力于扩大王室领地、统一法国，为了有足够财力支持战争，没收了法国教会财产并强征十一税，因此与教皇发生了冲突。 [4]挪曼：今译诺曼。 [5]大宪章：也称《自由大宪章》。英国封建时期的重要宪法性文件之一。大宪章虽迭经修改，但很多原则都保留了下来，成为现代英国、美国宪法的基本思想。 [6]威廉：指威廉三世，在苏格兰称作威廉二世。曾任尼德兰执政，与神圣罗马帝国结盟击退法国。当时英国国王詹姆斯二世不得人心，因其女玛丽是威廉三世的妻子，英人遂邀其入主，1689年2月13日与

妻子共同成为英格兰国王，10月接受《权利法案》，使英国跨入君主立宪制时代。［7］克林威尔：克伦威尔的旧译，英国政治家、军事家、宗教领袖。曾逼迫英国君主退位，解散国会，1649年1月30日，他在人民的压力下，以议会和军队的名义处死国王查理一世。5月，宣布英国为共和国，出任护国公，成为英国事实上的国家元首。［8］晋厉：晋厉公，春秋时晋国国君。在位第八年（前753）闰十二月，被大夫栾书、中行偃所袭捕，囚之。次年正月被杀。［9］宋殇：宋殇公，春秋时宋国国君，公元前710年为华督所弑。［10］鲁昭：鲁昭公，春秋时鲁国国君。因鲁国贵族叔孙氏、季孙氏联合在一起，击败昭公，遂出逃齐国，后死于境外。［11］卫辄：卫出公，春秋时卫国国君。姬姓，名辄。卫灵公孙，蒯聩子。公元前493年立。在位十二年，公室内乱，孔悝等立其父蒯聩为君（即庄公），他逃奔鲁国，在外流亡四年，国内三易其君。公元前477年，又自齐归卫，再度执政九年，被大夫攻逐，逃奔宋，又至越。后死于越。［12］卫人立晋：晋指春秋时卫国的公子姬晋，卫庄公之子，卫桓公之弟。公子晋早年在邢国作人质。公元前719年，公子晋另一兄弟公子州吁弑杀卫桓公，自立为君。石碏平定州吁之乱后，从邢国迎公子晋回国即位，是为卫宣公。《左传·隐公四年》书“卫人立晋”，《公羊传》解释为什么不说是石碏立而说卫人立，是“众立之之辞也”。［13］阿尔兰：爱尔兰的旧译。［14］威廉第一：威廉一世，诺曼王朝的首位英格兰国王。

然欧洲数千年时之有国会者，则以地中海形势使然，以其海港汊沍[1]纷歧，易于据险而分立国土故也。分立故多小国寡民，而王权不尊，而后民会乃能发生焉。若印度则七千里平陆，文明已数千年，在佛时虽分立多国，而皆有王，人民繁重，君权极尊，国体久成，非同部落。若波斯则自周时已为一统之大国，帝体尤严。埃及、巴比伦、亚西里亚[2]，更自上古已为广土众民之王国。至阿剌伯[3]起立更后，不独染于旧制，亦其教理已非合群平等之义，益无可言。凡此古旧文明之国，则必广土众民，而后能产出文明。既有广土众民，则必君权甚尊，而民权国会皆无从孕育矣。

况我中国之一统，已当黄帝、尧、舜之时。盖古号九州为中国者，在大江以北、太行以南，旷野数千里，地皆平陆，无险可守。故为一统帝国之早之远，在万国之先，不止成国体、立君权而已。既为数千里之大国众民，则君权必尊，无可易者。但其时土司旧国千万，至今滇、黔未尽改土归流[4]，况在三代以前乎？故有诸侯大夫合议之制。凡黄帝之合宫[5]，唐虞之总章[6]，周之明堂，皆贵族议院也。故尧咨四岳以举舜，而颛顼[7]、帝喾[8]皆出一家而非传子，有类于日耳曼之选举侯。而桀、纣既放杀，则千八百之侯，公举天子。及厉王被放，周公共和[9]，若春秋之大夫，交政于列国，执权于邦内，皆贵族之俗也。盖不待秦、汉以后，万里山河，纯赖帝制，而君权之巩固，已自神农、黄帝来矣。

注释

[1] 汉沍（hù）：分岔交汇。 [2] 亚西里亚：亚述的旧译。

古代西亚奴隶制国家，位于底格里斯河中游。公元前三千年代中叶，属于闪米特族的亚述人在此建立亚述尔城后逐渐形成贵族专制的奴隶制城邦。 ［3］阿剌伯：阿拉伯的旧译。 ［4］改土归流：明、清两朝在少数民族地区实行的一种政治措施。即废除土司，实行流官统治。流官，朝廷派遣的地方官，有一定任期，不世袭。 ［5］合宫：相传为黄帝的明堂。明堂见前《〈论语·为政篇〉注（节选）》注。 ［6］总章：古代天子明堂之西向室。取西方总成万物而章明之之意。 ［7］颛顼：姬姓，高阳氏，黄帝之孙，昌意之子。上古部落联盟首领，五帝之一。［8］帝喾：姬姓，名俊。五帝之一。生于高辛，故号高辛氏。传说他是黄帝的曾孙，尧之父。 ［9］周公共和：周厉王姬胡，西周君主。在位期间，民不堪命，又用卫巫监视国人，杀有怨言者，于是“国人莫敢言，道路以目”。公元前841年被国人逐奔于彘，朝中由召穆公、周定公共和行政。

亚洲皆大陆广海，凡有小国，无不并吞，无从容蕞尔之希腊得有文明而自为政。罗马都人，类于丰沛。而汉高五年成业，即已淹有百郡，大异于罗马之以千年之力次第平蛮者。若汤亳、周岐[1]，虽起于百里，而承先侯业，独以灵武[2]之君定天下。此类于亚历山大[3]之一统欧亚，摩诃末[4]之开万里回疆，益以巩固君权而已，尤非罗马之同类矣。故中国之势，无从生产希腊、罗马之议院者，实地形为之也。若日耳曼之部落，则西域之胡，及西南部之氐、羌蛮夷，乃正相类。凡极小之部落，何尝不会议乎？而在欧洲之罗马，一经分裂灭亡之后，无有能统一之者，故诸国竞争，相持千年。而英人乃得以其故俗，延一线于绝海之小岛，而又远播希腊、罗马之文明以强其国，得以内平七国[5]，外与欧陆诸国相持，及远灭印度，国遂骤强，而国会之制，遂为大地之帅焉。

若中国既亘古一统，即不容四方小夷之苟延寿命。其少能自立之国，则已广土众民，采文明之制于中国矣，若日本、高丽、安南是也。然是三国者，开化皆二千年，人民皆久逾千万，安南、暹罗、缅甸之藩国已甚多矣。何从于二百年前，尚容四五百万人文明之英国哉？假令罗马而一统至今，则英伦三岛，亦中国之琼、台耳，滇、黔耳，为罗马之郡县，奉罗马之政法，何从而有国会？何从而与王争？何从而渐进渐精而成今日之立宪政体乎？

注释

[1]汤亳（bó）、周岐：指都于亳的成汤和在西岐的周。起初汤只有七十里之地，周只有百里之地，最终都平定天下。 [2]灵武：灵异威武。 [3]亚历山大：此指马其顿王国国王，称亚历山大三世。杰出的军事家和政治家。少年时师从古希腊学者亚里士多德，继位时年仅20岁。13年内征服了约500万平方公里的领土。 [4]摩诃末：即穆罕默德。 [5]七国：1—5世纪大不列颠岛东南部为罗马帝国统治。罗马人撤走后，欧洲北部的盎格鲁人、萨克逊人、朱特人相继入侵并定居。7世纪开始形成封建制度，许多小国并成七个王国，争雄达200年之久，史称“盎格鲁-撒克逊时代”。829年威塞克斯国王爱格伯特统一了英格兰。

统全大地论之：他地野番之部落，会议盖多，但无从得文明以立国。亚洲之文明立国已久，则以大国众民，君权久尊而坚定，无从诞生国会。惟欧洲南北两海，山岭从杂，港汊繁多。罗马昔者仅辟地中海之海边，未启欧北之地。至欧北既启，则无有能统一之者。以亚洲之大，过欧十倍，而蒙古能一之。而欧洲之小，反无英雄定于一，故至今小国林立，而意大利、日耳曼中自由之市，若斐呢士[1]、汉堡之类，时时存焉。即无英国，此根不灭，必有大生广生[2]者矣。况有怪者，英延条顿部落军议之旧俗，伏流千年而发于三岛，又以三岛之国会旧俗，伏流万里而起于美国，其反动力则刺触[3]于法，而大播于欧，遂为地球独一无二之新政体。岂非欧洲凭据南北两海多岛港而分立国为之耶？故曰地形使然也。非中国人智之不及，而地势实限之也，不能为中国先民责也。今大地既必行此政体矣。英得伏流之先，故在大地最先强。欧美得其播种之先，故次强。兹七柱[4]也，其先河也乎？或以为中国先民责，不论时地形势，而执一理以责人，妄也。及今移植而用之，人下种而我食之，岂不便易乎？何必怵他人之我先哉？物无两大，有其利者必有其害。中国万里数千年，已享一统之乐利。欧洲列国分立，经黑暗中世，千年战争，惨祸酷矣，乃得产此议院以先强，则有其害者亦有其利。然中国苟移植之，则亦让欧人先获百年耳。何伤乎！天道后起者胜也。

注释

［1］斐呢士：威尼斯的旧译。［2］大生广生：语出《周易·系辞》："夫乾，其静也专，其动也直，是以大生焉。夫坤，其静也翕，其动也辟，是以广生焉。"谓阴阳气机流行，能普施万物，皆得成长。［3］刺触：刺激、影响。［4］七柱：指罗马元老院遗址。前文曾云"今存七柱"。

评析

康有为精于国史，又熟读欧洲、中亚、南亚各国之历史，经纵横比较，得出结论：民主制度起于小国寡民，或部族酋长之世，而数千里之大国众民，则君权必尊，不可能自然产生民主制度。欧洲之能产生民主政体，根本原因是地形使然，无人能统一欧洲。中国未能产生民主政体，不应该责备古人，实因地势之限，中国地形，利于统一，不利于分立。康有为承认民主制度较君主专制先进，当然他心目中最好的民主是像英国那样的君主立宪制，他谆谆告诫国人：不要只看到欧洲现在比中国富强就丧失了民族自信、文化自信，中国因长期统一，未经黑暗的中世纪，更没有延绵千年的战争，只要勇于接受先进文明，改良旧制，自然能迎头赶上。"天道后起者胜"一语，令人热血澎湃。

德国游记（节选一）

抵柏林初出游，大道中即见路德[1]像，手执书，貌丰晬[2]而有英气。路德创开新教，今四百年间行遍大地，已逾万万人，实为日耳曼第一人才。以儒教之朱子、佛教之慧能[3]比之，拨弃旧教而一统则过之，若法力气势之披猖[4]，似尚未能逮彼也。盖立教本自不同，彼抗旧教，至相杀百万，吾国争教惟事纸笔，且初始压力亦无其大也。耶教同佛，本无妻，路德以五十余岁之老僧，公然娶一老尼为妻，不忌众议，本大怪事。此与日本亲鸾[5]之开本愿宗，西藏莲花生[6]之开红教[7]，皆娶妻示淫，以使行道，同一手法；与印度湿拏教[8]之事女神教，大变婆罗门之法[9]，盖有绝大智慧以审人情，有绝大魄力以破旧法，此所以成教主也。

注释

［1］路德：马丁·路德，16世纪欧洲宗教改革运动发起人、基督教新教的创立者、德国宗教改革家。［2］晬（suì）：润泽。［3］慧能：一作惠能，唐代僧人，中国佛教禅宗六祖。宣传“见性成佛”的顿悟法门，成为禅宗正系。其说教被弟子编成《六祖坛经》行世。［4］披猖：猖狂。［5］亲鸾：日本高僧。［6］莲花生：藏传佛教的主要奠基者。［7］红教：藏传佛教宁玛派的俗称，宁

玛意为“古旧”，由莲花生大士传来而得名。红教修行者红衣红帽。
[8] 湿拏教：即印度教，因印度教中最受崇拜的湿婆而得名。湿拏即湿婆。印度教有三大主神及各小神，又有神的配偶女神，皆受崇拜。
[9] 婆罗门之法：指婆罗门教。印度教的古代形式。

夫道之行也，有二焉。一则清节高行，人难能也。人难能，则人尊之敬之，而其教得行。自婆罗门及佛教之高僧，耶教与夫各教僧皆然。盖人不婚宦[1]则情欲减半，既谢情欲，则学术易精深，而惟以宣布其教为事。凡人世所争竞、情欲、声色之物，彼皆弃之，彼之所争，独在人所不暇为、不专为之教权，则自拱手以让之矣。彼无欲无为，既专且精，既悍且鸷[2]，彼又重魂而不重身命，故又能拼万死以争之，此僧权[3]之所以独大也。即儒教有妻，而儒生讲学能聚大众、有盛名者，必尚高行，愈鞭辟而愈甚，故末流必以清苦卓绝为贵。故其余波也，中国工艺之不兴，宫室、器物之败窳[4]，皆因之，而教之尊，化之美，亦系是焉。

一则适人之情，纵人之欲。人所同愿同好者，则人乐奉之从之。人皆乐从，故其教行之至速且大也。凡老氏之阴谋[5]，杨朱之为我[6]，及今世自由之说，皆一出而大行。若湿拏、莲花生、亲鸾、路德之教，亦得其意也。苦行之教严而易尊，适情之教顺而可大。及其弊也，以苦行为教而人难守之，于是僧多败行，而教即因是而败。路德之起，即起于教皇之贪而行赦罪纸[7]，僧之淫而行认罪亭[8]，有以激而成之也。中国佛寺之毁，亦多毁于僧之先行也。适情纵欲之教，必至如公孙朝[9]之纵酒，如高洋[10]、杨广[11]之淫昏，此岂复恤其教旨？故西藏红教卒为黄教[12]所胜，而印度湿拏教亦卒为新教[13]所败也。故适情之教亦不能尊，亦不能强，亦不能久也。

然男女之欲，天所生也，谁能绝之？必强绝之，必将旁决，如彼塞川，然必不可行，故莫若因势利导之。今耶教挟妻而行遍大地，教亦遍大地，败行不多著，则路德立法之善也。然路德刚健之力，有万象不移之概焉。

注释

［1］婚宦：结婚、出仕。 ［2］悍鸷（zhì）：凶猛暴戾。 ［3］僧权：指宗教士之权力。 ［4］败窳（yǔ）：败坏。 ［5］老氏之阴谋：老氏即老子，以其学说被后世一些儒者视为“杂权诈”。 ［6］杨朱之为我：杨朱，战国时卫人。其书不传，仅散见于《列子》《孟子》诸书中。主张“为我”“拔一毛而利天下不为也”，与墨子的兼爱思想相反，各偏一端。 ［7］赦罪纸：即赎罪券，又称赦罪符。其时教皇向人民兜售赎罪券，宣称可以通过购买缴费来提前洗清罪恶。 ［8］认罪亭：即告解亭，又称忏悔室。天主教堂中神父听取信徒们忏悔罪过的专用小房间。 ［9］公孙朝：春秋时郑国子产之兄，《列子》中说他好酒。 ［10］高洋：即北齐文宣帝，北齐建立者。嗜酒昏狂，以淫乱残暴著称。 ［11］杨广：即隋炀帝。［12］黄教：即藏族地区喇嘛教格鲁派，15世纪末宗喀巴所创，是喇嘛教中最大的教派。重视戒律。 ［13］新教：指基督教新教。

评析

康有为在戊戌变法失败以后，有一个理想盘踞胸中不去，那就是对孔子所开创的儒教进行改造，以成为一个全新的宗教，自己也可成为新的教主。他见路德像而感叹，正是他内心理想的折射。

康有为认为，成为教主的必要条件有二：有绝大智慧以审人情，有绝大魄力以破旧法。显然康有为一生从不缺少破旧法的魄力，也不乏对人性的深切体察。他认识到禁欲的宗教于人所难行，但其教权易尊，教化易美；适人之情，纵人之欲的宗教，推行至速且大，但宗教从业者多腐败，教权不能尊，不能强，更不能久。路德开创的基督教新教，实是在禁欲与纵欲间求得中庸，是对人欲的因势利导，故其教行遍大地而败行不多著，也因此路德堪称日耳曼第一人才，“有万象不移之概”。路德的成就，正是康有为的终极理想。

康有为没能成为路德，原因恐怕首先在于孔教从来就是适情的宗教，教权不尊，且必须依赖于和政权的合作，才能顺利推行教化，这也导致中国人宗教观念淡薄。孔教能影响的，主要是追求不朽声名的高行卓绝之士。其次则是康有为所处的时代正是科学日渐昌明之世，比之路德时代浓烈的宗教氛围，不可同日而语。

德国游记（节选二）

德政治之美，实甲百国。无利不立兴，无弊不立除，选吏既精能，用人尤奉命，故内外百司莫不任职，皆德主威廉[1]为之也。盖政治之美，在用人得宜，久道而化成。各国皆政党执权，少能久，任未几，党败，旋即易官；且政党所用只限党人，或以私情义当酬报，或有畏惮不易扫除，凡此皆不尽得人者。惟既立宪法之后，而又一君专制，多历年所，故用人可久于其任，举事易期成功。且合一国之人而陶用之，尤为多数，又不待报其党私，有所用舍[2]，无所惮讳，惟以公行之，惟才是用。故专制而为贤君，其政治易举而尤美，诚非政党所能比也。但贤君不世出而暴主多，校其得失，不若政党之稳固耳。我朝圣祖、世宗[3]之政治，未有宪法，然察其已然之效，已可睹矣。德主威廉自逐俾士麦[4]后，更易五相[5]，皆无权，不过奉旨而已。即今相保罗[6]以明敏著，然事此英主，亦复何能？只如中国前朝名相云尔。其他末秩[7]小吏，亦皆威廉亲擢[8]为多。故德虽云立宪国，实则兼君主专制国也。盖有议院立法以维之，故大经大法不紊；有地方自治以分之，故事理纤悉皆举；有铁路、电线、电话佐之，故用意神而举事速。此各国所同，而德独加一明察勇敏之专制君主，操纵而妙用之，于是治法之精速神奇，苟不论以德化民者，遂为冠绝万国古今矣。

注释

［1］威廉：指当时德国皇帝威廉二世，他是统一德国建立德意志帝国的威廉一世的孙子。［2］用舍：任用或黜落。［3］圣祖、世宗：分指康熙、雍正。［4］威廉逐俾士麦：事在1890年。［5］五相：实际是三相，分别是列奥·冯·卡普里维伯爵、霍恩洛厄–希林斯菲斯特、伯恩哈德·冯·比洛伯爵。［6］保罗：即前注之伯恩哈德·冯·比洛伯爵。［7］末秩：低级官吏。［8］亲擢（zhuó）：亲手提拔。

盖有专制之英主，而无议院立法限之，则失于太横；无地方治佐之，则不能细入；无诸新器[1]佐之，则不能交通神速。吾管仲、子产、葛亮、王猛[2]诸贤及汉光武、唐太宗，皆无议院、地方自治与各新器以助之，治必不如矣。欧洲自第三次革命[3]后，文明之治仅五十余年，治国英才以格兰斯顿[4]、俾士麦为最矣。五十年前则无甚新器，俾士麦权望最尊，能行志矣，故政治最美，为德先导。而威廉以英绝之才，为专制之君主，重光粹美，顺袭其成。故吾敢谓德之政治冠万国而空今古，惟此时为宜。盖议院与专制不能合并，合之者，举大地惟有一德，盖又成政治之新式矣。故政治惟德独美，胜法至今三十余年，乃以有此也。德之有此也，因联邦而君遂有权，又生英主，非人力为之，亦水流沙转，自然而成之也，如英之生宪法然。盖国之将兴，所凭藉者，必有其故。其原因远大，岂可曰吾欲变某法，吾欲师某国，而能得之哉？

夫百年来，法以自由显，而治教之不振如此；德以专制著，而治效之盛如彼。何哉？盖用药者之不可以一也，必有君臣佐使制炼而复用之。民权自由亦非最美之药，有君主专制之祸毒，用之既得矣。然过用之，则奥国[5]三十余党之争，遂致百政不举；而中南美诸国岁以争立民主致乱，刈民[6]过半。而墨西哥总统爹亚[7]以一党立国，专制二十余年，遂能奠墨百年之乱争。故既有议院以民权立法后，君主本难专横，而有贤君专制以行政，则配制适得其宜。《易》曰："一阴一阳之为道。"独味不能成和，独弦不能成声，意者德之政乃最得调和之宜者耶？然则立宪以后，议院成立，而有君权以为行政，或亦为政治之新式耶？

注释

[1] 新器：语出《书·盘庚上》："迟任有言曰：'人惟求旧，器非求旧，惟新。'"指上文所说的铁路、电线、电话等。[2] 管仲、子产、葛亮、王猛：皆辅佐国家统一事业之贤相能臣。管仲相齐桓公，终使齐霸。子产自郑简公二十三年（前543）起执政，治郑多年，有政绩。卒后郑人悲之如亡亲戚，孔子亦为之涕。葛亮即诸葛亮，治蜀有遗爱。王猛佐前秦苻坚，推行汉化，统一北方。 [3] 欧洲第三次革命：指在1848年欧洲各国爆发的一系列武装革命，是平民与贵族间的抗争，主要是欧洲平民与自由主义者对抗君权独裁的武装革命。 [4] 格兰斯顿：即格莱斯顿，英国政治

家，曾作为自由党人四次出任英国首相。　[5] 奥国：即奥地利。[6] 刈（yì）民：杀死民众。　[7] 爹亚：又译爹亚士，即波菲里奥·迪亚斯，墨西哥历史上任期最长的总统，有名的独裁者。

夫政法无常，有类医方，苟能起病延年，自为良方善药，岂必人参之为贵乎？苟未至大同之世，国竞[1]未忘，则政权万不能散漫。否则其病痿而不举，有类奥国坐以待亡而已。吾固首倡民权而专主立宪者，非主专制，所不待言。但具虚心以研天下之公理，鉴实趾[2]以考得失之轨涂[3]，则德、法两者相形，足以供我之借鉴。遂觉德为新式，颇适今世政治之宜；而英、美亦若瞠乎其后者，微独法也。容纯甫[4]告我曰，美他日将改立王。吾笑诘之曰，必无是。纯甫反复证之，以美国人心多欲立王者。吾虽未遽定之，而难保其必无立王之一事也。新法日出，一孔之夫[5]，蔽其所习见，必惊之矣。今中国人士甫知美之民主、法之革命自由、英之立宪民权，皆争慕之，以为立极之理。岂知事变日生，新理日出，旧历已过，又为新历时代耶！吾观德之政治，吾以为德必霸欧洲，盖有适宜之政体焉。其他不适于时宜，而为世论所压、不能自拔者，则归于淘汰矣，奥国是也。奥以数十党争而待亡，德以一贤主专制而致霸。甚矣！夫一识之蔽，遂可亡国。吾国人士，今于观化乃始萌芽，尚慎旃[6]哉！虚其心，扩其目，无以一得自封也。

注释

［1］国竞：国家竞争。 ［2］实趾：实践。 ［3］轨涂：道路。 ［4］纯甫：容闳，号纯甫，广东香山南屏村（今属广东珠海）人，中国近代第一位留学生。 ［5］一孔之夫：见识浅薄狭窄，只见片面，不见整体之人。一孔，从一个小窟窿里面看。 ［6］旃（zhān）：文言助词，相当于“之”或“之焉”。

评析

诚如康有为自述的那样：“吾固首倡民权而专主立宪者，非主专制，所不待言。”但时移世易，当时中国知识人已是如饮狂药，以为非张民权、行立宪、开议会不足以救亡图存，舍夫自由民主制度，天下更无善政。所慕者，美之民主、法之革命自由、英之立宪民权而已。康有为感慨说：“一识之蔽，遂可亡国。”劝告国人，“虚其心，扩其目，无以一得自封”。他认为自己能“具虚心以研天下之公理，鉴实趾以考得失之轨

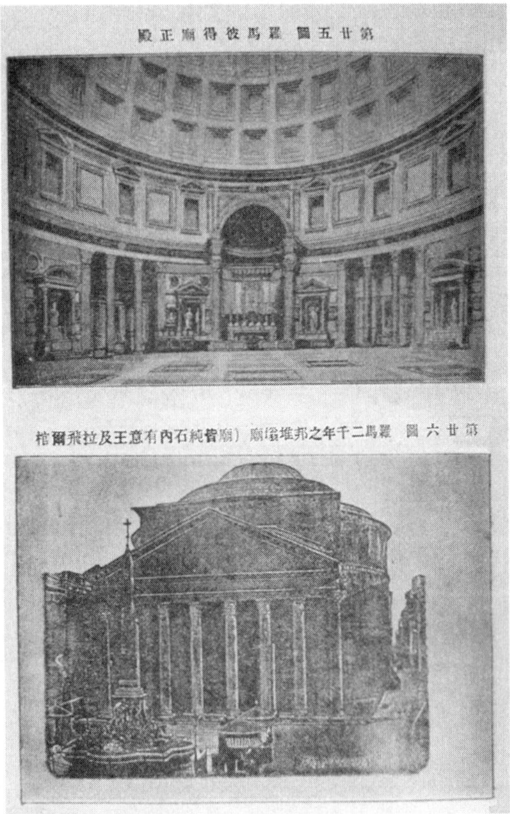

《欧洲十一国游记》书影

涂”，特别是对照德、法两国百年来的强弱不同，认为德国有英主贤君之专制，其政治之美甲于全球，法国虽在欧洲首揭自由之大纛，其政治、教化反远不及德国。他以中医为喻，说政治制度譬如药方，用药不能独用一味，必有君臣佐使制炼而复用之，民主自由并非最美之药，有君主专制之祸毒，用之固宜，而用之太过，则奥地利因党争激烈，百政不举，中南美洲各国皆定民主宪法，反而兵祸连绵，死人无数。又指墨西哥用一党专制，反而长治久安。

尽管两次世界大战德国的结果证明康有为认为“德政治之美，实甲百国”的结论是错的，但康有为不迷信任何一种制度，只看一种制度是否适宜于某国，这种思维方式还是应该肯定的。

比起制度，民情、文化传统对一个民族的发展更具决定性的作用。一旦民情转变，文化传统被斫断，再好的制度也会很快变质。在这一问题的认识上，康有为超出侪辈。但康有为也自有其思想的局限性，就是他不能认识到，君主专制，哪怕是开明的专制，固然高效，却是用一人之头脑，一人之思想代替了所有人的头脑，所有人的思想。人人各尽其聪明才智，充分自由竞争的民族，才能葆有长久的活力。

丹墨游记（节选）

吾国俗乐既淫哇靡靡[1]，西梆[2]则乱躁紧急，古乐平和，而置于万国竞争之时，失于缓弱，不足以厉[3]人心而扬士气。且欧美通行之琴，备八十四律，高下、短长、大小、清浊无不具备。其作弦也，又复去丝而易以金，每弦必加重弦，以厚其声，故至美备。我之古乐，自伶伦[4]截竹，以竹声度调，以长短分为十二管，而十二律[5]生焉。乃以五声和十二管合为六十律，后世加变宫[6]、变徵[7]二音，和十二律，共为八十四律。汉后乐律渐废，然至晋荀勖[8]时，尚存清高、清角、清徵，其音之繁备，适与今西乐相符。及隋时，郑译[9]得琵琶于西域，举世好之，于是以琵琶为乐主，以度众调。琵琶仅四弦，每弦七声，共二十八调，盛行于唐世。虽有八十四律之雅乐，以其太声希味淡[10]，在魏文侯已思卧[11]，况唐世乎！故唐《礼乐志》纪唐世以雅乐为立部，伎在堂下；俗乐为坐部，伎在堂上。其轻雅乐已甚，人间更不行。至辽耶律德光入晋[12]，尽取乐器而北，于是宋世雅乐遂亡，而中国三千年八十四调之古乐遂绝于人间。宋世复以管度调，而二十八调亦绝，于是工凡士尺上合[13]并清浊为十字调，合凡勾[14]之变声为十二字调，李照[15]加四清声，为十六字调出焉。至元世仅余九字调，明宁王权[16]制玉笛，为七字调，于是宋十六字调亦俱失。以八十四调，而所余仅七调，不周不遍甚矣，况能该备万物之声哉！于是中国之乐扫地无余。明世昆曲虽兴，颇得和平之旨，而无蹈厉发扬之气，此中国所以弱也。朱子以古乐不存，而俗乐淫哇，又庄士所不屑道，故不复讲。歌尤古者所尚，孔子与人歌，善必和之[17]，子游治武城，以弦歌为美化[18]。而今绝于士人之口，几若歌乐皆优伶贱者所为，士君子不敢试之。歌舞既尽，礼乐皆衰，故中国于今，几可谓为无歌乐之国可矣。

注释

［1］淫哇靡靡：淫哇，淫邪之声，多指乐曲诗歌；靡靡，颓废淫荡。　［2］西梆：清朝初年的四大剧种（南昆、北弋、东柳、西梆）之一，指西北的梆子腔，即秦腔。　［3］厉：此指砥砺。［4］伶伦：黄帝时乐官。黄帝命其于昆仑山之涧谷取竹，断两节间而吹之，以为黄钟之宫，是为律吕之本。　［5］十二律：古乐的十二调。阳律六，黄钟、太簇、姑洗、蕤宾、夷则、无射；阴律六，大吕、夹钟、中吕、林钟、南吕、应钟。　［6］变宫：中国古代七声音阶中的第七音级。比“宫”低小二度。宋代常借用“闰”字来表示此一音阶，故也称为“闰宫”。　［7］变徵：中国古代七声音阶中的第四音级，比“徵”低小二度。　［8］荀勖：字公曾，颍川颍阴（今河南许昌）人。音律学家。初仕魏，入晋后历任秘书监、光禄大夫、尚书令，掌管乐事。　［9］郑译：字正义，河南开封人。北周时历任内史上大夫等职。入隋，奉诏议乐事，更修七始之议，定名《乐府声调》，已佚。　［10］声希味淡：声音稀薄，其味寡淡。［11］在魏文侯已思卧：语见《礼记·乐记》。魏文侯问于子夏曰：

“吾端冕而听古乐，则唯恐卧；听郑卫之音，则不知倦。敢问古乐之如彼，何也？新乐之如此，何也？” ［12］辽耶律德光入晋：辽太宗耶律德光大同元年（947）灭后晋，入汴京，三月壬寅，晋诸司僚吏、嫔御、宦寺、方技、百工、图籍、历象、石经、铜人、明堂刻漏、太常乐谱、诸宫县、卤簿、法物及铠仗，悉送上京。 ［13］工凡士尺上合：我国古代工尺谱的记音符号。 ［14］合凡勾：亦工尺谱符号。 ［15］李照：宋人。景祐年间制乐律，多为宋、金人参考。 ［16］宁王权：朱权，明太祖朱元璋第十七子，封宁王。著述涉及经史、释道、杂艺、音乐、文学，其中最著者为论北曲历史、体式、音律宫调之专书《太和正音谱》。 ［17］善必和之：语见《论语·述而》：“子与人歌而善，必使反之，而后和之。”孔子与别人一起唱歌，如果唱得好，一定请他再唱一遍，然后自己又和他一起唱。［18］子游治武城，以弦歌为美化：事见《论语·阳货》。子游（言偃）既已受业，为武城宰。孔子过，闻弦歌之声。孔子莞尔而笑曰：“割鸡焉用牛刀？”子游对曰：“昔者偃闻诸夫子曰，君子学道则爱人，小人学道则易使也。”孔子说：“二三子，偃之言是也。前言戏之耳。”美化，美好的教化。

孔子六艺，以乐为一，其言治国尤重之。既非墨教[1]，何事弃乐？不意宋儒汛扫[2]之至此也。今西乐之琴，既和且平，可谓得雅乐之意。乐以人声为主，今人声之高下、清浊、大小已备，于今欧美通行之琴无以外之。然则先圣虽作，必不能有以其外，只有同符合节[3]，然则可谓吾辽世千年已亡之雅乐，而今

欧人续之可也。故西琴者，吾直谓之古乐返魂焉。中国古乐亡于隋，唐代以龟兹[4]之筝、琶，皆非为我物。然则今乐之宜扫荡，而宜代以西乐，吾直可谓之逐去异族光复可也。今欧人他乐有铙、鼓、角、吹[5]，虽粗厉猛起，乃我汉世军乐，亦可谓之复古。且置之万国竞争之世，以乐感民，奋厉廉峭[6]，乃以发尚武之神。吾意孔子之称太公之发扬蹈厉[7]近之，此周之所以兴也。可不慕乎？

中国为五千年文明国，吾于故物无不欲其保全。至于歌乐，吾则一概汛扫而更张之，摧陷廓清[8]，比于武事，而以西乐代之。惟孔子之乐有石声，乃欧人所无，故《韶》乐以击磬为主，《尚书》夔曰："吾击石拊石，百兽率舞，庶尹允谐。笙镛以间，鸟兽跄跄。《箫韶》九成，凤凰来仪。"[9]此乐以石声之磬为先，竹声之笙、金声之镛[10]间之，末乃吹竹声之箫。凡此数乐，皆至清之声，故闻《韶》而不思味，其声眇微渊永[11]，则磬之为最异之乐也。吾遍观万国乐器，无用石者，此真太平之盛德，而非今欧人国争粗厉猛起之音所能望也。此声久废，吾欲推求而张以八十四律，则庶几盛德太平之音复见，以传于后太平世乎！然此渊永眇微之音，亦非今日与国民共之者也，故西乐决宜尽行也。

注释

[1] 墨教：即墨家。墨家反对音乐。 [2] 汛扫：洒扫，引

申为扫荡。 ［3］同符合节：古以符、节为凭证，相符合则谓之同符合节，亦作同符合契。 ［4］龟兹：国名。汉代西域国之一。在今新疆库车、沙雅一带。 ［5］铙、鼓、角、吹：皆乐器名。［6］奋厉廉峭：奋厉，激励、振奋。廉峭，清廉而严厉。 ［7］孔子之称太公之发扬蹈厉：语见《礼记·乐记》："发扬蹈厉，大（太）公之志也。"孔颖达疏："言武乐之舞，发扬蹈厉，象大公威武鹰扬之志也。" ［8］摧陷廓清：破坏并加以扫荡清除。比喻一扫由来已久的积弊。 ［9］"《尚书》夔曰"以下：语见《尚书·虞书·益稷》。［10］镛：古乐器，奏乐时表示节拍的大钟。《说文》："镛，大钟谓之镛。" ［11］眇微渊永：细微深远。

评析

康有为注《论语》"子与人歌而善，必使反之，而后和之"，认为"天地之大德曰生，故人道以乐生为主。凡圣人之治教，虽克己节欲之苦，皆以为乐而已"，充分肯定音乐的作用。对照此文，可知康有为对音乐的重视一以贯之。康有为认为音乐贵得中和，次焉应如西洋音乐一般高壮，他说"夏声必大也"，"夏"通"雅"，认为大雅元音，必有高壮之美。古乐平和，当然是音乐中的极则，但音乐风格一是太慢，二是力弱，在万国竞争的环境下，不足以厉人心而扬士气，故只能求诸西方之乐。在中国传统音乐中，他独称许明代的昆曲，认为其得平和之旨，却少高壮之美，而鄙视中国俗乐，以为淫靡。秦腔本极高壮，他又嫌其"乱躁紧急"，都不如西乐。这些观点都太偏颇了。

康有为认为，中国古乐有用石者，即石磬是也，其声清越，眇微渊永，为世界各国之所无，诚是太平盛世之音，但非今日救亡图存之所急，故仍当在中国尽行西乐。这还是一切追求实用的思想在作祟。20世纪以来，西方音乐几乎取中国传统音乐而代之，即使是1905年李叔同编《国学唱歌集初编》，从《诗经》选到昆曲，也大多是西洋音乐。康有为大概是最早明确说中乐不如西乐的人。其实，西洋音乐与中国音乐本无高下优劣之分，它们分别长于不同的文化土壤，开出不一样的花朵，结出不同的果实，也各自符合各民族的审美习惯，把自家花园中的江离、辟芷全都锄去，换种上波斯菊、君子兰，花园还是那处花园，只是再没了往日的幽香。中国音乐崇尚中正平和之哲学，强调沉郁悠远之致，以及追求渐近自然的旨趣，是其他民族的音乐所不及的长处而非缺点。

比利时游记（节选）

游滑铁卢[1]擒拿破仑处。中道经滑铁卢，平冈斜绕，广原迢递[2]，长松成行，直望数十里。丘阜之上崇塔嵯峨，纪功之山高数十丈，山以泥土筑，盖武观[3]之义。石阶四上，有石狮表焉，记擒虎[4]也。有英将军惠灵顿[5]像、普名将褒路畱[6]像，擒拿破仑者也。又有拿破仑跨马及其将护[7]与呢亚[8]及襟波郎[9]三像。其联军擒拿之画甚可观，皆作拿帝纵马而人马辟易[10]状。其一将追得者举手为礼，有郤至免胄趋风[11]之意；其一诸将骑马夹追拿帝而不得遁；一为拿帝军中夜巡地，秋树萧瑟，一将返枪指之；一为拿破仑夜宿之农家，屋楼二层，次日就擒，今农屋存焉。拿帝跨马像，愁容可掬，气象凄惨。此役死者五万人，登览徘徊，犹想见旌旗蔽山、士马相鏖[12]之影，为之慨叹。拿破仑有勇无谋，其始渡海入埃及，不因天大雾，为鼐尔孙[13]所获久矣。甫定班、葡[14]，未能安集而归，乃伐奥、普[15]而坐听英兵之复入班也。三入奥京不灭夷之，而娶奥女[16]为后，以示亲焉。南欧之业未定，乃北伐强俄，深入不毛，致遭诱伏。于是普、奥皆起而随英、俄之后，卒为虏囚。

昔阮嗣宗登广武[17]而喟曰："时无英雄，使竖子成名。"若拿破仑者，英名盖欧洲，今无知之流更有谬称为圣者，自我观之，真竖子耳。盖拿破仑在中国仅项羽之比，且酷肖焉。其勇冠三军，所向无敌同；其纵奥不取，与收汉高而复纵之亦同；其滑铁卢之败，与垓下[18]更同；其率亲兵，四面触突，杀敌数千人，而自谓天亡，非战之罪[19]亦同；其起家布衣，弱冠为将，卒霸天下不成而擒尤同，惟项羽无文治，而拿破仑有政治才能，修法典，此胜于羽者；而羽悲歌自刎，不受擒辱，则又胜于拿矣。且拿之用兵亦正与中国同，以时尚无机器之用也。华忒[20]甫创蒸汽于英，当一千七百八十三年；创新器特许之定章[21]，在一千七百九十五年；福尔敦[22]创行轮舟于英之哈顺河[23]，在彼八百一年[24]，皆未通行。英创机器最先，亦在嘉庆时乃盛。法国至道光五年乃始仿用机器，则在拿破仑死后十余年矣。故拿破仑生当今日，亦决不能席卷全欧。而华盛顿在今，亦不能自立，美国人之成败，亦有时会[25]哉。

注释

[1] 滑铁卢：距比利时首都布鲁塞尔以南大约二十公里的小镇，以1815年拿破仑惨败于此而著名。 [2] 迢递：遥远貌。 [3] 武观（guàn）：检阅军队的楼观。 [4] 擒虎：捉拿住老虎。此处指擒住拿破仑。 [5] 惠灵顿：即威灵顿。见《答南北美洲诸华商论中国只可行立宪不可行革命书》“威灵顿”注。 [6] 褒路畤（zhí）：布吕歇尔，滑铁卢战役时是普鲁士元帅。 [7] 将护：将领护卫。 [8] 呢亚：指米歇尔·内伊，法国元帅，滑铁卢之战法军战场指挥。失败后被捕，12月6日被判有罪。次日在卢森堡戈登附近被枪杀。 [9] 襟波郎：当为拿破仑之侍从。 [10] 辟易：退避。 [11] 郤

至免胄趋风：语见《左传·成公十六年》：“郤至三遇楚子之卒，见楚子，必下，免胄而趋风。”郤至，春秋时晋国大夫，曾参与晋楚鄢陵之战。免胄趋风，脱下头盔，快步行走，以示尊重。［12］鏖（áo）：激烈地战斗。［13］鼐尔孙：即霍雷肖·纳尔逊。在反拿破仑战争中阵亡的英国海军统帅。［14］班、葡：指西班牙、葡萄牙两个国家，拿破仑对其发动了战争。［15］奥、普：指奥地利、普鲁士两个国家，拿破仑入侵了普鲁士和奥地利。［16］奥女：指玛丽·路易丝，拿破仑的第二任妻子，1810—1814年期间的法国皇后。［17］阮嗣宗登广武：三国魏阮籍，字嗣宗，曾官步兵校尉。广武，在今河南荥阳。“（阮籍）尝登广武，观楚、汉战处，乃叹曰：‘时无英才，使竖子成名乎？’”（见《三国志·魏志·阮籍传》裴松之注引《魏氏春秋》）。［18］垓下：古地名。在今安徽省灵璧县东南。刘邦围困项羽于此。［19］自谓天亡，非战之罪：项羽兵败，在乌江自刎，说：“然今卒困于此，此天之亡我，非战之罪也。”（见《史记·项羽本纪》）一般用来作为战争失败开脱罪责之辞。［20］华忒：詹姆斯·瓦特，英国发明家、企业家，第一次工业革命的重要人物。1776年制造出第一台有实用价值的蒸汽机。［21］新器特许之定章：此指专利法。［22］福尔敦：富尔顿，美国人，工程师，发明家，轮船的发明者。［23］哈顺河：今译哈得孙河。［24］八百一年：1801年的省辞。但实际上康有为记忆有误。1803年，富尔顿制作了第一艘以蒸汽机为动力的轮船，在法国的塞纳河试航成功，但当晚为暴风雨所毁。1807年，富尔顿建造蒸汽轮船，名叫“克莱蒙特号”，该船上安装上了一台当时最好的瓦特蒸汽机。8月17日，“克莱蒙特号”蒸汽轮船下水试航并成功。［25］时会：时机。

合而论之，全欧南北自古无一统之者，且欧亚之间亦未尝有一统之大国。惟波斯当周世，全吞西亚。亚历山大兵及印度，略有成功。而波斯兴数十年，灭于马基顿；亚历山大混一八年，裂于诸将，皆不过以兵立国。其于一统之规模条理，非特不完不备，实无可鉴观以成法则焉。罗马久远矣，而内则乱争相继，外则统驭属地仅同羁縻[1]，比于我国一统二千年之同化久安，相去远矣。盖前人行事皆为后人所感观，前人无之，则后人创之甚难。且以执笔作画，持刀剃发，其事至浅，而苟无所规法则画之，间架不成而头目被伤，况于取天下一统而治之，以致于久安长治？其精深奥妙，万不能以新学遽识，此不待言也。欧人中自恺撒、沙立曼[2]、拿破仑皆盖世之雄，而凯撒不推行文治法则，于全欧所治，仅罗马及意大利。沙立曼裂地以分三子，拿破仑不坐镇巴黎，封命将帅以行征伐，皆由前人无良法以示之也。盖欧土之君主本出诸侯，我春秋时诸侯于大战皆自己统帅亲征，少自命将者。其罗马本出蛮狄，其民主皆推自军将，必以有事征伐乃可固位，积而成风，故拿破仑无可取法也。

注释

[1] 羁縻：指羁縻州。古代在边远少数民族地区所置之州。以情况特殊，因其俗以为治，有别于一般州县。 [2] 沙立曼：即查理曼，又称查理大帝，查理曼帝国建立者。

我唐太宗亦起自布衣，始自晋阳，与宋金刚、薛举战，暨入长安，而征东都，与王世充、窦建德战，皆躬擐甲胄[1]，亲御兵戎。及两都既定，坐镇长安，此后南征江南之萧铣、梁师都，东伐新罗、百济[2]，北征高昌[3]、薛延陀[4]，则遣李靖、苏定方、刘仁轨、裴行俭帅师定之，不复亲征。惟征高丽，犹复技痒，则取辱矣[5]。明太祖年[6]手定江南，及其征元，则遣徐达，若汉高亲在白登[7]，几成擒焉。夫以拿破仑之才武，令有唐太宗之略，则既得班、意而入奥，先以全方镇定安集之。坐于巴黎，而讲治法，以抚欧土，大练海军，以收强英。欧之东南既定，命将以定普、丹、荷、比，皆安集镇抚，人心咸归，全欧毕定。乃命将征俄，胜则统一大陆，不胜亦若宋之尚存辽、夏，于大局无碍。以全欧之大征俄，多方以误，屡扰以疲，彼俄其能敌拿之厚力英略[8]乎？欧土全定，海军益精，然后以全力服英，英亦何能为。则欧土必归一统，而大业乃可成也。然拿破仑不生中国，必无此思想谋猷，但凭勇略而无远算，有若猛虎咆哮，力尽终擒耳。且自拿破仑用兵以来，欧人死者四百万，徒成竖子之名，而寡人之妻、孤人之子[9]无算，酷毒甚矣，果何成哉！吾宿英伯爵仙挖住[10]邸，有拿破仑像，仙公与拿子亲戚也。仙伯指其像曰："为一身而死我欧人无数，吾虽至亲，不取也。"可谓公评矣。

注释

[1] 躬擐（huàn）甲胄：指亲自穿上铠甲和头盔。言长官坐镇

军中亲自指挥。出自《左传·成公十三年》："文公（晋文公）躬擐甲胄，跋履山川，逾越险阻，征东之诸侯。" ［2］新罗、百济：皆古代朝鲜半岛国名，与高句丽形成持续了数百年之久的朝鲜三国时代。 ［3］高昌：西域古国名。贞观十四年（640），高昌国为唐所灭，置高昌县，后设安西都护府统之，安史之乱时高昌被回鹘侵占。［4］薛延陀：北方古代民族，亦为汗国名。薛延陀居于漠北。本为匈奴别种铁勒之一部，初与薛族杂居，后灭并延陀族，称为薛延陀，官制和风俗，与突厥大抵相同。 ［5］"惟征高丽"三句：唐贞观十九年（645），唐太宗不顾谏议大夫褚遂良的劝阻，亲征高丽，战士死者几二千人，战马死者十之七八，太宗悔道："魏征若在，不使我有此行也。"太宗在这场战争中也受了箭伤。 ［6］明太祖年：疑年字上脱一"早"字。 ［7］汉高亲在白登：即白登之围。汉高祖七年（前200），匈奴大军围攻晋阳（今山西太原），高祖亲率军三十余万迎战，被围困于平城白登山（在今山西大同东北），达七日之久。后用陈平计，重赂冒顿单于的阏氏，始得突围。 ［8］厚力英略：雄厚的实力，英伟的韬略。 ［9］寡人之妻、孤人之子：杀死人家的丈夫、父亲，使之成为寡妇、孤儿。 ［10］英伯爵仙挖住：应为Sharavogue伯爵，是Sharavogue的第十五代亨廷顿伯爵。康有为《英国游记》记其为公爵，邸在去伦敦八十五英里之寒丁邓。寒丁邓即Huntingdon（亨廷顿）。

然幸而欧土不统一耳，假令拿破仑一统全欧，又挟新学新器之骤出，以余力收全地，则以蕞尔之英取印度尚如拉朽，况挟欧洲混一之全力，推以及于东亚而乘于吾国。计欧人之吞并全球，已在我生前数十年矣。谁复能拒之乎？然则拿破仑之擒也，东亚保全之基，而黄人不奴[1]、中国不绝之命脉也，所关亦大矣！今者鲑格纳所创之霸义[2]既盛，则有霸资者必借大国乃行之。而地球国之至大，人民至多，能比欧土全洲者，惟有我国。而以莫大之国，又复同文、同教、同俗，结力至大且厚，然则天留我国以霸资者实自二千年之统一得之，吾国人幸生此伟大莫比之国，横视全球，无当我者。拿破仑其何有焉？是在吾国人之善用之耳，俯仰宇宙，感慨纵横久之。

窃谓当嘉庆时，中国乂安，熙熙蒸蒸[3]，自以天下一统至盛强也。岂知数万里绝海不通之蛮触相争[4]，有关系己国人种之存亡，有若是之巨且大者乎？然则天下之忧患，真不可以区区之耳目心思而能虑之尽之也。我今球内鹬蚌相持[5]，胜喜败忧，艳德、英、日、美之盛强，嗤非洲黑人之分灭，安知诸星相遇，适逢时期，大变忽来，即在凯旋极乐之际耶！地球之在诸天，眇尔甚小；国土之在诸天中，抑更微细不足算。成住坏空[6]，夫且不免；穷尽眇微，苍莽无尽。则俯视拿破仑、惠灵吞[7]之二雄者，不过蚁穴联群相噬云尔。超然人天[8]，情感遽释。嗟乎！人通[9]惟现在相迫者为最难。高丽忽亡于日[10]也，无可逃于天地之间，难极超蹈[11]。岂可若印度之婆罗门僧，至今尚坐雪深山，曰凡亡非我亡[12]耶？鄙人亦犹深山僧耳，不忍国难，谬起当之，遂至于兹，于是百感遥集矣。

注释

［1］不奴：不为奴。 ［2］鲑格纳所创之霸义：指德国财政学家阿道夫·瓦格纳的学说。康有为认为是可使国家称霸之术，故曰霸义。 ［3］中国乂安，熙熙蒸蒸：指中国社会安定、太平，蓬勃发展。乂安，太平无事。熙蒸，暖气升腾。乂，治也。 ［4］蛮触相争：因细小的缘故而引起的争端。语见《庄子·则阳》。蛮触，蛮氏、触氏，在蜗牛两角的两个小国。 ［5］鹬蚌相持：据《战国策·燕策二》记载，蚌张开壳晒太阳，鹬去啄它，嘴被蚌壳夹住，两方都不相让。渔翁来后把两物都捉住。比喻双方争执两败俱伤，便宜了第三者。 ［6］成住坏空：佛教用语。谓世界变化的四个阶段，即四大劫：成劫，产生时期；住劫，存在时期；坏劫，毁坏时期；空劫，空无时期。见《俱舍论》卷十二。 ［7］惠灵吞：即惠灵顿。［8］人天：佛教用语。六道轮回中的人道和天道。亦泛指诸世间、众生。 ［9］人通：指人的思想、感受。 ［10］高丽忽亡于日：指日俄战争后，日本取得在朝鲜的主导权，朝鲜当时已名存实亡。［11］难极超蹈：难于达到超越之境。超蹈，语出《宋书·索虏列传》："超蹈长河。"本指跨过、越过。 ［12］凡亡非我亡：谓有所亡，而非我亡。意思是与我漠不相干。

评析

康有为对拿破仑的评价，如入欧洲人眼中，必大称奇绝，因为欧洲人绝无可能像康有为那样熟悉中国史实，从中国历史文化的立场出发评论拿破仑。他引阮籍的名言"时无英雄，使竖子成名"，说英名盖于欧洲的拿破仑，不过一竖子而已。又以项羽与拿破仑作对比，联想力极其丰富。

康有为鉴中国往史之得失，设身代入拿破仑的处境，为之筹谋战略，他认为拿破仑之败，一在不知坐镇巴黎，起用将领代为征伐；二在欧陆未能安定，海军力尚不足时，仓促发起对英国的海战，以及对俄国的迅猛战争。他的建议是应当学习唐太宗的耐心，在统一普鲁士、丹麦、荷兰、比利时后，以全欧洲之力征俄，“多方以误，屡扰以疲”，对俄国打一场持久战、消耗战。在统一欧陆，海军也训练得强大之后，再一举吞并英国。不过，康有为自己在戊戌变法时期，也未能做到耐心，反而求成之心过于峻急，可见知行合一是多么难的一件事。

康有为感慨自拿破仑用兵以来，欧洲人死者400万，造就了无数的寡妇、孤儿，徒以成此竖子之名，体现出他博大仁厚的心胸。除此之外，康有为更有超卓的忧患意识。他想到，假使拿破仑能统一全欧洲，那么亚洲也难独善，恐怕早在他生前数十年，中国就沦为法国的殖民地了。由此更想到，天既不亡中国，必以有待焉。他认为中国“结力至大且厚”，将来必能称雄于全球。所谓结力，就是向心力。

如果康有为只是想到让中国在全球称霸，那他也只是拿破仑之流。康有为的思想要超越得多。他的思虑不为眼前的“世界大势”所囿，而能提升至全宇宙，认为拿破仑与威灵顿公爵的滑铁卢之战，不过如蚁穴联群相噬罢了。他之所以著《大同书》，意在让地球上所有的人离苦得乐，尽管他对大同的空想永无实现之可能，我们却不可否定他对人类苦难的悲悯之情。

英国游记（节选）

六月七日，自法之巴黎往伦敦。三时乘汽车行，七时渡衣袖海[1]，乘汽舟颇小，暗浪汹汹，游客多晕。两国对岸，海边小山相接，炮垒相属，灯火相望，而英、法两界划分，千年不能混一，惟此海之故。此海相隔八十里，汽船一时可渡，有若雷、琼[2]之间耳。而英国恃此洪波，凭对大陆，自为国土政俗，大陆诸国无奈之何。虽以拿破仑之雄，志吞欧土，而以海军联合丹墨，凡二十余舰，一败于鼐尔孙后，海军扫地而尽。拿破仑乃出封锁英货之法[3]，而不能少损英之分毫。卒之，鼐尔孙寻之于埃及，威灵顿扰之于西班牙，终乃擒之于滑铁卢焉。若英不立国于海上，无此海以限隔，与大陆相连，或相去不远，则未必能练此雄劲之海军。

夫以拿翁之雄才，再灭意而三入奥，西吞班、葡而北咽日耳曼，以俄之大且远，犹提百万兵蹂躏之，矧[4]英之至小而至近者哉！借非此海，拿翁之大牖[5]英伦三岛而奴属之久矣。欧洲既无强英之频挫其锋，频扰其属，频牵其臂，则拿必成功于俄，而全灭欧土。当是时也，英之汽机日出，汽船亦成，拿破仑乃凭借奖借而用之。夫以亚历山大之才，年不三十，而兵及印度。况拿破仑挟全欧之势，既灭奥后，即可西取突厥、波斯，而印度本法所经营，英既不保，取携更易。欧亚既并，轮舰飞驰，不十年可以千万大兵，千艘汽舰，压于我国，则吾数千年之文明种族将为印度，而大地将归并于法，拿翁将为全球之秦始皇矣。有此数十里之海，拿翁遂不能飞渡，蕞尔岛国之英得以独立，而吾中国即赖以保全，地球赖以不吞并。则此衣袖海也，天堑显设，以限陆海，岂徒英赖之，地球各国赖之，吾国赖之。凭船阑览眺，波浪汹涌，灯火苍茫，追思鼐尔孙拥旌旗破法舰之威灵[6]，吾种族犹在帡幪[7]之下，既感既兴，溯下风[8]而惊叹不置也。试问吾国僻在远东，风马不及[9]，闭关自乐，岂知幸不灭亡者，乃赖数万里外区区之衣袖海哉！

注释

［1］衣袖海：即英吉利海峡，法国人称拉芒什海峡，拉芒什，即法语袖子的音译。　［2］雷、琼：海南古称琼州，与广东雷州半岛间有琼州海峡，平均宽度仅29.5公里。　［3］封锁英货之法：1806年，拿破仑颁布《大陆封锁令》，想通过禁止欧洲大陆与英国人进行贸易和金融往来，以达到遏制乃至困死英国的目标。　［4］矧（shěn）：况且。　［5］大腨（shuàn）：犹言大践。　［6］威灵：显耀的声威。　［7］帡幪（píng méng）：帐幕。引申为覆盖、荫护。　［8］溯下风：迎面对着风刮来的方向。　［9］风马不及：语出《左传·僖公四年》："君处北海，寡人处南海，唯是风马牛不相及也。"本指两地相隔很远，即使马牛发情追逐，也不会相遇。后比喻事物之间毫不相干。

尝论今民权立宪之制，物机汽机之学，乃至无量政治之法，多出于英，为大地万国师。而英政俗之美，国力之厚，远包印度、澳大利亚，近举美洲，属地数十，旌旗随日月出入，其气象之伟大，为地球古今所未有。谓欧人明锐勇猛，则欧之为国十数，何独英擅其胜？谓近海者能练海军而辟新地，则班、葡、荷兰先英而有美洲及南洋，即法亦肆力于美洲及印度而先得之，何以大利独归于英？谓英为条顿种族，最能自治，最得自立，则日耳曼、奥、德、瑞士、荷兰皆出于条顿种族，即法兰西之兴，亦皆法兰克之余，同为沙立曼之裔民，其后种族亦多杂揉[1]矣，即丹、瑞亦皆迭主欧盟疆场之间，一彼一此，种族亦多杂揉，何莫非条顿之余枝？政俗略同，风习无异，何独英为最能自治、最得民权、最先创宪法、最先创物质汽机哉？此亦今论政化学[2]之第一疑问矣。

又拿破仑封锁大陆，英货不流，虽有西班牙时时盗买，亦有限矣。英既困穷，而是时人民仅千万计，壮夫不过一二百万耳。虽任农、工、商，何能自养？以之充兵，何能立国？且连岁兴戎，用兵不戢，而乃财政优游，兵力绰绰，以抗将混一欧土之拿破仑，障百川而东之[3]，为全欧之保障，岂不异哉？运何财力而能致是，此又论政化学之最难疑问也。

注释

［1］杂揉：与“杂糅”同，指混杂糅合在一起。　［2］政化

学：即政治学。康有为认为政治包括为政与教化，故称。　［3］障百川而东之：语出韩愈《进学解》："障百川而东之，回狂澜于既倒。"意谓防堵千百条江河使之向东流去，把汹涌的波涛挽转回来。

昧昧我思[1]，窃以英之能创立民权、宪法之美，汽机、物质之学，及一切政治之美者，皆岛国绝海为之也。欧洲民智之颖出、国土之分峙，既赖地中海、波罗的海之港汊分歧，山岭错杂，险阻可恃，故竞智斗力，混并为难。罗马未北，沙立曼不东，盖全欧实未有混一之者也。及千年以来，封建百裂，殆几散为千数百国。虽其先弗兰克[2]之立法不善致然，而地势实有以致之。侯国既多，国小力薄，无一若吾国之万里泱泱者。于是积孕而生市府之国，若意之斐尼士[3]、佛罗炼士[4]，德之汉堡等，纷纷出现矣。是时方当黑暗之世，人皆不学，非有闻于希腊之风而慕之，乃积演自然之势而成之也。然则民权之产，乃欧洲海港汊丫、立国纷多之所致，非英能自产之。惟英能保守延长之，而成立宪议院之法耳。

注释

［1］昧昧我思：《书·秦誓》中语。意谓以我之胡涂无知，思之而不明。　［2］弗兰克：今译作法兰克，即法兰克王国。　［3］斐尼士：今译作威尼斯。　［4］佛罗炼士：今译作佛罗伦萨。

夫同列欧土，同出条顿，何以英独能保守延长其民权而产生宪法、议院，而他国不能者，何哉？则岛陆之势异故也。且同列欧土，同出条顿，同有民智，何以物质、汽机、哲理之学皆先产于英，学校亦先开于英，而他国不能者，何哉？则亦岛陆之势故也。

今且不论欧土他国，先以条顿正种之日耳曼论之。普之强其国也，非布烈大王[1]纯以专制治其民，而世济其法，故至今德人之服从性甚至，而奥、法可勿论也。盖大陆诸国角立，岁役兵车，不日不月，无时不争。讲兵事者不专制，则威令不行而战功不立，故兵争之国政制尚严。商君[2]以刻酷治秦民，而秦遂以强并六国，盖严则易使易奉令也。且方多外争，必无暇于内讧，必当上下辑睦[3]，势也。若使听民权之自由，则岂能率之以日事战争也？故大陆诸国，迫于生存竞争而致然也。惟英远在海外，与大陆不接壤，陆国大治，非兵舰不能以一矢加遗[4]。英之君民从容酣嬉，苟非好事者登大陆而竞争，则几可闭关卧守。故英政压制不深，而英民生存稍易。外争既寡，内讧自兴，而又小国寡民，人数百万，则君不甚尊，民不甚贱，旁观市府民政之激刺于耳目，于是与君争自有之权利。此自然之势，非英民有何特别之质也。进步、保守之议院，岛国从容自治。故约翰、显理[5]之宪章，为市府自保之余波也；楂理士、舌士[6]之见杀逐，无外兵之入，而事内讧之发生也。咽活、显理、以利沙白[7]之先兴学，倍根、陆克、边沁、弥儿、奈端[8]、华忒之先出，无外兵之犯，而君民得以从容文事、治器、兴艺、变法改良也。

夫凡兴文学、工艺，必赖太平雍容，积暇穷究，而后能为之。中国文学、工艺之美，皆在汉、唐、宋之盛时，若北朝及金、元之频经丧乱，则校舍皆废，周礼不可得，雅乐不可闻，而民生苟且，不复精治器艺矣。即日耳曼三十年之争，与法国革命之乱，农、工、商皆尽废，田野荒芜，人民流离，尚何暇兴学研理、校美艺、治良器哉？且英以海外绝岛，易于避乱。故每当大陆之兵争大乱，德、法之名士、名匠、大商、富家皆走避于英，受廛为氓[9]，英乃大开网罗而受之。名士多，故学日以智；名匠来，故艺日以精；大商富家麇集[10]，故财用日以丰盛。是故英之政学工艺盛者，乃大陆之频战力争有以为之，渊驱鱼而丛驱雀[11]也。

然则英之渊、丛所以独成于欧土者，以岛国绝海而致然也。英既以岛为国，立国于海，自必以创治海军为命，而又坐受列国之人才财富，因从容内奖艺学[12]，以张大其实力。其地势内力，有攻人而不攻于人，有制人而不制于人，较班、葡、荷、丹之时时见攻于人者异。故出其余力以收班、葡、荷之所有，因以内御欧陆诸大国，而外日扩其殖民之域。海王[13]之大势既成，则虽以拿破仑之强霸，可独抗而生擒之。故英之政法、学俗、民权、议院皆成于自然，非有意更张、有所响慕而为之。以其出于自然，故施之民情至顺，措之事势至当，较之列国有意更张或不适宜者，自为事善也。故英之政化、学艺为大地师、为万国冠者，皆以岛国立于海外致然也。

注释

［1］非布烈大王：腓特烈大帝，欧洲开明专制和启蒙运动的代表人物之一。在他统治时期，文化艺术得到赞助和支持，其本人也在政治、经济、哲学、法律和音乐等诸多领域都颇有建树。他大规模发展军力、扩张领土，使普鲁士国力迅速提升，成为欧洲大国之一。［2］商君：商鞅，卫国人。商鞅辅佐秦孝公变法，使秦国成为富裕强大的国家。又统率秦军收复河西之地，被秦孝公赐予商於十五邑，号为“商君”，遂称商鞅。在秦孝公死后，秦惠文王将之灭族。司马迁论其“天资刻薄”，贾谊说他“违礼义，弃伦理，并心于进取，行之二岁，秦俗日败”。［3］辑睦：合作、和睦。语出《左传·僖公十五年》：“群臣辑睦，甲兵益多。”辑，本指车舆。［4］一矢加遗：射入一箭。［5］约翰、显理：约翰，约翰王，见前《意大利游记》（节选二）“大宪章”注。显理，今译作“亨利”，此处指亨利三世，重新颁布了新修订的《大宪章》，此后，“王在法下”初步成为基本认识。［6］楂理士、舌士：指英国1649年被杀的国王查理一世和他的儿子，1688年被赶下台的詹姆斯二世。［7］“咽活”以下诸人：咽活，指爱德华六世爱德华·都铎，亨利八世之子。是都铎王朝的第三位英格兰国王及第二位爱尔兰国王。也是英格兰首位信奉新教的统治者。显理，今译亨利，指亨利八世，是都铎王朝第二位英格兰国王及首位爱尔兰国王。亨利八世统治时期，人文主义在英国兴起，得到宫廷的支持。以利沙白，今译伊丽莎白，指伊丽莎白

一世，是都铎王朝的最后一位英格兰及爱尔兰女王，也是名义上的法国女王。伊丽莎白一世在位期间，正值英国文艺复兴的鼎盛时期，因此在文学史上称为“伊丽莎白时代”。［8］“倍根”以下诸人：倍根，指弗朗西斯·培根，英国政治家、哲学家兼文学家。首倡科学实验为一切知识的基础，为经验派哲学的鼻祖。著有《论说文集》《学术的进步》《新大西岛》等，其学术思想对后世影响至深且巨。陆克，指约翰·洛克，英国哲学家和医生，被广泛认为是最有影响力的启蒙思想家，并被称为“自由主义之父”。英国最早的经验主义者之一。他的著作影响了伏尔泰、卢梭和许多苏格兰启蒙思想家以及美国革命者。边沁，指杰里米·边沁，英国法理学家、经济学家、哲学家与社会改革者，功利主义学说的主要代表。弥儿，指约翰·穆勒，英国著名哲学家、心理学家和经济学家，19世纪影响力很大的古典自由主义思想家，支持边沁的功利主义。其《论自由》一著被严复翻译作《群己权界论》。奈端，即牛顿，已见《〈诸天讲〉自序》注。［9］受廛（chán）为氓（méng）：接受土地，成为公民。［10］麇（qún）集：群居；聚集。［11］渊驱鱼而丛驱雀：语出《孟子·离娄上》：“故为渊驱鱼者，獭也；为丛驱爵者，鹯（zhān）也。”水獭想捉鱼吃，却把鱼赶到深渊去了，鹞鹰想捉麻雀吃，却把麻雀赶到丛林中去了。比喻方法不当，适得其反。［12］内奖艺学：在国内奖掖科学、学术。［13］海王：海上的霸王。

夫马达加斯加、爪哇、吕宋、澳洲、古巴皆岛国也，地皆与英等也，而不能致政化、学艺之美如英，何也？夫是数岛者，生于热带，民皆蠢愚。既无从比较于英矣，且去大陆文明太远，民天生于岛中，地小而文明不开，无从濡染以启发其智慧，古巴开辟日浅，皆不能与英比也。若夫近印度之锡兰[1]，传印之佛教矣，而印以太热，民性惰而不能自张，况锡兰乎？近中国之日本，亦濡染于中国之政治、儒学矣，而中国一统无争，故日本无自大受其利；且渤海之隔，日本与中国相距三千里，岂若欧土文明大启，列国日争。而此衣袖海之隔也，仅八十里，英国借其近大陆也，以输入文明；借海以限隔大陆也，得以保全优养。然则是衣袖海也，天之生是，使独使其依于欧土而隔于欧土，用以诞生英之一切政化、学艺，为民权、议院一切之祖也。吾于是衣袖海也，亦挹受[2]不尽而馨香无穷也。瞻彼沧波，望古遥集，为之惊喜无尽矣。

英当大陆封锁时，既频经兵难，又须大养海军。拿破仑欲待其内力竭毙而后击之，则英可立亡。然当拿破仑封锁大陆之时，正英大将陈兵恒河、召合群藩之日，全印度已落英手。英挟全印之珍宝产物，以运行于美洲，而输入于西班牙，以转运于大陆。故拿破仑方欲徐以待英之毙，岂知英已别辟万里之外府。其人民、土地皆与全欧相等，故其力亦适与拿翁之将混一欧土相等。英得之顺，拿得之逆，故拿卒为英擒。故英之破法海军、扰西班牙而擒拿破仑也，非三岛之英能为之也，万里之新印度为之也。向使印人不自言革命自立、裂为二百国，则英人不得印度。英不得印度，则不能久经兵难，养多数之海军以抗拿，不能不畏封锁而内毙。于是拿破仑先攻英而顾[3]攻俄，于是英早亡而拿破仑可混一全欧，而余威及于我国，若元之灭南宋，不费大力矣。然印度，故法所经营，为囊中物也。英若非立岛国于海上，则必不能大治海军而与法争锋，则印度为法有而非英有。然则印之革命自立以召吞灭，英之以岛国能治海军以灭印度而抗拿破仑，以保欧洲各国，而余波分惠于吾中国，而吾数万万神明之种族赖以保全。吾百年前闭关自乐之人，孰知夫印度之亡于英而吾得以庇焉！事势回环，其理甚隐甚曲，甚奇甚大，可惊可骇。而其故皆英为岛国，有衣袖海限隔大陆以为之也。微衣袖海也，吾其为奴久矣！衣袖海乎！万国之保障乎！吾与汝隔绝数万里，孰知汝为功于我至厚且大乎！天乎！有此衣袖海也。

注释

［1］锡兰：斯里兰卡的旧称。［2］挹受：汲取，承受。［3］顽：同“忨”（wàn），本指贪爱，引申指慢忽。

评析

康有为认为，英国之所以能成为最早的立宪之国，第一次工业革命的发源地，并建立庞大的殖民体系，其根源在其岛国地势。一是欧陆各国穷于外争，而不能发展出民权宪政，英国孤悬海外，生存稍易，加以小国寡民，君不甚尊，民不甚贱，故民能与君争取权利；二是每当欧洲大陆发生战争，德国、法国之名士、名匠、大商、富家都走避英国，为其奠定了人才基础；三是既以岛为国，立国于海，自然利于海军之发展，遂能在全球扩张其殖民地。康有为思虑甚周密，他自设问难，解释世上岛国甚多，何以只有英国产生出近代文明，根本原因是英国依于欧陆又隔于欧陆，八十里阔的衣袖海，决定了英国文明的走向。

此文虽是论说之文，但却充满诗意。作者的立论未必完善，但他把世界的历史与现状，与区区八十里阔的衣袖海牵连在一起，遂有了时空上的大小相形，也就使这篇文章具有了诗的灵魂。

法兰西游记·法国大革命记（节选）

法之召大乱也，以初开议院之制未善也。当时民党领袖人望最高者，莫如伯爵米拉[1]、名士伯利[2]、名将侯爵拉飞咽[3]，其宗旨不过欲改专制而行立宪耳，乃心王室而拥护之，忠忱固甚盛。拉飞咽以助美自立，仗剑成功；吾游美华盛顿故宅，睹其遗像，英姿飒爽，未尝不起敬其高义也。然能成大功于助美，而反贻大祸于祖国之法，则以诊病未审，方药误发也。其方药之误，何也？则拉飞咽以美国政治之平等致治有效，欲以美国之政，施之法国，而不审国势地形之迥异。于是在美行之而治，在法行之而乱也，是犹医者治病，不审表里虚实，而以验方施之，其病在实在表者而效，则病在里在虚者，必反而不效矣。夫苟但执验方而可以治病，不待审夫病者之老幼强弱、表里虚实，则天下执一《验方新编》[4]，人人可以为名医矣。有是理乎？医一身既无是理，况诊一国之病，得其表里虚实，其理尤难。而谓可妄执他国之验方，以望瘳己国之痼疾，其可行哉？

悲夫！以拉飞咽之忠勇，下爱同胞，上忠君国，一误发身亲经验之美国药方，遂以大毒法国，且自毒其身也。以拉飞咽之忠勇至诚，立功经验，天下士也，少有不慎，祸毒若是；况无拉飞咽之经验，而忠诚不及拉飞咽著乎？且夫拉飞咽所持美国之验方，实天下公理之至也。其要旨曰：人权平等也，主权在民也，普通选举也。此至公至平之理，圣者无以易之，实大同世之极则也，然孔子早明太平世之法，而必先以据乱世、升平世，乃能致之，苟未至其时，实难躐等。拉飞咽不审先后缓急之宜，见义勇为，遽发权理案[5]，乃以暴毙焉。吁！其可伤也！

注释

［1］米拉：即米拉波伯爵，法国大革命君主立宪派代表人物，法国大革命初期领导人物。［2］伯利：法国大革命时期君主立宪派代表人物，与米拉波同属斐扬派，主张君主立宪，反对民主共和制。［3］拉飞咽：即拉法耶特侯爵，法国政治、军事人物，法国大革命时期君主立宪派代表人物。［4］《验方新编》：清代鲍相璈辑，收载民间习用验方、单方八卷。［5］权理案：即《人权宣言》。

以普通选举故，当时法二十五岁男子仅五百万，而选举人已四百二十九万余人。凡乡市之吏，任参议、参政之职者，多不能读法令。以此愚氓任官，安得不乱？昔者地方各有自治权，与巴黎不相属，乃改州县，分全国为八十三州，三百七十四县，而市乡官衙置四万七千余，虽百千人小乡，亦设理事官五人治之。故全国之民，三十人必有一官吏，而官多不识字；岂独不知治，犷悍横行，无所不至，议员与官吏如此，故酿成大乱也。

夫立法之学，至深且远。以今日美国之久安长治，而法吏、刑官皆举于民，多议其不能称职，不若英国；况于法国初变之时，人才尤乏乎？以其举于民党，故悍鸷之人，若罗伯卑尔、马喇、段敦、埃卑尔、易伯尔[1]诸人，皆以屠伯[2]之性充法吏，故妄行杀戮，惨无天日。始以除王党，继以除异己。不择善类，不论民党，互相争权，流血遍地，断头台上，无能免者。首创变法、倡始革命诸功人，莫不戮屠无遗种，以是酿成恐怖之世也。

夫议院之有上下，以互相制也。田间少年勇悍之人，与贵位老成谨重之识，相剂而调之，乃底[3]中和，而得中适宜。今以主权在民，只有众议院而无上议院；民权既盛，慓悍持权，动辄屠诛，人皆不保。故贤士大夫，不逃则戮；即在民献之夫[4]，良善皆诛；而惟慓敢狡鸷[5]之人，可以在位。故挟其犷悍之党，日以流血为事，无复义理之可言！其凶横有过于无道之秦政、隋炀万万倍者。

以是诸因，民权之害，遂如洪水决堤，浩浩荡荡，怀山襄陵[6]，大浸稽天[7]，无所不溺，亦若猛兽出柙[8]，无所不噬；此则喇飞咽[9]误师美国之毒也。夫万法之对于人群，无得失是非，惟其适宜。譬犹药之补泻，亦无得失是非，惟其对病；苟不对病，则服人参一斤者，亦可发热而死。且药必加制炼，乃可用也；不制之药，反可生病。民权固为公理，然不知制之，乃以不教之民妄用之；此则误服人参十数斤，误饮补酒百石，只自速其死而已。况于服砒霜、饮乌头[10]而又无分两之度限乎？死矣死矣，无可救矣！法人既入于恐怖，而拉飞咽部下皆入嫌疑刑之戮。痛哉！自作孽不可活之忠勇拉飞咽也！

注释

［1］罗伯卑尔、马喇、段敦、埃卑尔、易伯尔：皆系雅各宾党的领袖。罗伯卑尔即罗伯斯庇尔，马喇即马拉，段敦即丹东，埃卑尔即雅克·勒内·埃贝尔。埃贝尔派主张去除基督教，支持实施恐怖统治极端措施，赞成政府直接干预经济的事务，以保证商品的充足供应，主张国家征用酒和粮食。易伯尔未详。 ［2］屠伯：屠夫，暴戾喜好杀人之人。雅各宾派专政期间，巴黎设置断头台，三年内被斩首的“反革命分子”达到七万人之多。 ［3］底：同“抵”。 ［4］民献之夫：民之贤者。 ［5］慓敢狡鸷：矫捷果敢，狡诈暴戾。 ［6］怀山襄陵：出自《书·尧典》，大水包围山岳，漫过丘陵。形容水势很大或洪水泛滥。 ［7］大浸稽天：出自《庄子·逍遥游》，漫到天际的大洪水。 ［8］猛兽出柙（xiá）：猛兽逃出笼槛。语出《论语·季氏》：“虎兕（sì）出于柙，龟玉毁于椟中，是谁之过与？” ［9］喇飞咽：即上文所提拉飞咽。 ［10］服砒霜、饮乌头：砒霜剧毒之物。乌头通常指川乌头，一名乌喙，治风寒湿痹等症，而有毒。

法未革命之始，先已毁教杀僧[1]。民无教义礼法，以服从其心，纲纪荡然如猛兽，假于自由，以恣凶横。无君无师，无教无学，无礼无义，贼民兴，丧无日，与之天下，岂能一朝居乎？观法大革命七年[2]中而恍然也。自巴士的狱[3]破，卫军撤，王以一身为民拥迁于巴黎，自是白龙鱼服[4]，喘息需沙[5]，蝼蚁噬之矣。至是巴黎市会，拥盗国权，以法衙刀锯[6]，驱除异已。米拉伯[7]虽欲解散民会，仍拥王室，路易十六君后[8]，亦肯降心相从。后则约会于公园，以释嫌言好，君则订予俸还债，以简在爰立[9]。然新旧两相之党交挤之，米拉卒不能执政，以行其君主立宪之策，而赍恨[10]以死。拉飞咽以督护国之大军，稍资拥护，苟延旦夕。然始则失意于后妃，应得巴黎市长而失之于革党伯书[11]；终则民党涨大，诛戮犷悍，人心全变，反以拉飞咽拥护王室为非；大功宿望，因此顿失。乃反军而讨之，力已不逮，进退失据，卒为降虏，流离英伦而死。

嗟夫！以二子之才望忠诚，志在立宪以安君国，岂有比哉？然行之无序，遂以毒乱法国；中欲转移，则能发而不能收。夫破坏犹纵火也，不戢将自焚也。纵火之始，所焚者仅欲在此；而大风忽乘之，则将倒焚，无能自主，且以自毙焉。此岂米拉、喇飞咽所预料哉？嗟夫！忠义人望若二子者，亦可鉴也夫！

注释

[1] 毁教杀僧：摧毁教派、杀掉教士，此处指摧毁人的信仰。 [2] 法大革命七年：指从1789年7月攻占巴士底狱到1795年底国民公会通过新的宪法，成立五人督政府，结束恐怖统治的这段时期。 [3] 巴士的狱：即巴士底狱。 [4] 白龙鱼服：出自汉刘向《说苑》："昔日龙下清冷之渊，化为鱼，渔者豫且射中其目。"鱼服即穿起鱼的外衣，比喻帝王大官隐藏身份，改装出行。 [5] 喘息需沙：

指喘息着濡湿了沙地。需是濡的本字。这里是说贵族失去了凭借，只能等死。［6］法衙刀锯：法庭和其他暴力机器。［7］米拉伯：即开头所提米拉波。伯是伯爵。［8］路易十六君后：指法国国王路易十六和他的皇后玛丽。皆在法国大革命中被处决。［9］爰立：语见《书·说命》："爰立作相，王置诸其左右。"孔传："于是礼命立以为相，使在左右。"后因以"爰立"指拜相。［10］赍（jī）恨：怀恨。［11］革党伯书：雅克·皮埃尔·布里索，是法国大革命时期吉伦特派的领导人。

西千七百九十一年四月，米拉死。王孤立乱民中，无所恃，六月乃走依布意尔侯[1]，为乱民截还。出走凡五日，民党决废之；幸拉飞咽以护国军弹压之，封雅各伯社[2]，王室少安。君主立宪之机，赖此一线。然捕乱民而法院畏不敢问，乃释之。乱民无所惮，于是复炽。当王出奔时，搜得王之私书，多非难民会之语。用是藉口，至十月再开议院，不许用旧员。于是被举者，民党悍猛之人，充斥其间；而贵族王党，鲜敢举者，其有一二中立之人，皆畏懦不敢与民党争。于是平野党、山岳党[3]出，而大革命大恐怖之期至矣。拉飞咽以一木支大厦，欲以君主立宪定国，以中流人士执政，如捧土以塞孟津[4]，无所济矣。

注释

［1］布意尔侯：德·布耶侯爵，时掌管法国东北部军队。

［2］封雅各伯社：封禁雅各宾俱乐部。1791年6月发生路易十六出逃事件，拉法耶特侯爵对被押回巴黎的路易十六采取了保护措施。7月17日，巴黎人民在马尔斯广场集会，要求审判国王、废除君主制、建立共和国。拉法耶特率领国民自卫军驱赶集会群众，并下令向拒绝离开的群众开枪，逮捕混在暴民中的刺客。　［3］平野党、山岳党：平野党，即平原派，又称沼泽派。法国大革命时期国民公会中的中间派集团，由于其在国民公会中的座位在会场的最低处，故名。该派坐在右翼的吉伦特党与左翼的山岳党中间。在《法兰西游记》中，康有为说，“平野党者，及伦的党也，罗兰夫妇及伯书主之”，这是把吉伦特党和平原派混淆了。山岳党，指大革命中在国民公会上坐在左边最上方的极端民主派，他们认为只要为了法国的自由和民主，可以使用极端暴力的手段达到目的。　［4］捧土以塞孟津：比喻以微弱的力量与自然斗争。孟津，黄河古渡名。

评析

本文反思法国何以会发生“始以除王党，继以除异己。不择善类，不论民党，互相争权，流血遍地，断头台上，无能免者”的恐怖革命，而归咎于始倡在法国实行君主立宪制的拉法耶特侯爵。康有为说，拉法耶特固然忠勇无伦，但医国之方既已开错，不但毒害法国，且自毒其身。哪怕拉法耶特所开的验方是天下最好的药方——人权平等、主权在民、普通选举，但因药方不是辩症施行，不但无效，更且具巨毒。要之，忽视人性的平等，不负责任的自由，没有信仰的民主，只能通向多数人的暴政。

附录

康有为编年事略

1858年（清咸丰八年　戊午）　1岁

夏历二月初五日，生于广东省南海县西樵山北之银塘乡（又名苏村）敦仁里延香老屋。

1862年（清同治元年　壬戌）　5岁

诸叔自教读唐诗，能诵读百首。

1863年（清同治二年　癸亥）　6岁

从番禺简凤仪读《大学》《中庸》《论语》并朱注《孝经》。

1868年（清同治七年　戊辰）　11岁

夏历正月父康达初卒，遂往依祖父赞修于连州官舍。在祖父指导下，始览《纲鉴》，次观《大清会典》《东华录》，读《明史》《三国志》，开始接受正统历史教育，又从邸报中了解当时朝政，慷慨有远志矣。

1869年（清同治八年　己巳）　12岁

在连州官舍读书，或出游揽胜，或与诸生论文谈事，时作诗文，然不喜八股制艺，喜《明史》，竟日杂览。

1870年（清同治九年　庚午）　13岁

夏历七月随祖父康赞修回广州，九月从陈菶生学八股文于广州西门外第三甫桃源。

1871年（清同治十年　辛未）　14岁

还银塘乡，读书于叔祖国器所筑澹如楼及二万卷书楼中，纵观说部集部等丛刊类书。是年始就童子试，落榜。

1872年（清同治十一年　壬申）　15岁

在乡从杨学华读书，再应童子试，又不售，被长辈督责为八股小题文，但慕袁子才诗文，仍纵观说部集部杂史。

1873年（清同治十二年　癸酉）　16岁

移学于灵洲山之象台乡，中岁复学银塘乡，因厌弃八股文，受诸叔伯诘责。时好览经说，史学，考据书，始得毛西河集读之。

1874年（清同治十三年　甲戌）　17岁

居乡，时至广州侍祖父于羊城书院，为好纵横之文。时时作诗，与兄弟乡先辈唱和，又好摹仿古文。于二万卷书楼中始见《瀛环志略》及地球图等图书，初识万国之故，地球之理。

1876年（清光绪二年　丙子）　19岁

应乡试不售。始从朱次琦（字子襄）学于九江礼山草堂。口读宋儒书及经说、小学、史学、掌故词章。尤喜读《钱辛楣全集》《廿二史札记》《日知录》《困学纪闻》，浩然贯通，议论宏起。夏历十二月夫人张氏来归。夫人名云珠。

1878年（清光绪四年　戊寅）　21岁

仍从朱次琦受学。攻《周礼》《仪礼》《尔雅》《说文》《水经》之学，并诵《楚辞》《汉书》《文选》及杜诗，徐陵、庾信文。认为清朝文章大家巨子，实则皆空疏无物，考据家著书满家，究复何用？冬，辞朱次琦归。

1879年（清光绪五年　己卯）　22岁

正月，入西樵山，居白云洞高士祠，专学道教佛教经典。与翰林院编修张鼎华（字延秋）相识，始知京朝风气并见新书。秋还乡，居澹如楼，得读《西国近事汇编》《环游地球新录》。夏历十一月，初游香港，乃知西人治国有法度，不得以古旧之夷狄视之，始购读西学之书。

1880年（清光绪六年　庚辰）　23岁

居乡教授诸弟有铭、有溥、有霈读书。治经籍及公羊学。著《何氏纠谬》，专攻东汉今文经学家何休，既而焚之。

1881年（清光绪七年　辛巳）　24岁

读书乡园，精研唐宋史及宋儒之书，以明儒吴康斋之坚苦为法，以白沙之潇洒自命，以亭林之经济为学。因读书太久，积劳患病。

1882年（清光绪八年　壬午）　25岁

夏历五月，至北京应顺天乡试，不第，在京游国子监，观古鼓，购碑刻，讲金石之学。归途道经上海，睹其繁盛，益知西人治术之有本，乃大购西书以归，自是大讲西学矣。

1883年（清光绪九年　癸未）　26岁

家居，治东西方政治制度，订购上海《万国公报》，大攻西学书以及声、光、化、电、重等自然科学。

1884年（清光绪十年　甲申）　27岁

春夏间寓广州城南板箱巷，秋冬间还乡澹如楼，闭户读书，思“合经史之奥言，探儒佛之微旨，参中西之新理，穷天人之赜变”，悟久速齐同之理，推太平之世宙，开始酝酿变法维新思想。并撰写《万身公法书籍目录提要》《实理公法全书》。

1885年（清光绪十一年　乙酉）　28岁

习数学。上半年患头痛，还居西樵山白云洞，与张鼎华相过从。开始编《人类公理》。

1886年（清光绪十二年　丙戌）　29岁

治天文历法之学，著《康子内外篇》，又著《教学通义》。

1887年（清光绪十三年　丁亥）　30岁

春居广州花埭之恒春园，夏历三月还居澹如楼。八、九月游香港，十一月游肇庆七星岩。是岁继续编著《人类公理》，游思诸天之故，则书之而无穷。从经籍和诸子著作中研究中国上古史，推孔子据乱、升平、太平之理，以论地球。

1888年（清光绪十四年　戊子）　31岁

夏历五月，赴北京应顺天乡试，不第。夏历八月，游明陵、出居庸关，登长城，九月游西山。夏历十一月，第一次向光绪帝上书，不能上达，遂避居北京宣武门外南海会馆之汗漫舫，尽观京师藏家之金石凡数千种。

1889年（清光绪十五年　己丑）　32岁

春夏居北京南海会馆，撰《广艺舟双楫》，意在“广”包世臣《艺舟双楫》，在书法上提出“尊魏卑唐”的理论。夏八月十七日出京，游苏杭，入九江，游庐山，至武昌、汉阳。十二月还粤，居广州。

1890年（清光绪十六年　庚寅）　33岁

春居广州之徽州会馆。曾去广雅书局拜会今文经学家廖平，读到《今古学考》，深受启发。既而移居云衢书屋。夏历三月，陈千秋来从学，八月，梁启超来从学。九月，教冬课于广府学宫孝弟祠。是年专意著述，撰成《婆罗门教考》《王制义证》《毛诗伪证》《周礼伪证》《说文伪证》《尔雅伪证》等。

1891年（清光绪十七年　辛卯）　34岁

春，始开讲堂于广州长兴里邱氏书屋（今广州市中山四路长兴里3号），名长兴学舍，自任总教授总监督，著《长兴学记》，订为学规。与诸子日夕讲业，大发求仁之义，而讲中外之故、救中国之法。有学生陈千秋、梁启超、韩文举、梁朝杰、曹泰、王觉任、麦孟华、徐勤、陈和泽、林奎、欧榘甲、潘藻鉴等。夏历七月，在陈千秋、梁启超协助下，刊行《新学伪经考》，认为东汉以来经学，多出刘歆伪造，应称“伪经”，刘歆“饰经佐篡，身为新臣”，是新莽一朝之学，与孔子无涉，应叫“新学”。

1892年（清光绪十八年　壬辰）　35岁

移讲堂于广州卫边街邝氏祠（今广州市第十三中学），学者渐众。撰《魏晋六朝诸儒杜撰典故考》《史记书目考》《孟子大义考》《墨子经上注》《国语原本》等，并选同学助编纂《孔子改制考》。

1893年（清光绪十九年　癸巳）　36岁

仍讲学于卫边街。冬迁讲堂于广府学宫仰高祠，题曰“万木草堂”。著《孟子为公羊学考》《论语为公羊学考》等。

1894年（清光绪二十年　甲午）　37岁

夏历二月十二日，与梁启超入京会试，不中。七月，御史劾康有为“非圣无法，同少正卯，圣世不容，请焚《新学伪经考》，而禁粤士从学。”夏历八月，游罗浮，九月归复讲学。十一月，往游广西桂林，盘桓四十日，桂人来受学。著《分日读书课程表》及《桂学答问》。

1895年（清光绪二十一年　乙未）　38岁

夏历二月十二日，偕梁启超、梁小山入京会试，殿试策《变则通通则久论》和朝考卷《汰冗兵疏》，直言时事，主张变法，两文流传甚广。夏历四月八日，康有为联合各省入京应试举人1300余人，联名上书光绪皇帝，请求拒和、迁都、练兵、变法，史称“公车上书”（即上清帝第二书），被阻未呈上。数日后榜发，康有为会试中式第五名贡士，保和殿试二甲第四十六名，赐进士出身。旋授工部虞衡司主事，迄未到职。夏历五月，上清帝第三书，提出变法的具体步骤，提出自强雪耻四策：富国、养民、教士、练兵。光绪帝阅后赞许。夏历闰五月八日，上清帝第四书，正式提出“设议院以通下情”的政治主张，被阻未达。夏历六月，在北京创办《万国公报》，后因与上海广会办的《万国公报》同名而改名《中外纪闻》，以梁启超、汪大燮为主笔。七月，筹设北京强学会，基本会员有康有为、梁启超、陈炽、杨锐、文廷式、王鹏运、沈曾植、袁世凯等人。九月，抵上海，着手组织上海强学会。十一月，北京创刊《中外纪闻》，上海发行《强学报》。

1896年（清光绪二十二年　丙申）　39岁

讲学于广府学宫万木草堂，续成《孔子改制考》《春秋董氏学》《春秋学》《日本变政记》等。

1897年（清光绪二十三年　丁酉）　40岁

夏历正月十日游桂林，与唐景崧、岑春煊等议开圣学会，创办广仁学堂，刊行《广仁报》。日与学者论学，编成《春秋考义》《春秋考文》，撰成《日本书目志》，应日本横滨华侨邀请，派门生徐勤、陈汝成、汤觉顿、陈和泽赴日本办“大同学校”。夏历十一月十二日，德国强占我山东胶州湾，康有为得到消息后入京，上清帝第五书，提出三项建议：采法俄、日以定国是，大集群臣而谋变法，听任疆吏各自变法，并正式提出国事需经国会议行和颁布宪法的主张。

1898年（清光绪二十四年　戊戌）　41岁

夏历正月初三，大学士李鸿章、翁同龢、荣禄，刑部尚书廖寿恒，户部左侍郎张荫桓，约康有为于总理衙门西花厅，问变法之宜。初四日，光绪帝命有为条陈所见。有为呈上清帝第六书，即《外衅危迫分割洊至急宜及时发愤大誓臣工开制度新政局革旧图新以存国祚折》，请求光绪帝迅速变法，建议：一、大誓群臣，以革旧维新，采天下之舆论，取万国之良法；二、开制度局于宫中，将一切政事制度重新商定，设十二局推行新政；三、设待诏所，许天下人上书，称旨则隶入制度局。又呈《俄彼得变政记》，上清帝第七书，即《译纂〈俄彼得变政记〉成书可考由弱致强之故折》，以俄国彼得大帝变法图强的历史，说明中国变法莫如摹仿彼得大帝。三月底，康有为在保国会第一次集会上演讲，并作《保国会序》，会上通过了康有为起草的《保国会章程》，以保国、保种、保教为宗旨。夏历四月二十三日，光绪帝下“明定国是”诏书，正式宣布变法维新。四月二十八日光绪帝召见康有为，快谈十余分钟。时光绪帝有上谕，大小臣工皆得议新政，凡中央各部院司员有条陈事件者，可由各堂官代奏。礼部主事王照上书言事，为堂官所沮，经康有为鼓动，复再上折弹劾礼部尚书怀塔布、许应骙阻挠新政。光绪令将怀塔布等礼部六堂官即行革职，又超擢军机四章京，即杨锐、刘光第、林旭、谭嗣同，又裁撤旧衙门如詹事府、通政司、光禄寺、鸿胪寺、太仆寺、大理寺等，引起京城高度混乱。怀塔布夫妇更利用李莲英关系，屡向慈禧太后哭诉，又离间帝后关系，致有夏历七月二十八日，光绪帝为慈禧太后训斥。杨锐建议光绪：“康不得去，祸不得息也。”八月初二日，光绪帝明诏，命康有为迅速出京，前往上海督办官报，毋得迁延观望。次日，又命林旭传口谕，云：“朕今命汝督

康广仁，名有溥，字广仁，号幼博，又号大中，广东南海人，戊戌六君子之一，康有为之弟

办官报，实有不得已之苦衷，非楮墨所能罄也。汝可迅速出外国求救，不可延迟。汝一片忠爱热肠，朕所深悉。其爱惜身体，善自调摄，将来更效驰驱，朕有厚望焉。特谕。”此时康有为期望能以军事手段拯救光绪，且把慈禧太后想象为敌人。遂与谭嗣同定说动袁世凯，用其所部新军围颐和园，以兵胁太后之计。事未果行，而初六日慈禧太后已再度训政，康有为革职拿办，并缉拿康广仁等。戊戌变法失败。康有为既逃离北京，十二日，谭嗣同、杨锐、林旭、刘光第、杨深秀、康广仁被杀，号六君子。十四日，康有为逃至香港。夏历九月十二日，离港赴日本。

1899年（清光绪二十五年　己亥）　42岁

春，书赠犬养毅《本堂记》，认为中日文化交光互影，一荣俱荣，一损俱损。犬养毅告康有为曰：“子‘支那’之犬养毅也，仆日本之康有为也。”夏历二月二十三日，赴加拿大。四月，至伦敦，五月，复返加拿大。六月十三日，在加拿大联合华侨李福基、冯秀石、冯俊卿、徐为经、骆月湖、刘康恒等集议创立保商会，旋易名保皇会，亦称中国维新会，康有为写了《保救大清皇帝公司序例》及《保皇会歌五章》。九月，经日本返香港，十二月二十六日，离港赴新加坡。

1900年（清光绪二十六年　庚子）　43岁

庚子国变。夏历七月，弟子唐才常在武昌组织自立军，企图恢复光绪帝权力，事泄被捕牺牲。

1901年（清光绪二十七年　辛丑）　44岁

避居新加坡槟榔屿。撰写《中庸注》《春秋笔削大义微言考》《孟子微》。冬赴印度。

1902年（清光绪二十八年　壬寅）　45岁

居印度大吉岭，潜心著述，撰成《大同书》《论语注》《大学注》《孟子微》《礼运注》等，发表《答南北美洲诸华商论中国只可行立宪不可行革命书》《与同学诸子梁启超等论印度亡国由于各省自立书》，宣称中国只能行君主立宪，不可行革命。

1903年（清光绪二十九年　癸卯）　46岁

夏历三月，闻荣禄死，离印度，经缅甸、爪哇、安南、暹罗，九月间返香港。

1904年（清光绪三十年　甲辰）　47岁

夏历二月，自香港启行，经安南、暹罗，三月到槟榔屿，四月，乘船渡印度洋入地中海。半年中，游意大利、瑞士、奥地利、匈牙利、德国、法国、丹麦、挪威、瑞典、比利时、荷兰、英国，著《欧洲十一国游记》，十一月，抵温哥华。

1905年（清光绪三十一年　乙巳）　48岁

是年春，自温哥华南游美国，在各地向华侨演讲，鼓舞众人加入保皇会。撰写《物质救国论》。夏历七月游德国、法国，九月复游北美。

1906年（清光绪三十二年　丙午）　49岁

夏历正月，游墨西哥，秋冬游欧洲诸国。撰《法国革命论》。

1907年（清光绪三十三年　丁未）　50岁

是年，游欧洲诸国。

1908年（清光绪三十四年　戊申）　51岁

夏历六月，往游东欧，经奥地利、匈牙利、塞尔维亚、保加利亚、罗马尼亚而入土耳其，复游希腊、意大利。九月，归槟榔屿。

是年，光绪及慈禧先后卒。

1909年（清宣统元年　己酉）　52岁

夏历二月，游埃及、耶路撒冷。春夏，游瑞士、法国、英国、德国、比利时。七月返槟榔屿。九月，复游印度、斯里兰卡。

1910年（清宣统二年　庚戌）　53岁

春夏，在槟榔屿。夏历七月，迁居新加坡。八月至香港。十二月，赴西贡。除夕前返新加坡。

1911年（清宣统三年　辛亥）　54岁

夏历四月至香港。五月，赴日本箱根，后移居须磨梁启超之双涛园。著《共和政体论》等。

是年十月十日，武昌起义。旋移清鼎。

1912年（民国元年　壬子）　55岁

在日本，六月，作《中华救国论》。十月，撰《孔教会序》。是年，孙中山在南京就任临时大总统，建立中华民国，旋清廷下《退位诏书》，袁世凯任大总统。

1913年（民国二年　癸丑）　56岁

夏历二月，创办《不忍》杂志，自任主编，发表大量保守主义文稿及其个人诗作。七月，母劳氏卒于香港，十月，奔丧归国，葬母毕，移居上海，拒袁氏之召。

1914年（民国三年　甲寅）　57岁

在沪居。

1915年（民国四年　乙卯）　58岁

居上海，夏历三月往游杭州。撰《和约第五项军政警察兵工容后协商则国亡》《论日约割让十五款之后果》等，反对袁世凯接受日本灭亡中国的“二十一条”。

1916年（民国五年　丙辰）　59岁

夏历六月，在杭州发表演说，为孔教张目。八月，到曲阜祭孔陵。并致电黎元洪，请“以孔子为大教，编入宪法，复祀孔子之拜跪，明令各设奉祀官”。旋在南京发表尊孔演说。

1917年（民国六年　丁巳）　60岁

夏历五月初九，参与张勋复辟，受弼德院副院长。复辟失败，二十日，有为逃往美国使馆。十月二十二日，由美使馆保护离京，经天津至青岛、大连、济南。

1918年（民国七年　戊午）　61岁

往还于沪杭间。

1919年（民国八年　己未）　62岁

西历五月六日，发表《请诛国贼救学生电》，赞扬五四运动中“幸今学生发扬义愤，奉行天讨，以正曹汝霖、章宗祥之罪。举国逖闻，莫不欢呼快心，诚自宋太学生陈东、欧阳澈以来希有之盛举也。则学生此举，真可谓代表四万万之民意，代伸四万万之民权，以讨国贼者。”要求释放被捕学生，诛杀卖国贼。

1921年（民国十年　辛酉）　64岁

夫人张氏卒。五月，孙中山在广州就任非常大总统。

1922年（民国十一年　壬戌）　65岁

夏历五月游曲阜，十月迁居杭州。是年，发表《斥赵恒惕联省自治电》，认为“分裂则必争而大乱，统一则必治而修明”。

1923年（民国十二年　癸亥）　66岁

是年，漫游河北、河南、江苏、山东、陕西。应朝鲜培山书堂儒会之请，撰著并书写《培山书堂记》。

1924年（民国十三年　甲子）　67岁

是年在上海，作《唐烈士才常墓志铭》。

1926年（民国十五年　丙寅）　69岁

春，在上海愚园路“游存庐”创办天游学院，自任院长兼主讲。撰成《诸天讲》。

1927年（民国十六年　丁卯）　70岁

夏历正月十三日，赴天津祝溥仪寿，二月十五日赴青岛，二十八日病逝于青岛福山路六号“天游堂”，旋葬于其生前自择的青岛李村象耳山（又名枣儿山）墓地。